THEMATISCHE WOORDENLIJST

NEDERLANDS
KIRGIZISCH

De meest bruikbare woorden
Om uw woordenschat uit te breiden en
uw taalvaardigheid aan te scherpen

9000 woorden

Thematische woordenschat Nederlands-Kirgizisch - 9000 woorden

Door Andrey Taranov

Woordenlijsten van T&P Books zijn bedoeld om u woorden van een vreemde taal te helpen leren, onthouden, en bestudering. Dit woordenboek is ingedeeld in thema's en behandelt alle belangrijk terreinen van het dagelijkse leven, bedrijven, wetenschap, cultuur, etc.

Het proces van het leren van woorden met behulp van de op thema's gebaseerde aanpak van T&P Books biedt u de volgende voordelen:

- Correct gegroepeerde informatie is bepalend voor succes bij opeenvolgende stadia van het leren van woorden
- De beschikbaarheid van woorden die van dezelfde stam zijn maakt het mogelijk om woordgroepen te onthouden (in plaats van losse woorden)
- Kleine groepen van woorden faciliteren het proces van het aanmaken van associatieve verbindingen, die nodig zijn bij het consolideren van de woordenschat
- Het niveau van talenkennis kan worden ingeschat door het aantal geleerde woorden

T&P Books Publishing
www.tpbooks.com

ISBN: 978-1-78767-016-7

Dit boek is ook beschikbaar in e-boek formaat.
Gelieve www.tpbooks.com te bezoeken of de belangrijkste online boekwinkels.

KIRGIZISCHE WOORDENSCHAT
nieuwe woorden leren

T&P Books woordenlijsten zijn bedoeld om u te helpen vreemde woorden te leren, te onthouden, en te bestuderen. De woordenschat bevat meer dan 9000 veel gebruikte woorden die thematisch geordend zijn.

* De woordenlijst bevat de meest gebruikte woorden
* Aanbevolen als aanvulling bij welke taalcursus dan ook
* Voldoet aan de behoeften van de beginnende en gevorderde student in vreemde talen
* Geschikt voor dagelijks gebruik, bestudering en zelftestactiviteiten
* Maakt het mogelijk om uw woordenschat te evalueren

Bijzondere kenmerken van de woordenschat

* De woorden zijn gerangschikt naar hun betekenis, niet volgens alfabet
* De woorden worden weergegeven in drie kolommen om bestudering en zelftesten te vergemakkelijken
* Woorden in groepen worden verdeeld in kleine blokken om het leerproces te vergemakkelijken
* De woordenschat biedt een handige en eenvoudige beschrijving van elk buitenlands woord

De woordenschat bevat 256 onderwerpen zoals:

Basisconcepten, getallen, kleuren, maanden, seizoenen, meeteenheden, kleding en accessoires, eten & voeding, restaurant, familieleden, verwanten, karakter, gevoelens, emoties, ziekten, stad, dorp, bezienswaardigheden, winkelen, geld, huis, thuis, kantoor, werken op kantoor, import & export, marketing, werk zoeken, sport, onderwijs, computer, internet, gereedschap, natuur, landen, nationaliteiten en meer ...

INHOUDSOPGAVE

UITSPRAAKGIDS

T&P fonetisch alfabet	Kirgizisch voorbeeld	Nederlands voorbeeld
[a]	манжа [mandʒa]	acht
[e]	келечек [keletʃek]	delen, spreken
[i]	жигит [dʒigit]	bidden, tint
[ı]	кубаныч [kubanıtʃ]	iemand, die
[o]	мактоо [maktoo]	overeenkomst
[u]	узундук [uzunduk]	hoed, doe
[ʉ]	алюминий [alʉminij]	jullie, aquarium
[y]	түнкү [tynky]	fuut, uur
[b]	ашкабак [aʃkabak]	hebben
[d]	адам [adam]	Dank u, honderd
[dʒ]	жыгач [dʒıgatʃ]	jeans, jungle
[f]	флейта [flejta]	feestdag, informeren
[g]	тегерек [tegerek]	goal, tango
[j]	бөйрөк [bøjrøk]	New York, januari
[k]	карапа [karapa]	kennen, kleur
[l]	алтын [altın]	delen, luchter
[m]	бешмант [beʃmant]	morgen, etmaal
[n]	найза [najza]	nemen, zonder
[ŋ]	булуң [buluŋ]	optelling
[p]	пайдубал [pajdubal]	parallel, koper
[r]	рахмат [raχmat]	roepen, breken
[s]	сагызган [sagızgan]	spreken, kosten
[ʃ]	бурулуш [buruluʃ]	shampoo, machine
[t]	түтүн [tytyn]	tomaat, taart
[χ]	пахтадан [paχtadan]	bocht
[ts]	шприц [ʃprits]	niets, plaats
[tʃ]	биринчи [bIrIntʃI]	Tsjechië, oollo
[v]	квартал [kvartal]	beloven, schrijven
[z]	казуу [kazuu]	zeven, zesde
[ʲ]	руль, актёр [rulʲ, aktʲor]	palatalisatie teken
[ʰ]	объектив [obʰjektiv]	harde teken

AFKORTINGEN
gebruikt in de woordenschat

Nederlandse afkortingen

abn	-	als bijvoeglijk naamwoord
bijv.	-	bijvoorbeeld
bn	-	bijvoeglijk naamwoord
bw	-	bijwoord
enk.	-	enkelvoud
enz.	-	enzovoort
form.	-	formele taal
inform.	-	informele taal
mann.	-	mannelijk
mil.	-	militair
mv.	-	meervoud
on.ww.	-	onovergankelijk werkwoord
ontelb.	-	ontelbaar
ov.	-	over
ov.ww.	-	overgankelijk werkwoord
telb.	-	telbaar
vn	-	voornaamwoord
vrouw.	-	vrouwelijk
vw	-	voegwoord
vz	-	voorzetsel
wisk.	-	wiskunde
ww	-	werkwoord

Nederlandse artikelen

de	-	gemeenschappelijk geslacht
de/het	-	gemeenschappelijk geslacht, onzijdig
het	-	onzijdig

BASISBEGRIPPEN

Basisbegrippen Deel 1

1. Voornaamwoorden

ik	мен, мага	men, maga
jij, je	сен	sen
hij, zij, het	ал	al
zij, ze	алар	alar

2. Begroetingen. Begroetingen. Afscheid

Hallo! Dag!	Салам!	salam!
Hallo!	Саламатсызбы!	salamatsızbı!
Goedemorgen!	Кутман таңыңыз менен!	kutman taŋıŋız menen!
Goedemiddag!	Кутман күнүңүз менен!	kutman kynyŋyz menen!
Goedenavond!	Кутман кечиңиз менен!	kutman ketʃiŋiz menen!
gedag zeggen (groeten)	учурашуу	utʃuraʃuu
Hoi!	Кандай!	kandaj!
groeten (het)	салам	salam
verwelkomen (ww)	саламдашуу	salamdaʃuu
Hoe gaat het?	Иштериң кандай?	iʃteriŋ kandaj?
Hoe gaat het met u?	Иштериңиз кандай?	iʃteriŋiz kandaj?
Hoe is het?	Иштер кандай?	iʃter kandaj?
Is er nog nieuws?	Эмне жаңылык?	emne dʒaŋılık?
Dag! Tot ziens!	Көрүшкөнчө!	køryʃkøntʃø!
Tot snel! Tot ziens!	Эмки жолукканга чейин!	emki dʒolukkanga tʃejin!
Vaarwel! (inform.)	Кош бол!	koʃ bol!
Vaarwel! (form.)	Кош болуңуз!	koʃ boluŋuz!
afscheid nemen (ww)	коштошуу	koʃtoʃuu
Tot kijk!	Жакшы кал!	dʒakʃı kal!
Dank u!	Рахмат!	raχmat!
Dank u wel!	Чоң рахмат!	tʃoŋ raχmat!
Graag gedaan	Эч нерсе эмес	etʃ nerse emes
Geen dank!	Алкышка арзыбайт	alkıʃka arzıbajt
Geen moeite.	Эчтеке эмес.	etʃteke emes
Excuseer me, … (inform.)	Кечир!	ketʃir!
Excuseer me, … (form.)	Кечирип коюңузчу!	ketʃirip kojuŋuztʃu!
excuseren (verontschuldigen)	кечирүү	ketʃiryy
zich verontschuldigen	кечирим суроо	ketʃirim suroo
Mijn excuses.	Кечирим сурайм.	ketʃirim surajm

Het spijt me!	Кечиресиз!	ketʃiresiz!
vergeven (ww)	кечирүү	ketʃiryy
Maakt niet uit!	Эч капачылык жок.	etʃ kapatʃılık dʒok
alsjeblieft	суранам	suranam

Vergeet het niet!	Унутуп калбаңыз!	unutup kalbaŋız!
Natuurlijk!	Албетте!	albette!
Natuurlijk niet!	Албетте жок!	albette dʒok!
Akkoord!	Макул!	makul!
Zo is het genoeg!	Жетишет!	dʒetiʃet!

3. Hoe aan te spreken

Excuseer me, ...	Кечиресиз!	ketʃiresiz!
meneer	мырза	mırza
mevrouw	айым	ajım
juffrouw	чоң кыз	tʃoŋ kız
jongeman	чоң жигит	tʃoŋ dʒigit
jongen	жаш бала	dʒaʃ bala
meisje	кызым	kızım

4. Kardinale getallen. Deel 1

nul	нөл	nøl
een	бир	bir
twee	эки	eki
drie	үч	ytʃ
vier	төрт	tørt

vijf	беш	beʃ
zes	алты	altı
zeven	жети	dʒeti
acht	сегиз	segiz
negen	тогуз	toguz

tien	он	on
elf	он бир	on bir
twaalf	он эки	on eki
dertien	он үч	on ytʃ
veertien	он төрт	on tørt

vijftien	он беш	on beʃ
zestien	он алты	on altı
zeventien	он жети	on dʒeti
achttien	он сегиз	on segiz
negentien	он тогуз	on toguz

twintig	жыйырма	dʒıjırma
eenentwintig	жыйырма бир	dʒıjırma bir
tweeëntwintig	жыйырма эки	dʒıjırma eki
drieëntwintig	жыйырма үч	dʒıjırma ytʃ
dertig	отуз	otuz

eenendertig	отуз бир	otuz bir
tweeëndertig	отуз эки	otuz eki
drieëndertig	отуз үч	otuz ytʃ

veertig	кырк	kırk
tweeënveertig	кырк эки	kırk eki
drieënveertig	кырк үч	kırk ytʃ

vijftig	элүү	elyy
eenenvijftig	элүү бир	elyy bir
tweeënvijftig	элүү эки	elyy eki
drieënvijftig	элүү үч	elyy ytʃ

zestig	алтымыш	altımıʃ
eenenzestig	алтымыш бир	altımıʃ bir
tweeënzestig	алтымыш эки	altımıʃ eki
drieënzestig	алтымыш үч	altımıʃ ytʃ

zeventig	жетимиш	dʒetimiʃ
eenenzeventig	жетимиш бир	dʒetimiʃ bir
tweeënzeventig	жетимиш эки	dʒetimiʃ eki
drieënzeventig	жетимиш үч	dʒetimiʃ ytʃ

tachtig	сексен	seksen
eenentachtig	сексен бир	seksen bir
tweeëntachtig	сексен эки	seksen eki
drieëntachtig	сексен үч	seksen ytʃ

negentig	токсон	tokson
eenennegentig	токсон бир	tokson bir
tweeënnegentig	токсон эки	tokson eki
drieënnegentig	токсон үч	tokson ytʃ

5. Kardinale getallen. Deel 2

honderd	бир жүз	bir dʒyz
tweehonderd	эки жүз	eki dʒyz
driehonderd	үч жүз	ytʃ dʒyz
vierhonderd	төрт жүз	tørt dʒyz
vijfhonderd	беш жүз	beʃ dʒyz

zeshonderd	алты жүз	altı dʒyz
zevenhonderd	жети жүз	dʒeti dʒyz
achthonderd	сегиз жүз	segiz dʒyz
negenhonderd	тогуз жүз	toguz dʒyz

duizend	бир миң	bir miŋ
tweeduizend	эки миң	eki miŋ
drieduizend	үч миң	ytʃ miŋ
tienduizend	он миң	on miŋ
honderdduizend	жүз миң	dʒyz miŋ

| miljoen (het) | миллион | million |
| miljard (het) | миллиард | milliard |

6. Ordinale getallen

eerste (bn)	биринчи	birintʃi
tweede (bn)	экинчи	ekintʃi
derde (bn)	үчүнчү	ytʃyntʃy
vierde (bn)	төртүнчү	tørtyntʃy
vijfde (bn)	бешинчи	beʃintʃi
zesde (bn)	алтынчы	altıntʃı
zevende (bn)	жетинчи	dʒetintʃi
achtste (bn)	сегизинчи	segizintʃi
negende (bn)	тогузунчу	toguzuntʃu
tiende (bn)	онунчу	onuntʃu

7. Getallen. Breuken

breukgetal (het)	бөлчөк	bøltʃøk
half	экиден бир	ekiden bir
een derde	үчтөн бир	ytʃtøn bir
kwart	төрттөн бир	tørttøn bir
een achtste	сегизден бир	segizden bir
een tiende	тогуздан бир	toguzdan bir
twee derde	үчтөн эки	ytʃtøn eki
driekwart	төрттөн үч	tørttøn ytʃ

8. Getallen. Eenvoudige berekeningen

aftrekking (de)	кемитүү	kemityy
aftrekken (ww)	кемитүү	kemityy
deling (de)	бөлүү	bølyy
delen (ww)	бөлүү	bølyy
optelling (de)	кошуу	koʃuu
erbij optellen (bij elkaar voegen)	кошуу	koʃuu
optellen (ww)	кошуу	koʃuu
vermenigvuldiging (de)	көбөйтүү	købøjtyy
vermenigvuldigen (ww)	көбөйтүү	købøjtyy

9. Getallen. Diversen

cijfer (het)	санарип	sanarip
nummer (het)	сан	san
telwoord (het)	сан атооч	san atootʃ
minteken (het)	кемитүү	kemityy
plusteken (het)	плюс	plus
formule (de)	формула	formula
berekening (de)	эсептөө	eseptøø

tellen (ww)	саноо	sanoo
bijrekenen (ww)	эсептее	eseptøø
vergelijken (ww)	салыштыруу	salıʃtıruu

Hoeveel?	Канча?	kantʃa?
som (de), totaal (het)	жыйынтык	dʒıjıntık
uitkomst (de)	натыйжа	natıjdʒa
rest (de)	калдык	kaldık

enkele (bijv. ~ minuten)	бир нече	bir netʃe
weinig (bw)	биртике	bir az
weinig (telb.)	бир аз	bir az
een beetje (ontelb.)	кичине	kitʃine
restant (het)	калганы	kalganı
anderhalf	бир жарым	bir dʒarım
dozijn (het)	он эки даана	on eki daana

middendoor (bw)	тең экиге	teŋ ekige
even (bw)	тең	teŋ
helft (de)	жарым	dʒarım
keer (de)	бир жолу	bir dʒolu

10. De belangrijkste werkwoorden. Deel 1

aanbevelen (ww)	сунуштоо	sunuʃtoo
aandringen (ww)	көшөрүү	køʃøryy
aankomen (per auto, enz.)	келүү	kelyy
aanraken (ww)	тийүү	tijyy
adviseren (ww)	кеңеш берүү	keŋeʃ beryy

afdalen (on.ww.)	ылдый түшүү	ıldıj tyʃyy
afslaan (naar rechts ~)	бурулуу	buruluu
antwoorden (ww)	жооп берүү	dʒoop beryy
bang zijn (ww)	жазкануу	dʒazkanuu
bedreigen (bijv. met een pistool)	коркутуу	korkutuu

bedriegen (ww)	алдоо	aldoo
beëindigen (ww)	бүтүрүү	bytyryy
beginnen (ww)	баштоо	baʃtoo
begrijpen (ww)	түшүнүү	tyʃynyy
beheren (managen)	башкаруу	baʃkaruu

beledigen (met scheldwoorden)	кемсинтүү	kemsintyy
beloven (ww)	убада берүү	ubada beryy
bereiden (koken)	тамак бышыруу	tamak bıʃıruu
bespreken (spreken over)	талкуулоо	talkuuloo

bestellen (eten ~)	буйрутма кылуу	bujrutma kıluu
bestraffen (een stout kind ~)	жазалоо	dʒazaloo
betalen (ww)	төлөө	tøløø
betekenen (beduiden)	билдирүү	bildiryy
betreuren (ww)	өкүнүү	økynyy

bevallen (prettig vinden)	жактыруу	dʒaktıruu
bevelen (mil.)	буйрук кылуу	bujruk kıluu
bevrijden (stad, enz.)	бошотуу	boʃotuu
bewaren (ww)	сактоо	saktoo
bezitten (ww)	ээ болуу	ee boluu
bidden (praten met God)	дуба кылуу	duba kıluu
binnengaan (een kamer ~)	кирүү	kiryy
breken (ww)	сындыруу	sındıruu
controleren (ww)	башкаруу	baʃkaruu
creëren (ww)	жаратуу	dʒaratuu
deelnemen (ww)	катышуу	katıʃuu
denken (ww)	ойлоо	ojloo
doden (ww)	өлтүрүү	øltyryy
doen (ww)	кылуу	kıluu
dorst hebben (ww)	суусап калуу	suusap kaluu

11. De belangrijkste werkwoorden. Deel 2

een hint geven	четин чыгаруу	tʃetin tʃıgaruu
eisen (met klem vragen)	талап кылуу	talap kıluu
excuseren (vergeven)	кечирүү	ketʃiryy
existeren (bestaan)	чыгуу	tʃıguu
gaan (te voet)	жөө басуу	dʒøø basuu
gaan zitten (ww)	отуруу	oturuu
gaan zwemmen	сууга түшүү	suuga tyʃyy
geven (ww)	берүү	beryy
glimlachen (ww)	жылмаюу	dʒılmadʒuu
goed raden (ww)	жандырмагын табуу	dʒandırmagın tabuu
grappen maken (ww)	тамашалоо	tamaʃaloo
graven (ww)	казуу	kazuu
hebben (ww)	бар болуу	bar boluu
helpen (ww)	жардам берүү	dʒardam beryy
herhalen (opnieuw zeggen)	кайталоо	kajtaloo
honger hebben (ww)	ачка болуу	atʃka boluu
hopen (ww)	үмүттөнүү	ymyttønyy
horen	угуу	uguu
(waarnemen met het oor)		
huilen (wenen)	ыйлоо	ıjloo
huren (huis, kamer)	батирге алуу	batirge aluu
informeren (informatie geven)	маалымат берүү	maalımat beryy
instemmen (akkoord gaan)	макул болуу	makul boluu
jagen (ww)	аңчылык кылуу	aŋtʃılık kıluu
kennen (kennis hebben van iemand)	таануу	taanuu
kiezen (ww)	тандоо	tandoo
klagen (ww)	арыздануу	arızdanuu
kosten (ww)	туруу	turuu

kunnen (ww)	жасай алуу	dʒasaj aluu
lachen (ww)	күлүү	kylyy
laten vallen (ww)	түшүрүп алуу	tyʃyryp aluu
lezen (ww)	окуу	okuu

liefhebben (ww)	сүйүү	syjyy
lunchen (ww)	түштөнүү	tyʃtønyy
nemen (ww)	алуу	aluu
nodig zijn (ww)	керек болуу	kerek boluu

12. De belangrijkste werkwoorden. Deel 3

onderschatten (ww)	баалабоо	baalaboo
ondertekenen (ww)	кол коюу	kol kojuu
ontbijten (ww)	эртең менен тамактануу	erteŋ menen tamaktanuu
openen (ww)	ачуу	atʃuu
ophouden (ww)	токтотуу	toktotuu
opmerken (zien)	байкоо	bajkoo

opscheppen (ww)	мактануу	maktanuu
opschrijven (ww)	кагазга түшүрүү	kagazga tyʃyryy
plannen (ww)	пландаштыруу	plandaʃtıruu
prefereren (verkiezen)	артык көрүү	artık køryy
proberen (trachten)	аракет кылуу	araket kıluu
redden (ww)	куткаруу	kutkaruu

rekenen op …	… ишенүү	… iʃenyy
rennen (ww)	чуркоо	tʃurkoo
reserveren (een hotelkamer ~)	камдык буйрутмалоо	kamdık bujrutmaloo

roepen (om hulp)	чакыруу	tʃakıruu
schieten (ww)	атуу	atuu
schreeuwen (ww)	кыйкыруу	kıjkıruu

schrijven (ww)	жазуу	dʒazuu
souperen (ww)	кечки тамакты ичүү	ketʃki tamaktı itʃyy
spelen (kinderen)	ойноо	ojnoo
spreken (ww)	сүйлөө	syjløø
stelen (ww)	уурдоо	uurdoo
stoppen (pauzeren)	токтоо	toktoo

studeren (Nederlands ~)	окуу	okuu
sturen (zenden)	жөнөтүү	dʒønøtyy
tellen (optellen)	саноо	sanoo
toebehoren aan …	таандык болуу	taandık boluu

| toestaan (ww) | уруксат берүү | uruksat beryy |
| tonen (ww) | көрсөтүү | kørsøtyy |

twijfelen (onzeker zijn)	күмөн саноо	kymøn sanoo
uitgaan (ww)	чыгуу	tʃıguu
uitnodigen (ww)	чакыруу	tʃakıruu
uitspreken (ww)	айтуу	ajtuu
uitvaren tegen (ww)	урушуу	uruʃuu

13. De belangrijkste werkwoorden. Deel 4

vallen (ww)	жыгылуу	ʤıgıluu
vangen (ww)	кармоо	karmoo
veranderen (anders maken)	өзгөртүү	øzgørtyy
verbaasd zijn (ww)	таң калуу	taŋ kaluu
verbergen (ww)	жашыруу	ʤaʃıruu
verdedigen (je land ~)	коргоо	korgoo
verenigen (ww)	бириктирүү	biriktiryy
vergelijken (ww)	салыштыруу	salıʃtıruu
vergeten (ww)	унутуу	unutuu
vergeven (ww)	кечирүү	ketʃiryy
verklaren (uitleggen)	түшүндүрүү	tyʃyndyryy
verkopen (per stuk ~)	сатуу	satuu
vermelden (praten over)	айтып өтүү	ajtıp øtyy
versieren (decoreren)	кооздоо	koozdoo
vertalen (ww)	которуу	kotoruu
vertrouwen (ww)	ишенүү	iʃenyy
vervolgen (ww)	улантуу	ulantuu
verwarren (met elkaar ~)	адаштыруу	adaʃtıruu
verzoeken (ww)	суроо	suroo
verzuimen (school, enz.)	калтыруу	kaltıruu
vinden (ww)	таап алуу	taap aluu
vliegen (ww)	учуу	utʃuu
volgen (ww)	... ээрчүү	... eertʃyy
voorstellen (ww)	сунуштоо	sunuʃtoo
voorzien (verwachten)	күтүү	kytyy
vragen (ww)	суроо	suroo
waarnemen (ww)	байкоо салуу	bajkoo
waarschuwen (ww)	эскертүү	eskertyy
wachten (ww)	күтүү	kytyy
weerspreken (ww)	каршы болуу	karʃı boluu
weigeren (ww)	баш тартуу	baʃ tartuu
werken (ww)	иштөө	iʃtøø
weten (ww)	билүү	bilyy
willen (verlangen)	каалоо	kaaloo
zeggen (ww)	айтуу	ajtuu
zich haasten (ww)	шашуу	ʃaʃuu
zich interesseren voor ...	... кызыгуу	... kızıguu
zich vergissen (ww)	ката кетирүү	kata ketiryy
zich verontschuldigen	кечирим суроо	ketʃirim suroo
zien (ww)	көрүү	køryy
zijn (ww)	болуу	boluu
zoeken (ww)	... издөө	... izdøø
zwemmen (ww)	сүзүү	syzyy
zwijgen (ww)	унчукпоо	untʃukpoo

14. Kleuren

kleur (de)	түс	tys
tint (de)	кошумча түс	koʃumtʃa tys
kleurnuance (de)	кубулуу	kubuluu
regenboog (de)	күндүн кулагы	kyndyn kulagı
wit (bn)	ак	ak
zwart (bn)	кара	kara
grijs (bn)	боз	boz
groen (bn)	жашыл	dʒaʃıl
geel (bn)	сары	sarı
rood (bn)	кызыл	kızıl
blauw (bn)	көк	køk
lichtblauw (bn)	көгүлтүр	køgyltyr
roze (bn)	мала	mala
oranje (bn)	кызгылт сары	kızgılt sarı
violet (bn)	сыя көк	sıja køk
bruin (bn)	күрөң	kyrøŋ
goud (bn)	алтын түстүү	altın tystyy
zilverkleurig (bn)	күмүш өңдүү	kymyʃ øŋdyy
beige (bn)	сары боз	sarı boz
roomkleurig (bn)	саргылт	sargılt
turkoois (bn)	бирюза	birɥza
kersrood (bn)	кочкул кызыл	kotʃkul kızıl
lila (bn)	кызгылт көгүш	kızgılt køgyʃ
karmijnrood (bn)	ачык кызыл	atʃık kızıl
licht (bn)	ачык	atʃık
donker (bn)	күңүрт	kyŋyrt
fel (bn)	ачык	atʃık
kleur-, kleurig (bn)	түстүү	tystyy
kleuren- (abn)	түстүү	tystyy
zwart-wit (bn)	ак-кара	ak-kara
eenkleurig (bn)	бир өңчөй түстө	bir øŋtʃøj tystø
veelkleurig (bn)	ар түрдүү түстө	ar tyrdyy tystø

15. Vragen

Wie?	Ким?	kim?
Wat?	Эмне?	emne?
Waar?	Каерде?	kaerde?
Waarheen?	Каяка?	kajaka?
Waarvandaan?	Каяктан?	kajaktan?
Wanneer?	Качан?	katʃan?
Waarom?	Эмне үчүн?	emne ytʃyn?
Waarom?	Эмнеге?	emnege?
Waarvoor dan ook?	Кайсы керекке?	kajsı kerekke?

Hoe?	**Кандай?**	kandaj?
Wat voor ...?	**Кайсы?**	kajsı?
Welk?	**Кайсынысы?**	kajsınısı?
Aan wie?	**Кимге?**	kimge?
Over wie?	**Ким жөнүндө?**	kim dʒønyndø?
Waarover?	**Эмне жөнүндө?**	emne dʒønyndø?
Met wie?	**Ким менен?**	kim menen?
Hoeveel?	**Канча?**	kantʃa?
Van wie? (mann.)	**Кимдики?**	kimdiki?
Van wie? (vrouw.)	**Кимдики?**	kimdiki?
Van wie? (mv.)	**Кимдердики?**	kimderdiki?

16. Voorzetsels

met (bijv. ~ beleg)	**менен**	menen
zonder (~ accent)	**-сыз, -сиз**	-sız, -siz
naar (in de richting van)	**... көздөй**	... køzdøj
over (praten ~)	**... жөнүндө**	... dʒønyndø
voor (in tijd)	**... астында**	... astında
voor (aan de voorkant)	**... алдында**	... aldında
onder (lager dan)	**... астында**	... astında
boven (hoger dan)	**... өйдө**	... øjdø
op (bovenop)	**... үстүндө**	... ystyndø
van (uit, afkomstig van)	**-дан**	-dan
van (gemaakt van)	**-дан**	-dan
over (bijv. ~ een uur)	**... ичинде**	... itʃinde
over (over de bovenkant)	**... үстүнөн**	... ystynøn

17. Functiewoorden. Bijwoorden. Deel 1

Waar?	**Каерде?**	kaerde?
hier (bw)	**бул жерде**	bul dʒerde
daar (bw)	**тээтигил жакта**	teetigil dʒakta
ergens (bw)	**бир жерде**	bir dʒerde
nergens (bw)	**эч жакта**	etʃ dʒakta
bij ... (in de buurt)	**... жанында**	... dʒanında
bij het raam	**терезенин жанында**	terezenin dʒanında
Waarheen?	**Каяка?**	kajaka?
hierheen (bw)	**бери**	beri
daarheen (bw)	**нары**	narı
hiervandaan (bw)	**бул жерден**	bul dʒerden
daarvandaan (bw)	**тигил жерден**	tigil dʒerden
dichtbij (bw)	**жакын**	dʒakın
ver (bw)	**алыс**	alıs

in de buurt (van …)	… тегерегинде	… tegereginde
dichtbij (bw)	жакын арада	dʒakın arada
niet ver (bw)	алыс эмес	alıs emes
linker (bn)	сол	sol
links (bw)	сол жакта	sol dʒakta
linksaf, naar links (bw)	солго	solgo
rechter (bn)	оң	oŋ
rechts (bw)	оң жакта	oŋ dʒakta
rechtsaf, naar rechts (bw)	оңго	oŋgo
vooraan (bw)	астыда	astıda
voorste (bn)	алдыңкы	aldıŋkı
vooruit (bw)	алдыга	aldıga
achter (bw)	артында	artında
van achteren (bw)	артынан	artınan
achteruit (naar achteren)	артка	artka
midden (het)	ортосу	ortosu
in het midden (bw)	ортосунда	ortosunda
opzij (bw)	капталында	kaptalında
overal (bw)	бүт жерде	byt dʒerde
omheen (bw)	айланасында	ajlanasında
binnenuit (bw)	ичинде	itʃinde
naar ergens (bw)	бир жерде	bir dʒerde
rechtdoor (bw)	түз	tyz
terug (bijv. ~ komen)	кайра	kajra
ergens vandaan (bw)	бир жерден	bir dʒerden
ergens vandaan	бир жактан	bir dʒaktan
(en dit geld moet ~ komen)		
ten eerste (bw)	биринчиден	birintʃiden
ten tweede (bw)	экинчиден	ekintʃiden
ten derde (bw)	үчүнчүдөн	ytʃyntʃydøn
plotseling (bw)	күтпөгөн жерден	kytpøgøn dʒerden
in het begin (bw)	башында	baʃinda
voor de eerste keer (bw)	биринчи жолу	birintʃi dʒolu
lang voor … (bw)	… алдында	… aldında
opnieuw (bw)	башынан	baʃinan
voor eeuwig (bw)	түбөлүккө	tybølykkø
nooit (bw)	эч качан	etʃ katʃan
weer (bw)	кайра	kajra
nu (bw)	эми	emi
vaak (bw)	көпчүлүк учурда	køptʃylyk utʃurda
toen (bw)	анда	anda
urgent (bw)	тезинен	tezinen
meestal (bw)	көбүнчө	købyntʃø
trouwens, …	баса, …	basa, …
(tussen haakjes)		

mogelijk (bw)	мүмкүн	mymkyn
waarschijnlijk (bw)	балким	balkim
misschien (bw)	ыктымал	ıktımal
trouwens (bw)	андан тышкары, ...	andan tıʃkarı, ...
daarom ...	ошондуктан ...	oʃonduktan ...
in weerwil van ...	... карабастан	... karabastan
dankzij ...	... күчү менен	... kytʃy menen
wat (vn)	эмне	emne
dat (vw)	эмне	emne
iets (vn)	бир нерсе	bir nerse
iets	бир нерсе	bir nerse
niets (vn)	эч нерсе	etʃ nerse
wie (~ is daar?)	ким	kim
iemand (een onbekende)	кимдир бирөө	kimdir birøø
iemand	бирөө жарым	birøø dʒarım
(een bepaald persoon)		
niemand (vn)	эч ким	etʃ kim
nergens (bw)	эч жака	etʃ dʒaka
niemands (bn)	эч кимдики	etʃ kimdiki
iemands (bn)	бирөөнүкү	birøønyky
zo (Ik ben ~ blij)	эми	emi
ook (evenals)	ошондой эле	oʃondoj ele
alsook (eveneens)	дагы	dagı

18. Functiewoorden. Bijwoorden. Deel 2

Waarom?	Эмнеге?	emnege?
om een bepaalde reden	эмнегедир	emnegedir
omdat ...	... себептен	... sebepten
voor een bepaald doel	эмне үчүндүр	emne ytʃyndyr
en (vw)	жана	dʒana
of (vw)	же	dʒe
maar (vw)	бирок	birok
voor (vz)	үчүн	ytʃyn
te (~ veel mensen)	өтө эле	øtø ele
alleen (bw)	азыр эле	azır ele
precies (bw)	так	tak
ongeveer (~ 10 kg)	болжол менен	boldʒol menen
omstreeks (bw)	болжол менен	boldʒol menen
bij benadering (bn)	болжолдуу	boldʒolduu
bijna (bw)	дээрлик	deerlik
rest (de)	калганы	kalganı
de andere (tweede)	башка	baʃka
ander (hn)	башка бөлөк	baʃka bøløk
elk (bn)	ар бири	ar biri
om het even welk	баардык	baardık

veel (grote hoeveelheid)	көп	køp
veel mensen	көбү	køby
iedereen (alle personen)	баары	baarı

in ruil voor ...	... алмашуу	... almaʃuu
in ruil (bw)	ордуна	orduna
met de hand (bw)	колго	kolgo
onwaarschijnlijk (bw)	ишенүүгө болбойт	iʃenyygø bolbojt

waarschijnlijk (bw)	балким	balkim
met opzet (bw)	атайын	atajın
toevallig (bw)	кокустан	kokustan

zeer (bw)	аябай	ajabaj
bijvoorbeeld (bw)	мисалы	misalı
tussen (~ twee steden)	ортосунда	ortosunda
tussen (te midden van)	арасында	arasında
zoveel (bw)	ошончо	oʃonʧo
vooral (bw)	өзгөчө	øzgøʧø

Basisbegrippen Deel 2

19. Dagen van de week

maandag (de)	дүйшөмбү	dyjʃømby
dinsdag (de)	шейшемби	ʃejʃembi
woensdag (de)	шаршемби	ʃarʃembi
donderdag (de)	бейшемби	bejʃembi
vrijdag (de)	жума	dʒuma
zaterdag (de)	ишенби	iʃenbi
zondag (de)	жекшемби	dʒekʃembi
vandaag (bw)	бүгүн	bygyn
morgen (bw)	эртең	erteŋ
overmorgen (bw)	бирсүгүнү	birsygyny
gisteren (bw)	кечээ	ketʃee
eergisteren (bw)	мурда күнү	murda kyny
dag (de)	күн	kyn
werkdag (de)	иш күнү	iʃ kyny
feestdag (de)	майрам күнү	majram kyny
verlofdag (de)	дем алыш күн	dem alıʃ kyn
weekend (het)	дем алыш күндөр	dem alıʃ kyndør
de hele dag (bw)	күнү бою	kyny bojʉ
de volgende dag (bw)	кийинки күнү	kijinki kyny
twee dagen geleden	эки күн мурун	eki kyn murun
aan de vooravond (bw)	жакында	dʒakında
dag-, dagelijks (bn)	күндө	kyndø
elke dag (bw)	күн сайын	kyn sajın
week (de)	жума	dʒuma
vorige week (bw)	өткөн жумада	øtkøn dʒumada
volgende week (bw)	келаткан жумада	kelatkan dʒumada
wekelijks (bn)	жума сайын	dʒuma sajın
elke week (bw)	жума сайын	dʒuma sajın
twee keer per week	жумасына эки жолу	dʒumasına eki dʒolu
elke dinsdag	ар шейшемби	ar ʃejʃembi

20. Uren. Dag en nacht

morgen (de)	таң	taŋ
's morgens (bw)	эртең менен	erteŋ menen
middag (de)	жарым күн	dʒarım kyn
's middags (bw)	түштөн кийин	tyʃtøn kijin
avond (de)	кеч	ketʃ
's avonds (bw)	кечинде	ketʃinde

nacht (de)	түн	tyn
's nachts (bw)	түндө	tyndø
middernacht (de)	жарым түн	dʒarım tyn

seconde (de)	секунда	sekunda
minuut (de)	мүнөт	mynøt
uur (het)	саат	saat
halfuur (het)	жарым саат	dʒarım saat
kwartier (het)	чейрек саат	tʃejrek saat
vijftien minuten	он беш мүнөт	on beʃ mynøt
etmaal (het)	сутка	sutka

zonsopgang (de)	күндүн чыгышы	kyndyn tʃıgıʃı
dageraad (de)	таң агаруу	taŋ agaruu
vroege morgen (de)	таң эрте	taŋ erte
zonsondergang (de)	күн батуу	kyn batuu

's morgens vroeg (bw)	таң эрте	taŋ erte
vanmorgen (bw)	бүгүн эртең менен	bygyn erteŋ menen
morgenochtend (bw)	эртең эртең менен	erteŋ erteŋ menen
vanmiddag (bw)	күндүзү	kyndyzy
's middags (bw)	түштөн кийин	tyʃtøn kijin
morgenmiddag (bw)	эртең түштөн кийин	erteŋ tyʃtøn kijin
vanavond (bw)	бүгүн кечинде	bygyn ketʃinde
morgenavond (bw)	эртең кечинде	erteŋ ketʃinde

klokslag drie uur	туура саат үчтө	tuura saat ytʃtø
ongeveer vier uur	болжол менен төрт саат	boldʒol menen tørt saat
tegen twaalf uur	саат он экиде	saat on ekide

over twintig minuten	жыйырма мүнөттөн кийин	dʒıjırma mynøttøn kijin
over een uur	бир сааттан кийин	bir saattan kijin
op tijd (bw)	өз убагында	øz ubagında

kwart voor …	… он беш мүнөт калды	… on beʃ mynøt kaldı
binnen een uur	бир сааттын ичинде	bir saattın itʃinde
elk kwartier	он беш мүнөт сайын	on beʃ mynøt sajın
de klok rond	бир сутка бою	bir sutka boju

21. Maanden. Seizoenen

januari (de)	январь	janvarj
februari (de)	февраль	fevralj
maart (de)	март	mart
april (de)	апрель	aprelj
mei (de)	май	maj
juni (de)	июнь	ijʉnj

juli (de)	июль	ijʉlj
augustus (de)	август	avgust
september (de)	сентябрь	sentjabrj
oktober (de)	октябрь	oktjabrj
november (de)	ноябрь	nojabrj
december (de)	декабрь	dekabrj

lente (de)	жаз	dʒaz
in de lente (bw)	жазында	dʒazında
lente- (abn)	жазгы	dʒazgı
zomer (de)	жай	dʒaj
in de zomer (bw)	жайында	dʒajında
zomer-, zomers (bn)	жайкы	dʒajkı
herfst (de)	күз	kyz
in de herfst (bw)	күзүндө	kyzyndø
herfst- (abn)	күздүк	kyzdyk
winter (de)	кыш	kıʃ
in de winter (bw)	кышында	kıʃında
winter- (abn)	кышкы	kıʃkı
maand (de)	ай	aj
deze maand (bw)	ушул айда	uʃul ajda
volgende maand (bw)	кийинки айда	kijinki ajda
vorige maand (bw)	өткөн айда	øtkøn ajda
een maand geleden (bw)	бир ай мурун	bir aj murun
over een maand (bw)	бир айдан кийин	bir ajdan kijin
over twee maanden (bw)	эки айдан кийин	eki ajdan kijin
de hele maand (bw)	ай бою	aj bojɥ
een volle maand (bw)	толук бир ай	toluk bir aj
maand-, maandelijks (bn)	ай сайын	aj sajın
maandelijks (bw)	ай сайын	aj sajın
elke maand (bw)	ар бир айда	ar bir ajda
twee keer per maand	айына эки жолу	ajına eki dʒolu
jaar (het)	жыл	dʒıl
dit jaar (bw)	бул жылы	bul dʒılı
volgend jaar (bw)	келаткан жылы	kelatkan dʒılı
vorig jaar (bw)	өткөн жылы	øtkøn dʒılı
een jaar geleden (bw)	бир жыл мурун	bir dʒıl murun
over een jaar	бир жылдан кийин	bir dʒıldan kijin
over twee jaar	эки жылдан кийин	eki dʒıldan kijin
het hele jaar	жыл бою	dʒıl bodʒɥ
een vol jaar	толук бир жыл	toluk bir dʒıl
elk jaar	ар жыл сайын	ar dʒıl sajın
jaar-, jaarlijks (bn)	жыл сайын	dʒıl sajın
jaarlijks (bw)	жыл сайын	dʒıl sajın
4 keer per jaar	жылына төрт жолу	dʒılına tørt dʒolu
datum (de)	число	tʃislo
datum (de)	күн	kyn
kalender (de)	календарь	kalendarʲ
een half jaar	жарым жыл	dʒarım dʒıl
zes maanden	жарым чейрек	dʒarım tʃejrek
seizoen (bijv. lente, zomer)	мезгил	mezgil
eeuw (de)	кылым	kılım

22. Tijd. Diversen

tijd (de)	убакыт	ubakıt
ogenblik (het)	учур	utʃur
moment (het)	көз ирмемде	køz irmemde
ogenblikkelijk (bn)	көз ирмемде	køz irmemde
tijdsbestek (het)	убакыттын бир бөлүгү	ubakıttın bir bølygy
leven (het)	жашоо	dʒaʃoo
eeuwigheid (de)	түбөлүк	tybølyk
epoche (de), tijdperk (het)	доор	door
era (de), tijdperk (het)	заман	zaman
cyclus (de)	мерчим	mertʃim
periode (de)	мезгил	mezgil
termijn (vastgestelde periode)	мөөнөт	møønøt
toekomst (de)	келечек	keletʃek
toekomstig (bn)	келечек	keletʃek
de volgende keer	кийинки жолу	kijinki dʒolu
verleden (het)	өткөн	øtkøn
vorig (bn)	өткөн	øtkøn
de vorige keer	өткөндө	øtkøndø
later (bw)	кийнчерээк	kijntʃereek
na (~ het diner)	кийин	kijin
tegenwoordig (bw)	азыр, учурда	azır, utʃurda
nu (bw)	азыр	azır
onmiddellijk (bw)	тез арада	tez arada
snel (bw)	жакында	dʒakında
bij voorbaat (bw)	алдын ала	aldın ala
lang geleden (bw)	көп убакыт мурун	køp ubakıt murun
kort geleden (bw)	жакындан бери	dʒakından beri
noodlot (het)	тагдыр	tagdır
herinneringen (mv.)	эсте калганы	este kalganı
archief (het)	архив	arχiv
tijdens … (ten tijde van)	… убагында	… ubagında
lang (bw)	узак	uzak
niet lang (bw)	узак эмес	uzak emes
vroeg (bijv. ~ in de ochtend)	эрте	erte
laat (bw)	кеч	ketʃ
voor altijd (bw)	түбөлүк	tybølyk
beginnen (ww)	баштоо	baʃtoo
uitstellen (ww)	жылдыруу	dʒıldıruu
tegelijkertijd (bw)	бир учурда	bir utʃurda
voortdurend (bw)	үзгүлтүксүз	yzgyltyksyz
voortdurend	үзгүлтүксүз	yzgyltyksyz
tijdelijk (bn)	убактылуу	ubaktıluu
soms (bw)	кедээ	kedee
zelden (bw)	чанда	tʃanda
vaak (bw)	көпчүлүк учурда	køptʃylyk utʃurda

23. Tegenovergestelden

rijk (bn)	бай	baj
arm (bn)	кедей	kedej
ziek (bn)	оорулуу	ooruluu
gezond (bn)	дени сак	deni sak
groot (bn)	чоң	tʃoŋ
klein (bn)	кичине	kitʃine
snel (bw)	тез	tez
langzaam (bw)	жай	dʒaj
snel (bn)	тез	tez
langzaam (bn)	жай	dʒaj
vrolijk (bn)	шайыр	ʃajır
treurig (bn)	муңдуу	muŋduu
samen (bw)	бирге	birge
apart (bw)	өзүнчө	øzyntʃø
hardop (~ lezen)	үн чыгарып	yn tʃıgarıp
stil (~ lezen)	үн чыгарбай	yn tʃıgarbaj
hoog (bn)	бийик	bijik
laag (bn)	жапыз	dʒapız
diep (bn)	терең	tereŋ
ondiep (bn)	тайыз	tajız
ja	ооба	ooba
nee	жок	dʒok
ver (bn)	алыс	alıs
dicht (bn)	жакын	dʒakın
ver (bw)	алыс	alıs
dichtbij (bw)	жакын арада	dʒakın arada
lang (bn)	узун	uzun
kort (bn)	кыска	kıska
vriendelijk (goedhartig)	кайрымдуу	kajrımduu
kwaad (bn)	каардуу	kaarduu
gehuwd (mann.)	аялы бар	ajalı bar
ongehuwd (mann.)	бойдок	bojdok
verbieden (ww)	тыюу салуу	tıjuu saluu
toestaan (ww)	уруксат берүү	uruksat beryy
einde (het)	аягы	ajagı
begin (het)	баштальш	baʃtalıʃ

| linker (bn) | сол | sol |
| rechter (bn) | оң | oŋ |

| eerste (bn) | биринчи | birintʃi |
| laatste (bn) | акыркы | akırkı |

| misdaad (de) | кылмыш | kılmıʃ |
| bestraffing (de) | жаза | dʒaza |

| bevelen (ww) | буйрук кылуу | bujruk kıluu |
| gehoorzamen (ww) | баш ийүү | baʃ ijyy |

| recht (bn) | түз | tyz |
| krom (bn) | кыйшак | kıjʃak |

| paradijs (het) | бейиш | bejiʃ |
| hel (de) | тозок | tozok |

| geboren worden (ww) | төрөлүү | tørølyy |
| sterven (ww) | өлүү | ølyy |

| sterk (bn) | күчтүү | kytʃtyy |
| zwak (bn) | алсыз | alsız |

| oud (bn) | эски | eski |
| jong (bn) | жаш | dʒaʃ |

| oud (bn) | эски | eski |
| nieuw (bn) | жаңы | dʒaŋı |

| hard (bn) | катуу | katuu |
| zacht (bn) | жумшак | dʒumʃak |

| warm (bn) | жылуу | dʒıluu |
| koud (bn) | муздак | muzdak |

| dlk (bn) | семиз | semiz |
| dun (bn) | арык | arık |

| smal (bn) | тар | tar |
| breed (bn) | кең | keŋ |

| goed (bn) | жакшы | dʒakʃı |
| slecht (bn) | жаман | dʒaman |

| moedig (bn) | кайраттуу | kajrattuu |
| laf (bn) | суу жүрөк | suu dʒyrøk |

24. Lijnen en vormen

vierkant (het)	чарчы	tʃartʃı
vierkant (bn)	чарчы	tʃartʃı
cirkel (de)	тегерек	tegerek
rond (bn)	тегерек	tegerek

driehoek (de)	үч бурчтук	ytʃ burtʃtuk
driehoekig (bn)	үч бурчтуу	ytʃ burtʃtuu
ovaal (het)	жумуру	dʒumuru
ovaal (bn)	жумуру	dʒumuru
rechthoek (de)	тик бурчтук	tik burtʃtuk
rechthoekig (bn)	тик бурчтуу	tik burtʃtuu
piramide (de)	пирамида	piramida
ruit (de)	ромб	romb
trapezium (het)	трапеция	trapetsija
kubus (de)	куб	kub
prisma (het)	призма	prizma
omtrek (de)	айлана	ajlana
bol, sfeer (de)	сфера	sfera
bal (de)	шар	ʃar
diameter (de)	диаметр	diametr
straal (de)	радиус	radius
omtrek (~ van een cirkel)	периметр	perimetr
middelpunt (het)	борбор	borbor
horizontaal (bn)	туурасынан	tuurasınan
verticaal (bn)	тикесинен	tikesinen
parallel (de)	параллель	parallelʲ
parallel (bn)	параллель	parallelʲ
lijn (de)	сызык	sızık
streep (de)	сызык	sızık
rechte lijn (de)	түз сызык	tyz sızık
kromme (de)	кыйшык сызык	kıjʃık sızık
dun (bn)	ичке	itʃke
omlijning (de)	караан	karaan
snijpunt (het)	кесилиш	kesiliʃ
rechte hoek (de)	тик бурч	tik burtʃ
segment (het)	сегмент	segment
sector (de)	сектор	sektor
zijde (de)	каптал	kaptal
hoek (de)	бурч	burtʃ

25. Meeteenheden

gewicht (het)	салмак	salmak
lengte (de)	узундук	uzunduk
breedte (de)	жазылык	dʒazılık
hoogte (de)	бийиктик	bijiktik
diepte (de)	терендик	terendik
volume (het)	көлөм	køløm
oppervlakte (de)	аянт	ajant
gram (het)	грамм	gramm
milligram (het)	миллиграмм	milligramm

kilogram (het)	килограмм	kilogramm
ton (duizend kilo)	тонна	tonna
pond (het)	фунт	funt
ons (het)	унция	untsija

meter (de)	метр	metr
millimeter (de)	миллиметр	millimetr
centimeter (de)	сантиметр	santimetr
kilometer (de)	километр	kilometr
mijl (de)	миля	milʲa

duim (de)	дюйм	dʉjm
voet (de)	фут	fut
yard (de)	ярд	jard

vierkante meter (de)	квадраттык метр	kvadrattık metr
hectare (de)	гектар	gektar

liter (de)	литр	litr
graad (de)	градус	gradus
volt (de)	вольт	volʲt
ampère (de)	ампер	amper
paardenkracht (de)	ат күчү	at kytʃy

hoeveelheid (de)	саны	sanı
een beetje ...	... бир аз	... bir az
helft (de)	жарым	dʒarım
dozijn (het)	он эки даана	on eki daana
stuk (het)	даана	daana

afmeting (de)	чоңдук	tʃoŋduk
schaal (bijv. ~ van 1 op 50)	өлчөмчен	øltʃømtʃen

minimaal (bn)	минималдуу	minimalduu
minste (bn)	эң кичинекей	eŋ kitʃinekej
medium (bn)	орточо	ortotʃo
maximaal (bn)	максималдуу	maksimalduu
grootste (bn)	эң чоң	eŋ tʃoŋ

26. Containers

glazen pot (de)	банка	banka
blik (conserven~)	банка	banka
emmer (de)	чака	tʃaka
ton (bijv. regenton)	бочка	botʃka

ronde waterbak (de)	дагара	dagara
tank (bijv. watertank-70-ltr)	бак	bak
heupfles (de)	фляжка	flʲadʒka
jerrycan (de)	канистра	kanistra
tank (bijv. ketelwagen)	цистерна	tsısterna

beker (de)	кружка	krudʒka
kopje (het)	чөйчөк	tʃøjtʃøk

schoteltje (het)	табак	tabak
glas (het)	ыстакан	ıstakan
wijnglas (het)	бокал	bokal
pan (de)	мискей	miskej
fles (de)	бөтөлкө	bøtølkø
flessenhals (de)	оозу	oozu
karaf (de)	графин	grafin
kruik (de)	кумура	kumura
vat (het)	идиш	idiʃ
pot (de)	карапа	karapa
vaas (de)	ваза	vaza
flacon (de)	флакон	flakon
flesje (het)	кичине бөтөлкө	kitʃine bøtølkø
tube (bijv. ~ tandpasta)	тюбик	tubik
zak (bijv. ~ aardappelen)	кап	kap
tasje (het)	пакет	paket
pakje (~ sigaretten, enz.)	пачке	patʃke
doos (de)	куту	kutu
kist (de)	үкөк	ykøk
mand (de)	себет	sebet

27. Materialen

materiaal (het)	материал	material
hout (het)	жыгач	dʒıgatʃ
houten (bn)	жыгач	dʒıgatʃ
glas (het)	айнек	ajnek
glazen (bn)	айнек	ajnek
steen (de)	таш	taʃ
stenen (bn)	таш	taʃ
plastic (het)	пластик	plastik
plastic (bn)	пластик	plastik
rubber (het)	резина	rezina
rubber-, rubberen (bn)	резина	rezina
stof (de)	кездеме	kezdeme
van stof (bn)	кездеме	kezdeme
papier (het)	кагаз	kagaz
papieren (bn)	кагаз	kagaz
karton (het)	картон	karton
kartonnen (bn)	картон	karton
polyethyleen (het)	полиэтилен	polietilen
cellofaan (het)	целлофан	tsellofan

multiplex (het)	фанера	fanera
porselein (het)	фарфор	farfor
porseleinen (bn)	фарфор	farfor
klei (de)	чопо	ʧopo
klei-, van klei (bn)	чопо	ʧopo
keramiek (de)	карапа	karapa
keramieken (bn)	карапа	karapa

28. Metalen

metaal (het)	металл	metall
metalen (bn)	металл	metall
legering (de)	эритме	eritme

goud (het)	алтын	altın
gouden (bn)	алтын	altın
zilver (het)	күмүш	kymyʃ
zilveren (bn)	күмүш	kymyʃ

ijzer (het)	темир	temir
ijzeren	темир	temir
staal (het)	болот	bolot
stalen (bn)	болот	bolot
koper (het)	жез	ʤez
koperen (bn)	жез	ʤez

aluminium (het)	алюминий	alʉminij
aluminium (bn)	алюминий	alʉminij
brons (het)	коло	kolo
bronzen (bn)	коло	kolo

messing (het)	латунь	latunʲ
nikkel (het)	никель	nikelʲ
platina (het)	платина	platina
kwik (het)	сымап	sımap
tin (het)	калай	kalaj
lood (het)	коргошун	korgoʃun
zink (het)	цинк	tsınk

MENS

Mens. Het lichaam

29. Mensen. Basisbegrippen

mens (de)	адам	adam
man (de)	эркек	erkek
vrouw (de)	аял	ajal
kind (het)	бала	bala
meisje (het)	кыз бала	kız bala
jongen (de)	бала	bala
tiener, adolescent (de)	өспүрүм	øspyrym
oude man (de)	абышка	abıʃka
oude vrouw (de)	кемпир	kempir

30. Menselijke anatomie

organisme (het)	организм	organizm
hart (het)	жүрөк	dʒyrøk
bloed (het)	кан	kan
slagader (de)	артерия	arterija
ader (de)	вена	vena
hersenen (mv.)	мээ	mee
zenuw (de)	нерв	nerv
zenuwen (mv.)	нервдер	nervder
wervel (de)	омуртка	omurtka
ruggengraat (de)	кыр арка	kır arka
maag (de)	ашказан	aʃkazan
darmen (mv.)	ичеги-карын	itʃegi-karın
darm (de)	ичеги	itʃegi
lever (de)	боор	boor
nier (de)	бөйрөк	bøjrøk
been (deel van het skelet)	сөөк	søøk
skelet (het)	скелет	skelet
rib (de)	кабырга	kabırga
schedel (de)	баш сөөгү	baʃ søøgy
spier (de)	булчуң	bultʃuŋ
biceps (de)	бицепс	biiseps
triceps (de)	трицепс	tritseps
pees (de)	тарамыш	taramıʃ
gewricht (het)	муундар	muundar

longen (mv.)	өпкө	øpkø
geslachtsorganen (mv.)	жан жер	dʒan dʒer
huid (de)	тери	teri

31. Hoofd

hoofd (het)	баш	baʃ
gezicht (het)	бет	bet
neus (de)	мурун	murun
mond (de)	ооз	ooz

oog (het)	көз	køz
ogen (mv.)	көздөр	køzdør
pupil (de)	карек	karek
wenkbrauw (de)	каш	kaʃ
wimper (de)	кирпик	kirpik
ooglid (het)	кабак	kabak

tong (de)	тил	til
tand (de)	тиш	tiʃ
lippen (mv.)	эриндер	erinder
jukbeenderen (mv.)	бет сөөгү	bet søøgy
tandvlees (het)	тиш эти	tiʃ eti
gehemelte (het)	таңдай	taŋdaj

neusgaten (mv.)	мурун тешиги	murun teʃigi
kin (de)	ээк	eek
kaak (de)	жаак	dʒaak
wang (de)	бет	bet

voorhoofd (het)	чеке	tʃeke
slaap (de)	чыкый	tʃɪkɪj
oor (het)	кулак	kulak
achterhoofd (het)	желке	dʒelke
hals (de)	моюн	mojun
keel (de)	тамак	tamak

haren (mv.)	чач	tʃatʃ
kapsel (het)	чач жасоо	tʃatʃ dʒasoo
haarsnit (de)	чач кыркуу	tʃatʃ kɪrkuu
pruik (de)	парик	parik

snor (de)	мурут	murut
baard (de)	сакал	sakal
dragen (een baard, enz.)	мурут коюу	murut kojuu
vlecht (de)	өрүм чач	ørym tʃatʃ
bakkebaarden (mv.)	бакенбарда	bakenbarda

ros (roodachtig, rossig)	сары	sarı
grijs (~ haar)	ак чачтуу	ak tʃatʃtuu
kaal (bn)	таз	taz
kale plek (de)	кашка	kaʃka
paardenstaart (de)	куйрук	kujruk
pony (de)	көкүл	køkyl

32. Menselijk lichaam

hand (de)	беш манжа	beʃ manʤa
arm (de)	кол	kol
vinger (de)	манжа	manʤa
teen (de)	манжа	manʤa
duim (de)	бармак	barmak
pink (de)	чыпалак	ʧɪpalak
nagel (de)	тырмак	tɪrmak
vuist (de)	муштум	muʃtum
handpalm (de)	алакан	alakan
pols (de)	билек	bilek
voorarm (de)	каруу	karuu
elleboog (de)	чыканак	ʧɪkanak
schouder (de)	ийин	ijin
been (rechter ~)	бут	but
voet (de)	таман	taman
knie (de)	тизе	tize
kuit (de)	балтыр	baltɪr
heup (de)	сан	san
hiel (de)	согончок	sogonʧok
lichaam (het)	дене	dene
buik (de)	курсак	kursak
borst (de)	төш	tøʃ
borst (de)	эмчек	emʧek
zijde (de)	каптал	kaptal
rug (de)	арка жон	arka ʤon
lage rug (de)	бел	bel
taille (de)	бел	bel
navel (de)	киндик	kindik
billen (mv.)	жамбаш	ʤambaʃ
achterwerk (het)	көчүк	køʧyk
huidvlek (de)	мең	meŋ
moedervlek (de)	кал	kal
tatoeage (de)	татуировка	tatuirovka
litteken (het)	тырык	tɪrɪk

Kleding en accessoires

33. Bovenkleding. Jassen

kleren (mv.)	кийим	kijim
bovenkleding (de)	үстүңкү кийим	ystyŋky kijim
winterkleding (de)	кышкы кийим	kıʃkı kijim
jas (de)	пальто	palʲto
bontjas (de)	тон	ton
bontjasje (het)	чолок тон	tʃolok ton
donzen jas (de)	мамык олпок	mamık olpok
jasje (bijv. een leren ~)	күрмө	kyrmø
regenjas (de)	плащ	plaʃtʃ
waterdicht (bn)	суу өткүс	suu øtkys

34. Heren & dames kleding

overhemd (het)	көйнөк	køjnøk
broek (de)	шым	ʃım
jeans (de)	джинсы	dʒinsı
colbert (de)	бешмант	beʃmant
kostuum (het)	костюм	kostʉm
jurk (de)	көйнөк	køjnøk
rok (de)	юбка	jʉbka
blouse (de)	блузка	bluzka
wollen vest (de)	кофта	kofta
blazer (kort jasje)	кыска бешмант	kıska beʃmant
T-shirt (het)	футболка	futbolka
shorts (mv.)	чолок шым	tʃolok ʃım
trainingspak (het)	спорт кийими	sport kıjımi
badjas (de)	халат	χalat
pyjama (de)	пижама	pidʒama
sweater (de)	свитер	sviter
pullover (de)	пуловер	pulover
gilet (het)	жилет	dʒilet
rokkostuum (het)	фрак	frak
smoking (de)	смокинг	smoking
uniform (het)	форма	forma
werkkleding (de)	жумуш кийим	dʒumuʃ kijim
overall (de)	комбинезон	kombinezon
doktersjas (de)	халат	χalat

35. Kleding. Ondergoed

ondergoed (het)	ич кийим	itʃ kijim
herenslip (de)	эркектер чолок дамбалы	erkekter tʃolok dambalı
slipjes (mv.)	аялдар трусиги	ajaldar trusigi
onderhemd (het)	майка	majka
sokken (mv.)	байпак	bajpak
nachthemd (het)	жатаарда кийүүчү көйнөк	dʒataarda kijyytʃy køjnøk
beha (de)	бюстгальтер	bʉstgalʲter
kniekousen (mv.)	гольфы	golʲfı
panty (de)	колготки	kolgotki
nylonkousen (mv.)	байпак	bajpak
badpak (het)	купальник	kupalʲnik

36. Hoofddeksels

hoed (de)	топу	topu
deukhoed (de)	шляпа	ʃlʲapa
honkbalpet (de)	бейсболка	bejsbolka
kleppet (de)	кепка	kepka
baret (de)	берет	beret
kap (de)	капюшон	kapʉʃon
panamahoed (de)	панамка	panamka
gebreide muts (de)	токулган шапка	tokulgan ʃapka
hoofddoek (de)	жоолук	dʒooluk
dameshoed (de)	шляпа	ʃlʲapa
veiligheidshelm (de)	каска	kaska
veldmuts (de)	пилотка	pilotka
helm, valhelm (de)	шлем	ʃlem
bolhoed (de)	котелок	kotelok
hoge hoed (de)	цилиндр	tsılindr

37. Schoeisel

schoeisel (het)	бут кийим	but kijim
schoenen (mv.)	ботинка	botinka
vrouwenschoenen (mv.)	туфли	tufli
laarzen (mv.)	өтүк	øtyk
pantoffels (mv.)	тапочка	tapotʃka
sportschoenen (mv.)	кроссовка	krossovka
sneakers (mv.)	кеды	kedı
sandalen (mv.)	сандалии	sandalii
schoenlapper (de)	өтүкчү	øtyktʃy
hiel (de)	така	taka

paar (een ~ schoenen)	түгөй	tygøj
veter (de)	боо	boo
rijgen (schoenen ~)	боолоо	booloo
schoenlepel (de)	кашык	kaʃık
schoensmeer (de/het)	өтүк май	øtyk maj

38. Textiel. Weefsel

katoen (de/het)	пахта	paχta
katoenen (bn)	пахтадан	paχtadan
vlas (het)	зыгыр	zıgır
vlas-, van vlas (bn)	зыгырдан	zıgırdan
zijde (de)	жибек	dʒibek
zijden (bn)	жибек	dʒibek
wol (de)	жүн	dʒyn
wollen (bn)	жүндөн	dʒyndøn
fluweel (het)	баркыт	barkıt
suède (de)	күдөрү	kydøry
ribfluweel (het)	чий баркыт	tʃij barkıt
nylon (de/het)	нейлон	nejlon
nylon-, van nylon (bn)	нейлон	nejlon
polyester (het)	полиэстер	poliester
polyester- (abn)	полиэстер	poliester
leer (het)	булгаары	bulgaarı
leren (van leer gemaak)	булгаары	bulgaarı
bont (het)	тери	teri
bont- (abn)	тери	teri

39. Persoonlijke accessoires

handschoenen (mv.)	колкап	kolkap
wanten (mv.)	мээлей	meelej
sjaal (fleece ~)	моюн орогуч	mojɯn orogutʃ
bril (do)	көз айнек	køz ajnek
brilmontuur (het)	алкак	alkak
paraplu (de)	чатырча	tʃatırtʃa
wandelstok (de)	аса таяк	asa tajak
haarborstel (de)	тарак	tarak
waaier (de)	желпингич	dʒelpingitʃ
das (de)	галстук	galstuk
strikje (het)	галстук-бабочка	galstuk-babotʃka
bretels (mv.)	шым тарткыч	ʃım tartkıtʃ
zakdoek (de)	бетаарчы	betaartʃı
kam (de)	тарак	tarak
haarspeldje (het)	чачсайгы	tʃatʃsajgı

| schuifspeldje (het) | шпилька | ʃpilʲka |
| gesp (de) | таралга | taralga |

| broekriem (de) | кайыш кур | kajɯʃ kur |
| draagriem (de) | илгич | ilgitʃ |

handtas (de)	колбаштык	kolbaʃtɯk
damestas (de)	кичине колбаштык	kitʃine kolbaʃtɯk
rugzak (de)	жонбаштык	dʒonbaʃtɯk

40. Kleding. Diversen

mode (de)	мода	moda
de mode (bn)	саркеч	sarketʃ
kledingstilist (de)	модельер	modeljer

kraag (de)	жака	dʒaka
zak (de)	чөнтөк	tʃøntøk
zak- (abn)	чөнтөк	tʃøntøk
mouw (de)	жеӈ	dʒeŋ
lusje (het)	илгич	ilgitʃ
gulp (de)	ширинка	ʃirinka

rits (de)	молния	molnija
sluiting (de)	топчулук	toptʃuluk
knoop (de)	топчу	toptʃu
knoopsgat (het)	илмек	ilmek
losraken (bijv. knopen)	үзүлүү	yzylyy

naaien (kleren, enz.)	тигүү	tigyy
borduren (ww)	сайма саюу	sajma sajɥu
borduursel (het)	сайма	sajma
naald (de)	ийне	ijne
draad (de)	жип	dʒip
naad (de)	тигиш	tigiʃ

vies worden (ww)	булгап алуу	bulgap aluu
vlek (de)	так	tak
gekreukt raken (ov. kleren)	бырышып калуу	bɯrɯʃɯp kaluu
scheuren (ov.ww.)	айрылуу	ajrɯluu
mot (de)	күбө	kybø

41. Persoonlijke verzorging. Schoonheidsmiddelen

tandpasta (de)	тиш пастасы	tiʃ pastasɯ
tandenborstel (de)	тиш щёткасы	tiʃ ʃtʃʲotkasɯ
tanden poetsen (ww)	тиш жуу	tiʃ dʒuu

scheermes (het)	устара	ustara
scheerschuim (het)	кырынуу үчүн көбүк	kɯrɯnuu ytʃyn købyk
zich scheren (ww)	кырынуу	kɯrɯnuu
zeep (de)	самын	samɯn

shampoo (de)	шампунь	ʃampunʲ
schaar (de)	кайчы	kajʧı
nagelvijl (de)	тырмак өгөө	tırmak øgøø
nagelknipper (de)	тырмак кычкачы	tırmak kıʧkaʧı
pincet (het)	искек	iskek
cosmetica (mv.)	упа-эндик	upa-endik
masker (het)	маска	maska
manicure (de)	маникюр	manikʉr
manicure doen	маникюр жасоо	manikʤʉr ʤasoo
pedicure (de)	педикюр	pedikʉr
cosmetica tasje (het)	косметичка	kosmetiʧka
poeder (de/het)	упа	upa
poederdoos (de)	упа кутусу	upa kutusu
rouge (de)	эндик	endik
parfum (de/het)	атыр	atır
eau de toilet (de)	туалет атыр суусу	tualet atır suusu
lotion (de)	лосьон	losʲon
eau de cologne (de)	одеколон	odekolon
oogschaduw (de)	көз боёгу	køz bojogu
oogpotlood (het)	көз карандашы	køz karandaʃı
mascara (de)	кирпик үчүн боек	kirpik ʉʧyn boek
lippenstift (de)	эрин помадасы	erin pomadası
nagellak (de)	тырмак үчүн лак	tırmak yʧyn lak
haarlak (de)	чач үчүн лак	ʧaʧ yʧyn lak
deodorant (de)	дезодорант	dezodorant
crème (de)	крем	krem
gezichtscrème (de)	бетмай	betmaj
handcrème (de)	кол үчүн май	kol yʧyn maj
antirimpelcrème (de)	бырыштарга каршы бет май	bırıʃtarga karʃı bet maj
dagcrème (de)	күндүзгү бет май	kyndyzgy bet maj
nachtcrème (de)	түнкү бет май	tynky bet maj
dag- (ahn)	күндүзгү	kyndyzgy
nacht- (abn)	түнкү	tynky
tampon (de)	тампон	tampon
toiletpapier (het)	даарат кагазы	ʤaarat kagazı
föhn (de)	фен	fen

42. Juwelen

sieraden (mv.)	зер буюмдар	zer bujʉmdar
edel (bijv. ~ stenen)	баалуу	baaluu
keurmerk (het)	проба	proba
ring (de)	шакек	ʃakek
trouwring (de)	нике шакеги	nike ʃakegi
armband (de)	билерик	bilerik

oorringen (mv.)	сөйкө	søjkø
halssnoer (het)	шуру	ʃuru
kroon (de)	таажы	taadʒɪ
kralen snoer (het)	мончок	montʃok

diamant (de)	бриллиант	brilliant
smaragd (de)	зымырыт	zɪmɪrɪt
robijn (de)	лаал	laal
saffier (de)	сапфир	sapfir
parel (de)	бермет	bermet
barnsteen (de)	янтарь	jantarʲ

43. Horloges. Klokken

polshorloge (het)	кол саат	kol saat
wijzerplaat (de)	циферблат	ʦɪferblat
wijzer (de)	жебе	dʒebe
metalen horlogeband (de)	браслет	braslet
horlogebandje (het)	кайыш кур	kajɪʃ kur

batterij (de)	батарейка	batarejka
leeg zijn (ww)	зарядканын түгөнүүсү	zarʲadkanın tygønyysy
batterij vervangen	батарейка алмаштыруу	batarejka almaʃtıruu
voorlopen (ww)	алдыга кетүү	aldıga ketyy
achterlopen (ww)	калуу	kaluu

wandklok (de)	дубалга тагуучу саат	dubalga taguutʃu saat
zandloper (de)	кум саат	kum saat
zonnewijzer (de)	күн саат	kyn saat
wekker (de)	ойготкуч саат	ojgotkutʃ saat
horlogemaker (de)	саат устасы	saat ustası
repareren (ww)	оңдоо	oŋdoo

Voedsel. Voeding

44. Voedsel

vlees (het)	эт	et
kip (de)	тоок	took
kuiken (het)	балапан	balapan
eend (de)	өрдөк	ørdøk
gans (de)	каз	kaz
wild (het)	илбээсин	ilbeesin
kalkoen (de)	күрп	kyrp
varkensvlees (het)	чочко эти	tʃotʃko eti
kalfsvlees (het)	торпок эти	torpok eti
schapenvlees (het)	кой эти	koj eti
rundvlees (het)	уй эти	uj eti
konijnenvlees (het)	коён	koen
worst (de)	колбаса	kolbasa
saucijs (de)	сосиска	sosiska
spek (het)	бекон	bekon
ham (de)	ветчина	vettʃina
gerookte achterham (de)	сан эт	san et
paté (de)	паштет	paʃtet
lever (de)	боор	boor
gehakt (het)	фарш	farʃ
tong (de)	тил	til
ei (het)	жумуртка	dʒumurtka
eieren (mv.)	жумурткалар	dʒumurtkalar
eiwit (het)	жумуртканын агы	dʒumurtkanın agı
eigeel (het)	жумуртканын сарысы	dʒumurtkanın sarısı
vis (de)	балык	balık
zeevruchten (mv.)	деңиз азыктары	deŋiz azıktarı
schaaldieren (mv.)	рак сыяктуулар	rak sıjaktuular
kaviaar (de)	урук	uruk
krab (de)	краб	krab
garnaal (de)	креветка	krevetka
oester (de)	устрица	ustritsa
langoest (de)	лангуст	langust
octopus (de)	сегиз бут	segiz but
inktvis (de)	кальмар	kalʲmar
steur (de)	осетрина	osetrina
zalm (de)	лосось	lososʲ
heilbot (de)	палтус	paltus
kabeljauw (de)	треска	treska

makreel (de)	скумбрия	skumbrija
tonijn (de)	тунец	tuneʦ
paling (de)	угорь	ugorʲ
forel (de)	форель	forelʲ
sardine (de)	сардина	sardina
snoek (de)	чортон	ʧorton
haring (de)	сельдь	selʲdʲ
brood (het)	нан	nan
kaas (de)	сыр	sɪr
suiker (de)	кум шекер	kum-ʃeker
zout (het)	туз	tuz
rijst (de)	күрүч	kyryʧ
pasta (de)	макарон	makaron
noedels (mv.)	кесме	kesme
boter (de)	ак май	ak maj
plantaardige olie (de)	өсүмдүк майы	øsymdyk majɪ
zonnebloemolie (de)	күн карама майы	kyn karama majɪ
margarine (de)	маргарин	margarin
olijven (mv.)	зайтун	zajtun
olijfolie (de)	зайтун майы	zajtun majɪ
melk (de)	сүт	syt
gecondenseerde melk (de)	коютулган сүт	kojʉtulgan syt
yoghurt (de)	йогурт	jogurt
zure room (de)	сметана	smetana
room (de)	каймак	kajmak
mayonaise (de)	майонез	majonez
crème (de)	крем	krem
graan (het)	акшак	akʃak
meel (het), bloem (de)	ун	un
conserven (mv.)	консерва	konserva
maïsvlokken (mv.)	жарылган жүгөрү	dʒarɪlgan dʒygøry
honing (de)	бал	bal
jam (de)	джем, конфитюр	dʒem, konfitʉr
kauwgom (de)	сагыз	sagɪz

45. Drankjes

water (het)	суу	suu
drinkwater (het)	ичүүчү суу	iʧyyʧy suu
mineraalwater (het)	минерал суусу	mineral suusu
zonder gas	газсыз	gazsɪz
koolzuurhoudend (bn)	газдалган	gazdalgən
bruisend (bn)	газы менен	gazɪ menen
ijs (het)	муз	muz

met ijs	музу менен	muzu menen
alcohol vrij (bn)	алкоголсуз	alkogolsuz
alcohol vrije drank (de)	алкоголсуз ичимдик	alkogolsuz itʃimdik
frisdrank (de)	суусундук	suusunduk
limonade (de)	лимонад	limonad

alcoholische dranken (mv.)	спирт ичимдиктери	spirt itʃimdikteri
wijn (de)	шарап	ʃarap
witte wijn (de)	ак шарап	ak ʃarap
rode wijn (de)	кызыл шарап	kızıl ʃarap

likeur (de)	ликёр	likʲor
champagne (de)	шампан	ʃampan
vermout (de)	вермут	vermut

whisky (de)	виски	viski
wodka (de)	арак	arak
gin (de)	джин	dʒin
cognac (de)	коньяк	konjak
rum (de)	ром	rom

koffie (de)	кофе	kofe
zwarte koffie (de)	кара кофе	kara kofe
koffie (de) met melk	сүттөлгөн кофе	syttølgøn kofe
cappuccino (de)	капучино	kaputʃino
oploskoffie (de)	эрүүчү кофе	eryytʃy kofe

melk (de)	сүт	syt
cocktail (de)	коктейль	koktejlʲ
milkshake (de)	сүт коктейли	syt koktejli

sap (het)	шире	ʃire
tomatensap (het)	томат ширеси	tomat ʃiresi
sinaasappelsap (het)	апельсин ширеси	apelʲsin ʃiresi
vers geperst sap (het)	түз сыгылып алынган шире	tyz sıgılıp alıngan ʃire

bier (het)	сыра	sıra
licht bier (het)	ачык сыра	atʃık sıra
donker bier (het)	коңур сыра	konur sıra

thee (de)	чай	tʃaj
zwarte thee (de)	кара чай	kara tʃaj
groene thee (de)	жашыл чай	dʒaʃıl tʃaj

46. Groenten

| groenten (mv.) | жашылча | dʒaʃıltʃa |
| verse kruiden (mv.) | көк чөп | køk tʃøp |

tomaat (de)	помидор	pomidor
augurk (de)	бадыраң	badıraŋ
wortel (de)	сабиз	sabiz
aardappel (de)	картошка	kartoʃka

| ui (de) | пияз | pijaz |
| knoflook (de) | сарымсак | sarımsak |

kool (de)	капуста	kapusta
bloemkool (de)	гүлдүү капуста	gyldyy kapusta
spruitkool (de)	брюссель капустасы	brʉsselʲ kapustası
broccoli (de)	брокколи капустасы	brokkoli kapustası

rode biet (de)	кызылча	kızıltʃa
aubergine (de)	баклажан	bakladʒan
courgette (de)	кабачок	kabatʃok
pompoen (de)	ашкабак	aʃkabak
raap (de)	шалгам	ʃalgam

peterselie (de)	петрушка	petruʃka
dille (de)	укроп	ukrop
sla (de)	салат	salat
selderij (de)	сельдерей	selʲderej
asperge (de)	спаржа	spardʒa
spinazie (de)	шпинат	ʃpinat

erwt (de)	нокот	nokot
bonen (mv.)	буурчак	buurtʃak
maïs (de)	жүгөрү	dʒygøry
nierboon (de)	төө буурчак	tøø buurtʃak

peper (de)	таттуу перец	tattuu perets
radijs (de)	шалгам	ʃalgam
artisjok (de)	артишок	artiʃok

47. Vruchten. Noten

vrucht (de)	мөмө	mømø
appel (de)	алма	alma
peer (de)	алмурут	almurut
citroen (de)	лимон	limon
sinaasappel (de)	апельсин	apelʲsin
aardbei (de)	кулпунай	kulpunaj

mandarijn (de)	мандарин	mandarin
pruim (de)	кара өрүк	kara øryk
perzik (de)	шабдаалы	ʃabdaalı
abrikoos (de)	өрүк	øryk
framboos (de)	дан куурай	dan kuuraj
ananas (de)	ананас	ananas

banaan (de)	банан	banan
watermeloen (de)	арбуз	arbuz
druif (de)	жүзүм	dʒyzym
zure kers (de)	алча	altʃa
zoete kers (de)	гилас	gilas
meloen (de)	коон	kɪɔɵn
grapefruit (de)	грейпфрут	grejpfrut
avocado (de)	авокадо	avokado

papaja (de)	папайя	papaja
mango (de)	манго	mango
granaatappel (de)	анар	anar

rode bes (de)	кызыл карагат	kızıl karagat
zwarte bes (de)	кара карагат	kara karagat
kruisbes (de)	крыжовник	krıdʒovnik
blauwe bosbes (de)	кара моюл	kara mojʉl
braambes (de)	кара бүлдүркөн	kara byldyrkøn

rozijn (de)	мейиз	mejiz
vijg (de)	анжир	andʒir
dadel (de)	курма	kurma

pinda (de)	арахис	araχis
amandel (de)	бадам	badam
walnoot (de)	жаңгак	dʒaŋgak
hazelnoot (de)	токой жаңгагы	tokoj dʒaŋgagı
kokosnoot (de)	кокос жаңгагы	kokos dʒaŋgagı
pistaches (mv.)	мисте	miste

48. Brood. Snoep

suikerbakkerij (de)	кондитер азыктары	konditer azıktarı
brood (het)	нан	nan
koekje (het)	печенье	petʃenje

chocolade (de)	шоколад	ʃokolad
chocolade- (abn)	шоколаддан	ʃokoladdan
snoepje (het)	конфета	konfeta
cakeje (het)	пирожное	pirodʒnoe
taart (bijv. verjaardags~)	торт	tort

pastei (de)	пирог	pirog
vulling (de)	начинка	natʃinka

confituur (de)	кыям	kıjam
marmelade (de)	мармелад	marmelad
wafel (de)	вафли	vafli
ijsje (het)	бал муздак	bal muzdak
pudding (de)	пудинг	pudlng

49. Bereide gerechten

gerecht (het)	тамак	tamak
keuken (bijv. Franse ~)	даам	daam
recept (het)	тамак жасоо ыкмасы	tamak dʒasoo ıkması
portie (de)	порция	portsija

salade (de)	салат	salat
soep (de)	сорпо	sorpo
bouillon (de)	ынак сорпо	ınak sorpo

boterham (de)	бутерброд	buterbrod
spiegelei (het)	куурулган жумуртка	kuurulgan dʒumurtka
hamburger (de)	гамбургер	gamburger
biefstuk (de)	бифштекс	bifʃteks
garnering (de)	гарнир	garnir
spaghetti (de)	спагетти	spagetti
aardappelpuree (de)	эзилген картошка	ezilgen kartoʃka
pizza (de)	пицца	pitsa
pap (de)	ботко	botko
omelet (de)	омлет	omlet
gekookt (in water)	сууга бышырылган	suuga bıʃırılgan
gerookt (bn)	ышталган	ıʃtalgan
gebakken (bn)	куурулган	kuurulgan
gedroogd (bn)	кургатылган	kurgatılgan
diepvries (bn)	тоңдурулган	toŋdurulgan
gemarineerd (bn)	маринаддагы	marinaddagı
zoet (bn)	таттуу	tattuu
gezouten (bn)	туздуу	tuzduu
koud (bn)	муздак	muzdak
heet (bn)	ысык	ısık
bitter (bn)	ачуу	atʃuu
lekker (bn)	даамдуу	daamduu
koken (in kokend water)	кайнатуу	kajnatuu
bereiden (avondmaaltijd ~)	тамак бышыруу	tamak bıʃıruu
bakken (ww)	кууруу	kuuruu
opwarmen (ww)	жылытуу	dʒılıtuu
zouten (ww)	туздоо	tuzdoo
peperen (ww)	калемпир кошуу	kalempir koʃuu
raspen (ww)	сүргүлөө	syrgyløø
schil (de)	сырты	sırtı
schillen (ww)	тазалоо	tazaloo

50. Kruiden

zout (het)	туз	tuz
gezouten (bn)	туздуу	tuzduu
zouten (ww)	туздоо	tuzdoo
zwarte peper (de)	кара мурч	kara murtʃ
rode peper (de)	кызыл калемпир	kızıl kalempir
mosterd (de)	горчица	gortʃitsa
mierikswortel (de)	хрен	χren
condiment (het)	татымал	tatımal
specerij, kruiderij (de)	татымал	tatımal
saus (de)	соус	sous
azijn (de)	уксус	uksus
anijs (de)	анис	anis

basilicum (de)	райхон	rajχon
kruidnagel (de)	гвоздика	gvozdika
gember (de)	имбирь	imbirʲ
koriander (de)	кориандр	koriandr
kaneel (de/het)	корица	koritsa
sesamzaad (het)	кунжут	kundʒut
laurierblad (het)	лавр жалбырагы	lavr dʒalbıragı
paprika (de)	паприка	paprika
komijn (de)	зира	zira
saffraan (de)	заапаран	zaaparan

51. Maaltijden

eten (het)	тамак	tamak
eten (ww)	тамактануу	tamaktanuu
ontbijt (het)	таңкы тамак	taŋkı tamak
ontbijten (ww)	эртең менен тамактануу	erteŋ menen tamaktanuu
lunch (de)	түшкү тамак	tyʃky tamak
lunchen (ww)	түштөнүү	tyʃtønyy
avondeten (het)	кечки тамак	ketʃki tamak
souperen (ww)	кечки тамакты ичүү	ketʃki tamaktı itʃyy
eetlust (de)	табит	tabit
Eet smakelijk!	Тамагыңыз таттуу болсун!	tamagıŋız tattuu bolsun!
openen (een fles ~)	ачуу	atʃuu
morsen (koffie, enz.)	төгүп алуу	tøgyp aluu
zijn gemorst	төгүлүү	tøgylyy
koken (water kookt bij 100°C)	кайноо	kajnoo
koken (Hoe om water te ~)	кайнатуу	kajnatuu
gekookt (~ water)	кайнатылган	kajnatılgan
afkoelen (koeler maken)	суутуу	suutuu
afkoelen (koeler worden)	сууп туруу	suup turuu
smaak (de)	даам	daam
nasmaak (de)	даамдануу	daamdanuu
volgen een dieet	арыктоо	arıktoo
dieet (het)	мүнөз тамак	mynøz tamak
vitamine (de)	витамин	vitamin
calorie (de)	калория	kalorija
vegetariër (de)	эттен чанган	etten tʃangan
vegetarisch (bn)	этсиз даярдалган	etsiz dajardalgan
vetten (mv.)	майлар	majlar
eiwitten (mv.)	белоктор	beloktor
koolhydraten (mv.)	көмүрсуулар	kømyrsuular
snede (de)	кесим	kesim
stuk (bijv. een ~ taart)	бөлүк	bølyk
kruimel (de)	күкүм	kykym

52. Tafelschikking

lepel (de)	кашык	kaʃık
mes (het)	бычак	bıtʃak
vork (de)	вилка	vilka
kopje (het)	чөйчөк	tʃøjtʃøk
bord (het)	табак	tabak
schoteltje (het)	табак	tabak
servet (het)	майлык	majlık
tandenstoker (de)	тиш чукугуч	tiʃ tʃukugutʃ

53. Restaurant

restaurant (het)	ресторан	restoran
koffiehuis (het)	кофекана	kofekana
bar (de)	бар	bar
tearoom (de)	чай салону	tʃaj salonu
kelner, ober (de)	официант	ofitsiant
serveerster (de)	официант кыз	ofitsiant kız
barman (de)	бармен	barmen
menu (het)	меню	menʉ
wijnkaart (de)	шарап картасы	ʃarap kartası
een tafel reserveren	столду камдык буйрутмалоо	stoldu kamdık bujrutmaloo
gerecht (het)	тамак	tamak
bestellen (eten ~)	буйрутма кылуу	bujrutma kıluu
een bestelling maken	буйрутма берүү	bujrutma beryy
aperitief (de/het)	аперитив	aperitiv
voorgerecht (het)	ысылык	ısılık
dessert (het)	десерт	desert
rekening (de)	эсеп	esep
de rekening betalen	эсеп төлөө	esep tøløø
wisselgeld teruggeven	майда акчаны кайтаруу	majda aktʃanı kajtaruu
fooi (de)	чайпул	tʃajpul

Familie, verwanten en vrienden

54. Persoonlijke informatie. Formulieren

naam (de)	аты	atı
achternaam (de)	фамилиясы	familijası
geboortedatum (de)	төрөлгөн күнү	tørølgøn kyny
geboorteplaats (de)	туулган жери	tuulgan dʒeri
nationaliteit (de)	улуту	ulutu
woonplaats (de)	жашаган жери	dʒaʃagan dʒeri
land (het)	өлкө	ølkø
beroep (het)	кесиби	kesibi
geslacht (ov. het vrouwelijk ~)	жынысы	dʒınısı
lengte (de)	бою	bojʉ
gewicht (het)	салмак	salmak

55. Familieleden. Verwanten

moeder (de)	эне	ene
vader (de)	ата	ata
zoon (de)	уул	uul
dochter (de)	кыз	kız
jongste dochter (de)	кичүү кыз	kitʃyy kız
jongste zoon (de)	кичүү уул	kitʃyy uul
oudste dochter (de)	улуу кыз	uluu kız
oudste zoon (de)	улуу уул	uluu uul
broer (de)	бир тууган	bir tuugan
oudere broer (de)	байке	bajke
jongere broer (de)	ини	ini
zuster (de)	бир тууган	bir tuugan
oudere zuster (de)	эже	edʒe
jongere zuster (de)	синди	siŋdi
neef (zoon van oom, tante)	атасы же энеси бир тууган	atası dʒe enesi bir tuugan
nicht (dochter van oom, tante)	атасы же энеси бир тууган	atası dʒe enesi bir tuugan
mama (de)	апа	apa
papa (de)	ата	ata
ouders (mv.)	ата-эне	ata-ene
kind (het)	бала	bala
kinderen (mv.)	балдар	baldar

oma (de)	чоң апа	ʧoŋ apa
opa (de)	чоң ата	ʧoŋ ata
kleinzoon (de)	небере бала	nebere bala
kleindochter (de)	небере кыз	nebere kız
kleinkinderen (mv.)	неберелер	nebereler

oom (de)	таяке	tajake
tante (de)	таяже	tajaʤe
neef (zoon van broer, zus)	ини	ini
nicht (dochter van broer, zus)	жээн	ʤeen

schoonmoeder (de)	кайын эне	kajın ene
schoonvader (de)	кайын ата	kajın ata
schoonzoon (de)	күйөө бала	kyjøø bala
stiefmoeder (de)	өгөй эне	øgøj ene
stiefvader (de)	өгөй ата	øgøj ata

zuigeling (de)	эмчектеги бала	emʧektegi bala
wiegenkind (het)	ымыркай	ımırkaj
kleuter (de)	бөбөк	bøbøk

vrouw (de)	аял	ajal
man (de)	эр	er
echtgenoot (de)	күйөө	kyjøø
echtgenote (de)	зайып	zajıp

gehuwd (mann.)	аялы бар	ajalı bar
gehuwd (vrouw.)	күйөөдө	kyjøødø
ongehuwd (mann.)	бойдок	bojdok
vrijgezel (de)	бойдок	bojdok
gescheiden (bn)	ажырашкан	aʤıraʃkan
weduwe (de)	жесир	ʤesir
weduwnaar (de)	жесир	ʤesir

familielid (het)	тууган	tuugan
dichte familielid (het)	жакын тууган	ʤakın tuugan
verre familielid (het)	алыс тууган	alıs tuugan
familieleden (mv.)	бир тууган	bir tuugan

wees (de), weeskind (het)	жетим	ʤetim
voogd (de)	камкорчу	kamkorʧu
adopteren (een jongen te ~)	уул кылып асырап алуу	uul kılıp asırap aluu
adopteren (een meisje te ~)	кыз кылып асырап алуу	kız kılıp asırap aluu

56. Vrienden. Collega's

vriend (de)	дос	dos
vriendin (de)	курбу	kurbu
vriendschap (de)	достук	dostuk
bevriend zijn (ww)	достошуу	dostoʃuu

makker (de)	шерик	ʃerik
vriendin (de)	шерик кыз	ʃerik kız
partner (de)	өнөктөш	ønøktøʃ

chef (de)	башчы	baʃʧı
baas (de)	башчы	baʃʧı
eigenaar (de)	кожоюн	kodʒodʒʉn
ondergeschikte (de)	кол астындагы	kol astındagı
collega (de)	кесиптеш	kesipteʃ
kennis (de)	тааныш	taanıʃ
medereiziger (de)	жолдош	dʒoldoʃ
klasgenoot (de)	классташ	klasstaʃ
buurman (de)	кошуна	koʃuna
buurvrouw (de)	кошуна	koʃuna
buren (mv.)	кошуналар	koʃunalar

57. Man. Vrouw

vrouw (de)	аял	ajal
meisje (het)	кыз	kız
bruid (de)	колукту	koluktu
mooi(e) (vrouw, meisje)	сулуу	suluu
groot, grote (vrouw, meisje)	бою узун	bojʉ uzun
slank(e) (vrouw, meisje)	сымбаттуу	sımbattuu
korte, kleine (vrouw, meisje)	орто бойлуу	orto bojluu
blondine (de)	ак саргыл чачтуу	ak sargıl ʧaʧtuu
brunette (de)	кара чачтуу	kara ʧaʧtuu
dames- (abn)	аялдардын	ajaldardın
maagd (de)	эркек көрө элек кыз	erkek kørø elek kız
zwanger (bn)	кош бойлуу	koʃ bojluu
man (de)	эркек	erkek
blonde man (de)	ак саргыл чачтуу	ak sargıl ʧaʧtuu
bruinharige man (de)	кара чачтуу	kara ʧaʧtuu
groot (bn)	бийик бойлуу	bijik bojluu
klein (bn)	орто бойлуу	orto bojluu
onbeleefd (bn)	орой	oroj
gedrongen (bn)	жапалдаш бой	dʒapaldaʃ boj
robuust (bn)	чымыр	ʧımır
sterk (bn)	күчтүү	kʉʧtʉy
sterkte (de)	күч	kʉʧ
mollig (bn)	толук	toluk
getaand (bn)	кара тору	kara toru
slank (bn)	сымбаттуу	sımbattuu
elegant (bn)	жарашып кийинген	dʒaraʃıp kijingen

58. Leeftijd

leeftijd (de)	жаш	dʒaʃ
jeugd (de)	жаштык	dʒaʃtık

jong (bn)	жаш	dʒaʃ
jonger (bn)	кичүү	kitʃyy
ouder (bn)	улуу	uluu
jongen (de)	улан	ulan
tiener, adolescent (de)	өспүрүм	øspyrym
kerel (de)	жигит	dʒigit
oude man (de)	абышка	abıʃka
oude vrouw (de)	кемпир	kempir
volwassen (bn)	чоң киши	tʃoŋ kiʃi
van middelbare leeftijd (bn)	орто жаш	orto dʒaʃ
bejaard (bn)	жашап калган	dʒaʃap kalgan
oud (bn)	картаң	kartaŋ
pensioen (het)	бааракы	baarakı
met pensioen gaan	ардактуу эс алууга чыгуу	ardaktuu es aluuga tʃıguu
gepensioneerde (de)	бааргер	baarger

59. Kinderen

kind (het)	бала	bala
kinderen (mv.)	балдар	baldar
tweeling (de)	эгиздер	egizder
wieg (de)	бешик	beʃik
rammelaar (de)	шырылдак	ʃırıldak
luier (de)	жалаяк	dʒalajak
speen (de)	упчу	uptʃu
kinderwagen (de)	бешик араба	beʃik araba
kleuterschool (de)	бала бакча	bala baktʃa
babysitter (de)	бала баккыч	bala bakkıtʃ
kindertijd (de)	балалык	balalık
pop (de)	куурчак	kuurtʃak
speelgoed (het)	оюнчук	ojʉntʃuk
bouwspeelgoed (het)	конструктор	konstruktor
welopgevoed (bn)	тарбия көргөн	tarbija kørgøn
onopgevoed (bn)	жетесиз	dʒetesiz
verwend (bn)	эрке	erke
stout zijn (ww)	тентектик кылуу	tentektik kıluu
stout (bn)	тентек	tentek
stoutheid (de)	шоктук, тентектик	ʃoktuk, tentektik
stouterd (de)	тентек	tentek
gehoorzaam (bn)	элпек	elpek
ongehoorzaam (bn)	тил албас	til albas
braaf (bn)	зээндүү	zeendyy
slim (verstandig)	акылдуу	akılԁuu
wonderkind (het)	вундеркинд	vunderkind

60. Gehuwde paren. Gezinsleven

kussen (een kus geven)	өбүү	øbyy
elkaar kussen (ww)	өбүшүү	øbyʃyy
gezin (het)	үй-бүлө	yj-bylø
gezins- (abn)	үй-бүлөлүү	yj-bylølyy
paar (het)	эрди-катын	erdi-katın
huwelijk (het)	нике	nike
thuis (het)	үй очогу	yj otʃogu
dynastie (de)	династия	dinastija
date (de)	жолугушуу	dʒoluguʃuu
zoen (de)	өбүү	øbyy
liefde (de)	сүйүү	syjyy
liefhebben (ww)	сүйүү	syjyy
geliefde (bn)	жакшы көргөн	dʒakʃı kørgøn
tederheid (de)	назиктик	naziktik
teder (bn)	назик	nazik
trouw (de)	берилгендик	berilgendik
trouw (bn)	ишенимдүү	iʃenimdyy
zorg (bijv. bejaarden~)	кам көрүү	kam køryy
zorgzaam (bn)	камкор	kamkor
jonggehuwden (mv.)	жаңы үйлөнүшкөндөр	dʒaŋı yjlønyʃkøndør
wittebroodsweken (mv.)	таттуулашуу	tattuulaʃuu
trouwen (vrouw)	күйөөгө чыгуу	kyjøøgø tʃıguu
trouwen (man)	аял алуу	ajal aluu
bruiloft (de)	үйлөнүү той	yjlønyy toy
gouden bruiloft (de)	алтын үлпөт той	altın ylpøt toj
verjaardag (de)	жылдык	dʒıldık
minnaar (de)	ойнош	ojnoʃ
minnares (de)	ойнош	ojnoʃ
overspel (het)	көзгө чөп салуу	køzgø tʃøp saluu
overspel plegen (ww)	көзгө чөп салуу	køzgø tʃøp saluu
jaloers (bn)	кызгануу	kızganuu
jaloers zijn (echtgenoot, enz.)	кызгануу	kızganuu
echtscheiding (de)	ажырашуу	adʒıraʃuu
scheiden (ww)	ажырашуу	adʒıraʃuu
ruzie hebben (ww)	урушуу	uruʃuu
vrede sluiten (ww)	жарашуу	dʒaraʃuu
samen (bw)	бирге	birge
seks (de)	жыныстык катнаш	dʒınıstık katnaʃ
geluk (het)	бакыт	bakıt
gelukkig (bn)	бактылуу	baktıluu
ongeluk (het)	кырсык	kırsık
ongelukkig (bn)	бактысыз	baktısız

Karakter. Gevoelens. Emoties

61. Gevoelens. Emoties

gevoel (het)	сезим	sezim
gevoelens (mv.)	сезим	sezim
voelen (ww)	сезүү	sezyy
honger (de)	ачка болуу	atʃka boluu
honger hebben (ww)	ачка болуу	atʃka boluu
dorst (de)	чаңкоо	tʃaŋkoo
dorst hebben	суусап калуу	suusap kaluu
slaperigheid (de)	уйкусу келүү	ujkusu kelyy
willen slapen	уйкусу келүү	ujkusu kelyy
moeheid (de)	чарчоо	tʃartʃoo
moe (bn)	чарчаңкы	tʃartʃaŋkı
vermoeid raken (ww)	чарчоо	tʃartʃoo
stemming (de)	көңүл	køŋyl
verveling (de)	зеригүү	zerigyy
zich vervelen (ww)	зеригүү	zerigyy
afzondering (de)	элден качуу	elden katʃuu
zich afzonderen (ww)	элден качуу	elden katʃuu
bezorgd maken	көңүлүн бөлүү	køŋylyn bølyy
bezorgd zijn (ww)	сарсанаа болуу	sarsanaa boluu
zorg (bijv. geld~en)	кабатырлануу	kabatırlanuu
ongerustheid (de)	чочулоо	tʃotʃuloo
ongerust (bn)	бушайман	buʃajman
zenuwachtig zijn (ww)	тынчы кетүү	tıntʃı ketyy
in paniek raken	дүрбөлөңгө түшүү	dyrbøløŋgø tyʃyy
hoop (de)	үмүт	ymyt
hopen (ww)	үмүттөнүү	ymyttønyy
zekerheid (de)	ишенимдүүлүк	iʃenimdyylyk
zeker (bn)	ишеничтүү	iʃenitʃtyy
onzekerheid (de)	ишенбегендик	iʃenbegendik
onzeker (bn)	ишенбеген	iʃenbegen
dronken (bn)	мас	mas
nuchter (bn)	соо	soo
zwak (bn)	бошоң	boʃoŋ
gelukkig (bn)	бактылуу	baktıluu
doen schrikken (ww)	жүрөгүн түшүрүү	dʒyrøgyn tyʃyryy
toorn (de)	жинденүү	dʒindenyy
woede (de)	жаалдануу	dʒaaldanuu
depressie (de)	көңүлү чөгүү	køŋyly tʃøgyy
ongemak (het)	ыңгайсыз	ıŋgajsız

gemak, comfort (het)	ыңгайлуу	ıŋgajluu
spijt hebben (ww)	өкүнүү	økynyy
spijt (de)	өкүнүп калуу	økynyp kaluu
pech (de)	жолу болбоо	dʒolu bolboo
bedroefdheid (de)	капалануу	kapalanuu
schaamte (de)	уят	ujat
pret (de), plezier (het)	кубаныч	kubanıtʃ
enthousiasme (het)	ынта менен	ınta menen
enthousiasteling (de)	ынтызар	ıntızar
enthousiasme vertonen	ынтасын көрсөтүү	ıntasın kørsøtyy

62. Karakter. Persoonlijkheid

karakter (het)	мүнөз	mynøz
karakterfout (de)	кемчилик	kemtʃilik
verstand (het)	эс-акыл	es-akıl
rede (de)	акыл	akıl
geweten (het)	абийир	abijir
gewoonte (de)	адат	adat
bekwaamheid (de)	жөндөм	dʒøndøm
kunnen (bijv., ~ zwemmen)	билүү	bilyy
geduldig (bn)	көтөрүмдүү	køtørymdyy
ongeduldig (bn)	чыдамы жок	tʃıdamı dʒok
nieuwsgierig (bn)	ынтызар	ıntızar
nieuwsgierigheid (de)	кызыгуучулук	kızıguutʃuluk
bescheidenheid (de)	жөнөкөйлүк	dʒønøkøjlyk
bescheiden (bn)	жөнөкөй	dʒønøkøj
onbescheiden (bn)	чекилик	tʃekilik
luiheid (de)	жалкоолук	dʒalkooluk
lui (bn)	жалкоо	dʒalkoo
luiwammes (de)	эринчээк	erintʃeek
sluwheid (de)	куулук	kuuluk
sluw (bn)	куу	kuu
wantrouwen (het)	ишенбөөчүлүк	iʃenbøøtʃylyk
wantrouwig (bn)	ишенбеген	iʃenbegen
gulheid (de)	берешендик	bereʃendik
gul (bn)	берешен	bereʃen
talentrijk (bn)	зээндүү	zeendyy
talent (het)	талант	talant
moedig (bn)	кайраттуу	kajrattuu
moed (de)	кайрат	kajrat
eerlijk (bn)	чынчыл	tʃıntʃıl
eerlijkheid (de)	чынчылдык	tʃıntʃıldık
voorzichtig (bn)	сак	sak
manhaftig (bn)	тайманбас	tajmanbas

| ernstig (bn) | оор басырыктуу | oor basırıktuu |
| streng (bn) | сүрдүү | syrdyy |

resoluut (bn)	чечкиндүү	tʃetʃkindyy
onzeker, irresoluut (bn)	чечкинсиз	tʃetʃkinsiz
schuchter (bn)	тартынчаак	tartıntʃaak
schuchterheid (de)	жүрөкзаада	dʒyrøkzaada

vertrouwen (het)	ишеним артуу	iʃenim artuu
vertrouwen (ww)	ишенүү	iʃenyy
goedgelovig (bn)	ишенчээк	iʃentʃeek

oprecht (bw)	чын жүрөктөн	tʃın dʒyrøktøn
oprecht (bn)	ак ниеттен	ak nietten
oprechtheid (de)	ак ниеттүүлүк	ak niettyylyk
open (bn)	ачык	atʃık

rustig (bn)	жоош	dʒooʃ
openhartig (bn)	ачык	atʃık
naïef (bn)	ишенчээк	iʃentʃeek
verstrooid (bn)	унутчаак	unuttʃaak
leuk, grappig (bn)	кызык	kızık

gierigheid (de)	ач көздүк	atʃ køzdyk
gierig (bn)	сараң	saraŋ
inhalig (bn)	сараң	saraŋ
kwaad (bn)	каардуу	kaarduu
koppig (bn)	көк	køk
onaangenaam (bn)	жагымсыз	dʒagımsız

egoïst (de)	өзүмчүл	øzymtʃyl
egoïstisch (bn)	өзүмчүл	øzymtʃyl
lafaard (de)	суу жүрөк	suu dʒyrøk
laf (bn)	суу жүрөк	suu dʒyrøk

63. Slaap. Dromen

slapen (ww)	уктоо	uktoo
slaap (in ~ vallen)	уйку	ujku
droom (de)	түш	tyʃ
dromen (in de slaap)	түш көрүү	tyʃ køryy
slaperig (bn)	уйкусураган	ujkusuragan

bed (het)	керебет	kerebet
matras (de)	матрас	matras
deken (de)	жууркан	dʒuurkan
kussen (het)	жаздык	dʒazdık
laken (het)	шейшеп	ʃejʃep

slapeloosheid (de)	уйкусуздук	ujkusuzduk
slapeloos (bn)	уйкусуз	ujkusuz
slaapmiddel (het)	уйку дарысы	ujku darısı
slaapmiddel innemen	уйку дарысын ичүү	ujku darısın itʃyy
willen slapen	уйкусу келүү	ujkusu kelyy

geeuwen (ww)	эстөө	estøø
gaan slapen	уктоого кетүү	uktoogo ketyy
het bed opmaken	төшөк салуу	tøʃøk saluu
inslapen (ww)	уктап калуу	uktap kaluu

nachtmerrie (de)	коркунучтуу түш	korkunutʃtuu tyʃ
gesnurk (het)	коңурук	koŋuruk
snurken (ww)	коңурук тартуу	koŋuruk tartuu

wekker (de)	ойготкуч саат	ojgotkutʃ saat
wekken (ww)	ойготуу	ojgotuu
wakker worden (ww)	ойгонуу	ojgonuu
opstaan (ww)	төшөктөн туруу	tøʃøktøn turuu
zich wassen (ww)	бети-колду жуу	beti-koldu dʒuu

64. Humor. Gelach. Blijdschap

humor (de)	күлкү салуу	kylky saluu
gevoel (het) voor humor	тамашага чалуу	tamaʃaga tʃaluu
plezier hebben (ww)	көңүл ачуу	køŋyl atʃuu
vrolijk (bn)	көңүлдүү	køŋyldyy
pret (de), plezier (het)	көңүлдүүлүк	køŋyldyylyk

glimlach (de)	жылмайыш	dʒılmajıʃ
glimlachen (ww)	жылмаюу	dʒılmadʒuu
beginnen te lachen (ww)	күлүп жиберүү	kylyp dʒiberyy
lachen (ww)	күлүү	kylyy
lach (de)	күлкү	kylky

mop (de)	күлкүлүү окуя	kylkylyy okuja
grappig (een ~ verhaal)	күлкүлүү	kylkylyy
grappig (~e clown)	кызык	kızık

grappen maken (ww)	тамашалоо	tamaʃaloo
grap (de)	тамаша	tamaʃa
blijheid (de)	кубаныч	kubanıtʃ
blij zijn (ww)	кубануу	kubanuu
blij (bn)	кубанычтуу	kubanıtʃtuu

65. Discussie, conversatie. Deel 1

| communicatie (de) | баарлашуу | baarlaʃuu |
| communiceren (ww) | баарлашуу | baarlaʃuu |

conversatie (de)	сүйлөшүү	syjløʃyy
dialoog (de)	маек	maek
discussie (de)	талкуу	talkuu
debat (het)	талаш	talaʃ
debatteren, twisten (ww)	талашуу	talaʃuu

| gesprekspartner (de) | аңгемелешкен | aŋgemeleʃken |
| thema (het) | тема | tema |

standpunt (het)	көз караш	køz karaʃ
mening (de)	ой-пикир	oj-pikir
toespraak (de)	сөз	søz

bespreking (de)	талкуу	talkuu
bespreken (spreken over)	талкуулоо	talkuuloo
gesprek (het)	маек	maek
spreken (converseren)	маектешүү	maekteʃyy
ontmoeting (de)	жолугушуу	dʒoluguʃuu
ontmoeten (ww)	жолугушуу	dʒoluguʃuu

spreekwoord (het)	макал-лакап	makal-lakap
gezegde (het)	лакап	lakap
raadsel (het)	табышмак	tabıʃmak
een raadsel opgeven	табышмак айтуу	tabıʃmak ajtuu
wachtwoord (het)	сырсөз	sırsøz
geheim (het)	сыр	sır

eed (de)	ант	ant
zweren (een eed doen)	ант берүү	ant beryy
belofte (de)	убада	ubada
beloven (ww)	убада берүү	ubada beryy

advies (het)	кеңеш	keŋeʃ
adviseren (ww)	кеңеш берүү	keŋeʃ beryy
advies volgen (iemands ~)	кеңешин жолдоо	keŋeʃin dʒoldoo
luisteren (gehoorzamen)	угуу	uguu

nieuws (het)	жаңылык	dʒaŋılık
sensatie (de)	дүң салуу	dyŋ saluu
informatie (de)	маалымат	maalımat
conclusie (de)	корутунду	korutundu
stem (de)	үн	yn
compliment (het)	мактоо	maktoo
vriendelijk (bn)	сылык	sılık

woord (het)	сөз	søz
zin (de), zinsdeel (het)	сүйлөм	syjløm
antwoord (het)	жооп	dʒoop

| waarheid (de) | чындык | tʃındık |
| leugen (de) | жалган | dʒalgan |

gedachte (de)	ой	oj
idee (de/het)	ой	oj
fantasie (de)	ойдон чыгаруу	ojdon tʃıgaruu

66. Discussie, conversatie. Deel 2

gerespecteerd (bn)	урматтуу	urmattuu
respecteren (ww)	сыйлоо	sıjloo
respect (het)	урмат	urmat
Geachte ... (brief)	Урматтуу ...	urmattuu ...
voorstellen (Mag ik jullie ~)	тааныштыруу	taanıʃtıruu

kennismaken (met …)	таанышуу	taanıʃuu
intentie (de)	ниет	niet
intentie hebben (ww)	ниеттенүү	niettenyy
wens (de)	каалоо	kaaloo
wensen (ww)	каалоо айтуу	kaaloo ajtuu
verbazing (de)	таңгалыч	taŋgalıtʃ
verbazen (verwonderen)	таң калтыруу	taŋ kaltıruu
verbaasd zijn (ww)	таң калуу	taŋ kaluu
geven (ww)	берүү	beryy
nemen (ww)	алуу	aluu
teruggeven (ww)	кайтарып берүү	kajtarıp beryy
retourneren (ww)	кайра берүү	kajra beryy
zich verontschuldigen	кечирим суроо	ketʃirim suroo
verontschuldiging (de)	кечирим	ketʃirim
vergeven (ww)	кечирүү	ketʃiryy
spreken (ww)	сүйлөшүү	syjløʃyy
luisteren (ww)	угуу	uguu
aanhoren (ww)	кулак салуу	kulak saluu
begrijpen (ww)	түшүнүү	tyʃynyy
tonen (ww)	көрсөтүү	kørsøtyy
kijken naar …	… кароо	… karoo
roepen (vragen te komen)	чакыруу	tʃakıruu
afleiden (storen)	тынчын алуу	tıntʃın aluu
storen (lastigvallen)	тынчын алуу	tıntʃın aluu
doorgeven (ww)	узатып коюу	uzatıp kojʉu
verzoek (het)	сураныч	suranıtʃ
verzoeken (ww)	суроо	suroo
eis (de)	талап	talap
eisen (met klem vragen)	талап кылуу	talap kıluu
beledigen (beledigende namen geven)	кыжырына тийүү	kıdʒırına tijyy
uitlachen (ww)	шылдыңдоо	ʃıldıŋdoo
spot (de)	шылдың	ʃıldıŋ
bijnaam (de)	лакап ат	lakap at
zinspeling (dc)	кыйытма	kıjıtma
zinspelen (ww)	кыйытып айтуу	kıjıtıp aytuu
impliceren (duiden op)	билдирүү	bildiryy
beschrijving (de)	сүрөттөө	syrøttøø
beschrijven (ww)	сүрөттөп берүү	syrøttøp beryy
lof (de)	алкыш	alkıʃ
loven (ww)	мактоо	maktoo
teleurstelling (de)	көңүлү калуу	køŋyly kaluu
teleurstellen (ww)	көңүлүн калтыруу	køŋylyn kaltıruu
teleurgesteld zijn (ww)	көңүл калуу	køŋyl kaluu
veronderstelling (de)	божомол	bodʒomol
veronderstellen (ww)	божомолдоо	bodʒomoldoo

| waarschuwing (de) | эскертүү | eskertyy |
| waarschuwen (ww) | эскертүү | eskertyy |

67. Discussie, conversatie. Deel 3

| aanpraten (ww) | көндүрүү | køndyryy |
| kalmeren (kalm maken) | тынчтандыруу | tıntʃtandıruu |

stilte (de)	жымжырт	dʒımdʒırt
zwijgen (ww)	унчукпоо	untʃukpoo
fluisteren (ww)	шыбыроо	ʃıbıroo
gefluister (het)	шыбыр	ʃıbır

| open, eerlijk (bw) | ачык айтканда | atʃık ajtkanda |
| volgens mij ... | менин оюмча ... | menin ojumtʃa ... |

detail (het)	ийне-жиби	ijne-dʒibi
gedetailleerd (bn)	тетиктелген	tetiktelgen
gedetailleerd (bw)	тетикке чейин	tetikke tʃejin

| hint (de) | четин чыгаруу | tʃetin tʃıgaruu |
| een hint geven | четин чыгаруу | tʃetin tʃıgaruu |

blik (de)	көз	køz
een kijkje nemen	карап коюу	karap kojuu
strak (een ~ke blik)	тиктеген	tiktegen
knipperen (ww)	көз ирмөө	køz irmøø
knipogen (ww)	көз кысуу	køz kısuu
knikken (ww)	баш ийкөө	baʃ ijkøø

zucht (de)	дем чыгаруу	dem tʃıgaruu
zuchten (ww)	дем алуу	dem aluu
huiveren (ww)	селт этүү	selt etyy
gebaar (het)	жаңсоо	dʒaŋsoo
aanraken (ww)	тийип кетүү	tijip ketyy
grijpen (ww)	кармоо	karmoo
een schouderklopje geven	таптоо	taptoo

Kijk uit!	Абайлагыла!	abajlagıla!
Echt?	Чын элеби?!	tʃın elebi?!
Bent je er zeker van?	Жаңылган жоксуңбу?	dʒaŋılgan dʒoksuŋbu?
Succes!	Ийгилик!	ijgilik!
Juist, ja!	Түшүнүктүү!	tyʃynyktyy!
Wat jammer!	Кап!	kap!

68. Overeenstemming. Weigering

instemming (het)	макулдук	makulduk
instemmen (akkoord gaan)	макул болуу	makul boluu
goedkeuring (de)	колдоо	koldoo
goedkeuren (ww)	колдоо	koldoo
weigering (de)	баш тартуу	baʃ tartuu

weigeren (ww)	баш тартуу	baʃ tartuu
Geweldig!	Эң жакшы!	eŋ dʒakʃɪ!
Goed!	Жакшы!	dʒakʃɪ!
Akkoord!	Макул!	makul!

verboden (bn)	тыйуу салынган	tɪjuu salɪngan
het is verboden	болбойт	bolbojt
het is onmogelijk	мүмкүн эмес	mymkyn emes
onjuist (bn)	туура эмес	tuura emes

afwijzen (ww)	четке кагуу	tʃetke kaguu
steunen	колдоо	koldoo
(een goed doel, enz.)		
aanvaarden (excuses ~)	кабыл алуу	kabɪl aluu

bevestigen (ww)	ырастоо	ɪrastoo
bevestiging (de)	ырастоо	ɪrastoo
toestemming (de)	уруксат	uruksat
toestaan (ww)	уруксат берүү	uruksat beryy
beslissing (de)	чечим	tʃetʃim
z'n mond houden (ww)	унчукпоо	untʃukpoo

voorwaarde (de)	шарт	ʃart
smoes (de)	шылтоо	ʃɪltoo
lof (de)	алкыш	alkɪʃ
loven (ww)	мактоо	maktoo

69. Succes. Veel geluk. Mislukking

succes (het)	ийгилик	ijgilik
succesvol (bw)	ийгиликтүү	ijgiliktyy
succesvol (bn)	ийгиликтүү	ijgiliktyy

geluk (het)	жол болуу	dʒol boluu
Succes!	Ийгилик!	ijgilik!
geluks- (bn)	ийгиликтүү	ijgiliktyy
gelukkig (fortuinlijk)	жолу бар	dʒolu bar

mislukking (de)	жолу болбостук	dʒolu bolbostuk
tegenslag (de)	жолу болбостук	dʒolu bolbostuk
pech (de)	жолу болбоо	dʒolu bolboo
zonder succes (bn)	жолу болбогон	dʒolu bolbogon
catastrofe (de)	киши көрбөсүн	kiʃi kørbøsyn

fierheid (de)	сыймык	sɪjmɪk
fier (bn)	көтөрүнгөн	køtøryngøn
fier zijn (ww)	сыймыктануу	sɪjmɪktanuu

winnaar (de)	жеңүүчү	dʒeŋyytʃy
winnen (ww)	жеңүү	dʒeŋyy
verliezen (ww)	жеңилүү	dʒeŋilyy
poging (de)	аракет	araket
pogen, proberen (ww)	аракет кылуу	araket kɪluu
kans (de)	мүмкүнчүлүк	mymkyntʃylyk

70. Ruzies. Negatieve emoties

schreeuw (de)	кыйкырык	kıjkırık
schreeuwen (ww)	кыйкыруу	kıjkıruu
beginnen te schreeuwen	кыйкырып алуу	kıjkırıp aluu

ruzie (de)	уруш	uruʃ
ruzie hebben (ww)	урушуу	uruʃuu
schandaal (het)	чатак	t͡ʃatak
schandaal maken (ww)	чатакташуу	t͡ʃataktaʃuu
conflict (het)	чыр-чатак	t͡ʃır-t͡ʃatak
misverstand (het)	түшүнбөстүк	tyʃynbøstyk

belediging (de)	кордоо	kordoo
beledigen	кемсинтүү	kemsintyy
(met scheldwoorden)		
beledigd (bn)	катуу тийген	katuu tijgen
krenking (de)	таарыныч	taarınıt͡ʃ
krenken (beledigen)	көңүлгө тийүү	køŋylgø tijyy
gekwetst worden (ww)	таарынып калуу	taarınıp kaluu

verontwaardiging (de)	нааразылык	naarazılık
verontwaardigd zijn (ww)	нааразы болуу	naarazı boluu
klacht (de)	арыз	arız
klagen (ww)	арыздануу	arızdanuu

verontschuldiging (de)	кечирим	ket͡ʃirim
zich verontschuldigen	кечирим суроо	ket͡ʃirim suroo
excuus vragen	кечирим суроо	ket͡ʃirim suroo

kritiek (de)	сын-пикир	sın-pikir
bekritiseren (ww)	сындоо	sındoo
beschuldiging (de)	айыптоо	ajıptoo
beschuldigen (ww)	айыптоо	ajıptoo

wraak (de)	өч алуу	øt͡ʃ aluu
wreken (ww)	өч алуу	øt͡ʃ aluu

minachting (de)	киши катары көрбөө	kiʃi katarı kørbøø
minachten (ww)	киши катарына албоо	kiʃi katarına alboo
haat (de)	жек көрүү	d͡ʒek køryy
haten (ww)	жек көрүү	d͡ʒek køryy

zenuwachtig (bn)	тынчы кеткен	tınt͡ʃı ketken
zenuwachtig zijn (ww)	тынчы кетүү	tınt͡ʃı ketyy
boos (bn)	ачууланган	at͡ʃuulangan
boos maken (ww)	ачуусун келтирүү	at͡ʃuusun keltiryy

vernedering (de)	кемсинтүү	kemsintyy
vernederen (ww)	кемсинтүү	kemsintyy
zich vernederen (ww)	байкуш болуу	bajkuʃ boluu

schok (de)	дендирөө	dendirøø
schokken (ww)	дендиретүү	dendiretyy
onaangenaamheid (de)	жагымсыз жагдай	d͡ʒagımsız d͡ʒagdaj

onaangenaam (bn)	жагымсыз	dʒagımsız
vrees (de)	коркунуч	korkunutʃ
vreselijk (bijv. ~ onweer)	каардуу	kaarduu
eng (bn)	коркунучтуу	korkunutʃtuu
gruwel (de)	үрөй учуу	yrøj utʃuu
vreselijk (~ nieuws)	үрөй учуруу	yrøj utʃuruu

beginnen te beven	калтырап баштоо	kaltırap baʃtoo
huilen (wenen)	ыйлоо	ıjloo
beginnen te huilen (wenen)	ыйлап жиберүү	ıjlap dʒiberyy
traan (de)	көз жаш	køz dʒaʃ

schuld (~ geven aan)	күнөө	kynøø
schuldgevoel (het)	күнөө сезими	kynøø sezimi
schande (de)	уят	ujat
protest (het)	нааразылык	naarazılık
stress (de)	бушайман болуу	buʃajman boluu

storen (lastigvallen)	тынчын алуу	tıntʃın aluu
kwaad zijn (ww)	жини келүү	dʒini kelyy
kwaad (bn)	ачуулуу	atʃuuluu
beëindigen (een relatie ~)	токтотуу	toktotuu
vloeken (ww)	урушуу	uruʃuu

schrikken (schrik krijgen)	чоочуу	tʃootʃuu
slaan (iemand ~)	уруу	uruu
vechten (ww)	мушташуу	muʃtaʃuu

regelen (conflict)	жөндөө	dʒøndøø
ontevreden (bn)	нааразы	naarazı
woedend (bn)	жаалданган	dʒaaldangan

| Dat is niet goed! | Бул жакшы эмес! | bul dʒakʃı emes! |
| Dat is slecht! | Бул жаман! | bul dʒaman! |

Geneeskunde

71. Ziekten

ziekte (de)	оору	ooru
ziek zijn (ww)	ооруу	ooruu
gezondheid (de)	ден-соолук	den-sooluk
snotneus (de)	мурдунан суу агуу	murdunan suu aguu
angina (de)	ангина	angina
verkoudheid (de)	суук тийүү	suuk tijyy
verkouden raken (ww)	суук тийгизип алуу	suuk tijgizip aluu
bronchitis (de)	бронхит	bronχit
longontsteking (de)	кабыргадан сезгенүү	kabırgadan sezgenyy
griep (de)	сасык тумоо	sasık tumoo
bijziend (bn)	алыстан көрө албоо	alıstan kørø alboo
verziend (bn)	жакындан көрө албоо	dʒakından kørø alboo
scheelheid (de)	кылый көздүүлүк	kılıj køzdyylyk
scheel (bn)	кылый көздүүлүк	kılıj køzdyylyk
grauwe staar (de)	челкөз	tʃelkøz
glaucoom (het)	глаукома	glaukoma
beroerte (de)	мээге кан куюлуу	meege kan kujuluu
hartinfarct (het)	инфаркт	infarkt
myocardiaal infarct (het)	инфаркт миокарда	infarkt miokarda
verlamming (de)	шал	ʃal
verlammen (ww)	шал болуу	ʃal boluu
allergie (de)	аллергия	allergija
astma (de/het)	астма	astma
diabetes (de)	диабет	diabet
tandpijn (de)	тиш оорусу	tiʃ oorusu
tandbederf (het)	кариес	karies
diarree (de)	ич өткү	itʃ øtky
constipatie (de)	ич катуу	itʃ katuu
maagstoornis (de)	ич бузулгандык	itʃ buzulgandık
voedselvergiftiging (de)	уулануу	uulanuu
voedselvergiftiging oplopen	уулануу	uulanuu
artritis (de)	артрит	artrit
rachitis (de)	итий	itij
reuma (het)	кызыл жүгүрүк	kızıl dʒygyryk
arteriosclerose (de)	атеросклероз	ateroskleroz
gastritis (de)	карын сезгенүүсу	karın sezgenyysu
blindedarmontsteking (de)	аппендицит	appenditsit

| galblaasontsteking (de) | холецистит | χoletsistit |
| zweer (de) | жара | ʤara |

mazelen (mv.)	кызылча	kızıltʃa
rodehond (de)	кызамык	kızamık
geelzucht (de)	сарык	sarık
leverontsteking (de)	гепатит	gepatit

schizofrenie (de)	шизофрения	ʃizofrenija
dolheid (de)	кутурма	kuturma
neurose (de)	невроз	nevroz
hersenschudding (de)	мээнин чайкалышы	meenin tʃajkalıʃı

kanker (de)	рак	rak
sclerose (de)	склероз	skleroz
multiple sclerose (de)	жайылган склероз	ʤajılgan skleroz

alcoholisme (het)	аракечтик	araketʃtik
alcoholicus (de)	аракеч	araketʃ
syfilis (de)	котон жара	koton ʤara
AIDS (de)	СПИД	spid

tumor (de)	шишик	ʃiʃik
kwaadaardig (bn)	залалдуу	zalalduu
goedaardig (bn)	залалсыз	zalalsız

koorts (de)	безгек	bezgek
malaria (de)	безгек	bezgek
gangreen (het)	кабыз	kabız
zeeziekte (de)	деңиз оорусу	deŋiz oorusu
epilepsie (de)	талма	talma

epidemie (de)	эпидемия	epidemija
tyfus (de)	келте	kelte
tuberculose (de)	кургак учук	kurgak utʃuk
cholera (de)	холера	χolera
pest (de)	кара тумоо	kara tumoo

72. Symptomen. Behandelingen. Deel 1

symptoom (het)	белги	belgi
temperatuur (de)	дене табынын көтөрүлүшү	dene tabının køtørylyʃy
verhoogde temperatuur (de)	жогорку температура	ʤogorku temperatura
polsslag (de)	тамыр кагышы	tamır kagıʃı

duizeling (de)	баш айлануу	baʃ ajlanuu
heet (erg warm)	ысык	ısık
koude rillingen (mv.)	чыйрыгуу	tʃıjrıguu
bleek (bn)	купкуу	kupkuu

hoest (de)	жөтөл	ʤøtøl
hoesten (ww)	жөтөлүү	ʤøtølyy
niezen (ww)	чүчкүрүү	tʃytʃkyryy

| flauwte (de) | эси оо | esi oo |
| flauwvallen (ww) | эси ооп жыгылуу | esi oop dʒɪgɪluu |

blauwe plek (de)	көк-ала	køk-ala
buil (de)	шишик	ʃiʃik
zich stoten (ww)	урунуп алуу	urunup aluu
kneuzing (de)	көгөртүп алуу	køgørtyp aluu
kneuzen (gekneusd zijn)	көгөртүп алуу	køgørtyp aluu

hinken (ww)	аксоо	aksoo
verstuiking (de)	муундун чыгып кетүүсү	muundun tʃɪgɪp ketyysy
verstuiken (enkel, enz.)	чыгарып алуу	tʃɪgarɪp aluu
breuk (de)	сынуу	sɪnuu
een breuk oplopen	сындырып алуу	sɪndɪrɪp aluu

snijwond (de)	кесилген жер	kesilgen dʒer
zich snijden (ww)	кесип алуу	kesip aluu
bloeding (de)	кан кетүү	kan ketyy

| brandwond (de) | күйүк | kyjyk |
| zich branden (ww) | күйгүзүп алуу | kyjgyzyp aluu |

prikken (ww)	саюу	sajuu
zich prikken (ww)	сайып алуу	sajɪp aluu
blesseren (ww)	кокустатып алуу	kokustatɪp aluu
blessure (letsel)	кокустатып алуу	kokustatɪp aluu
wond (de)	жара	dʒara
trauma (het)	жаракат	dʒarakat

ijlen (ww)	жөлүү	dʒølyy
stotteren (ww)	кекечтенүү	keketʃtenyy
zonnesteek (de)	күн өтүү	kyn øtyy

73. Symptomen. Behandelingen. Deel 2

| pijn (de) | оору | ooru |
| splinter (de) | тикен | tiken |

zweet (het)	тер	ter
zweten (ww)	тердөө	terdøø
braking (de)	кусуу	kusuu
stuiptrekkingen (mv.)	тарамыш карышуусу	taramɪʃ karɪʃuusu

zwanger (bn)	кош бойлуу	koʃ bojluu
geboren worden (ww)	төрөлүү	tørølyy
geboorte (de)	төрөт	tørøt
baren (ww)	төрөө	tørøø
abortus (de)	бойдон түшүрүү	bojdon tyʃyryy

ademhaling (de)	дем алуу	dem aluu
inademing (de)	дем алуу	dem aluu
uitademing (de)	дем чыгаруу	dem tʃɪgaruu
uitademen (ww)	дем чыгаруу	dem tʃɪgaruu
inademen (ww)	дем алуу	dem aluu

invalide (de)	майып	majıp
gehandicapte (de)	мунжу	mundʒu
drugsverslaafde (de)	баңги	baŋgi
doof (bn)	дүлей	dyløj
stom (bn)	дудук	duduk
doofstom (bn)	дудук	duduk
krankzinnig (bn)	жин тийген	dʒin tijgen
krankzinnige (man)	жинди чалыш	dʒindi tʃalıʃ
krankzinnige (vrouw)	жинди чалыш	dʒindi tʃalıʃ
krankzinnig worden	мээси айныган	meesi ajnıgan
gen (het)	ген	gen
immuniteit (de)	иммунитет	immunitet
erfelijk (bn)	тукум куучулук	tukum kuutʃuluk
aangeboren (bn)	тубаса	tubasa
virus (het)	вирус	virus
microbe (de)	микроб	mikrob
bacterie (de)	бактерия	bakterija
infectie (de)	жугуштуу илдет	dʒuguʃtuu ildet

74. Symptomen. Behandelingen. Deel 3

ziekenhuis (het)	оорукана	oorukana
patiënt (de)	бейтап	bejtap
diagnose (de)	дарт аныктоо	dart anıktoo
genezing (de)	дарылоо	darıloo
medische behandeling (de)	дарылоо	darıloo
onder behandeling zijn	дарылануу	darılanuu
behandelen (ww)	дарылоо	darıloo
zorgen (zieken ~)	кароо	karoo
ziekenzorg (de)	кароо	karoo
operatie (de)	операция	operatsija
verbinden (een arm ~)	жараны таңуу	dʒaranı taŋuu
verband (het)	таңуу	taŋuu
vaccin (het)	эмдее	emdøø
inenten (vaccineren)	эмдее	emdøø
injectie (de)	ийне салуу	ijne saluu
een injectie geven	ийне сайдыруу	ijne sajdıruu
aanval (de)	оору кармап калуу	ooru karmap kaluu
amputatie (de)	кесүү	kesyy
amputeren (ww)	кесип таштоо	kesip taʃtoo
coma (het)	кома	koma
in coma liggen	комада болуу	komada boluu
intensieve zorg, ICU (de)	реанимация	reanimatsija
zich herstellen (ww)	сакаюу	sakajuu
toestand (de)	абал	abal

| bewustzijn (het) | эсинде | esinde |
| geheugen (het) | эс тутум | es tutum |

trekken (een kies ~)	тишти жулуу	tiʃti dʒuluu
vulling (de)	пломба	plomba
vullen (ww)	пломба салуу	plomba saluu

| hypnose (de) | гипноз | gipnoz |
| hypnotiseren (ww) | гипноз кылуу | gipnoz kıluu |

75. Artsen

dokter, arts (de)	доктур	doktur
ziekenzuster (de)	медсестра	medsestra
lijfarts (de)	жекелик доктур	dʒekelik doktur

tandarts (de)	тиш доктур	tiʃ doktur
oogarts (de)	кɵз доктур	køz doktur
therapeut (de)	терапевт	terapevt
chirurg (de)	хирург	χirurg

psychiater (de)	психиатр	psiχiatr
pediater (de)	педиатр	pediatr
psycholoog (de)	психолог	psiχolog
gynaecoloog (de)	гинеколог	ginekolog
cardioloog (de)	кардиолог	kardiolog

76. Geneeskunde. Medicijnen. Accessoires

geneesmiddel (het)	дары-дармек	darı-darmek
middel (het)	дары	darı
voorschrijven (ww)	жазып берүү	dʒazıp beryy
recept (het)	рецепт	reʦept

tablet (de/het)	таблетка	tabletka
zalf (de)	май	maj
ampul (de)	ампула	ampula
drank (de)	аралашма	aralaʃma
siroop (de)	сироп	sirop
pil (de)	пилюля	pilᵾlʲa
poeder (de/het)	күкүм	kykym

verband (het)	бинт	bint
watten (mv.)	пахта	paχta
jodium (het)	йод	jod

pleister (de)	лейкопластырь	lejkoplastırʲ
pipet (de)	дары тамызгыч	darı tamızqıtʃ
thermometer (de)	градусник	gradusnik
spuit (de)	шприц	ʃpriʦ
rolstoel (de)	майып арабасы	majıp arabası
krukken (mv.)	колтук таяк	koltuk tajak

pijnstiller (de)	оору сездирбөөчү дары	ooru sezdirbøøʧy darı
laxeermiddel (het)	ич алдыруучу дары	iʧ aldıruutʃu darı
spiritus (de)	спирт	spirt
medicinale kruiden (mv.)	дары чөптөр	darı ʧøptør
kruiden- (abn)	чөп чайы	ʧøp ʧajı

77. Roken. Tabaksproducten

tabak (de)	тамеки	tameki
sigaret (de)	чылым	ʧılım
sigaar (de)	чылым	ʧılım
pijp (de)	трубка	trubka
pakje (~ sigaretten)	пачке	paʧke

lucifers (mv.)	ширеңке	ʃireŋke
luciferdoosje (het)	ширеңке кутусу	ʃireŋke kutusu
aansteker (de)	зажигалка	zadʒigalka
asbak (de)	күл салгыч	kyl salgıʧ
sigarettendoosje (het)	портсигар	portsigar

| sigarettenpijpje (het) | мундштук | mundʃtuk |
| filter (de/het) | фильтр | filⁱtr |

roken (ww)	тамеки тартуу	tameki tartuu
een sigaret opsteken	күйгүзүп алуу	kyjgyzyp aluu
roken (het)	чылым чегүү	ʧılım ʧegyy
roker (de)	тамекичи	tamekiʧi

peuk (de)	чылым калдыгы	ʧılım kaldıgı
rook (de)	түтүн	tytyn
as (de)	күл	kyl

HET MENSELIJKE LEEFGEBIED

Stad

78. Stad. Het leven in de stad

stad (de)	шаар	ʃaar
hoofdstad (de)	борбор	borbor
dorp (het)	кыштак	kıʃtak
plattegrond (de)	шаардын планы	ʃaardın planı
centrum (ov. een stad)	шаардын борбору	ʃaardın borboru
voorstad (de)	шаардын чет жакасы	ʃaardın tʃet dʒakası
voorstads- (abn)	шаардын чет жакасындагы	ʃaardın tʃet dʒakasındagı
randgemeente (de)	чет-жака	tʃet-dʒaka
omgeving (de)	чет-жака	tʃet-dʒaka
blok (huizenblok)	квартал	kvartal
woonwijk (de)	турак-жай кварталы	turak-dʒaj kvartalı
verkeer (het)	көчө кыймылы	køtʃø kıjmılı
verkeerslicht (het)	светофор	svetofor
openbaar vervoer (het)	шаар транспорту	ʃaar transportu
kruispunt (het)	кесилиш	kesiliʃ
zebrapad (oversteekplaats)	жөө жүрүүчүлөр жолу	dʒøø dʒyryytʃylør dʒolu
onderdoorgang (de)	жер астындагы жол	dʒer astındagı dʒol
oversteken (de straat ~)	жолду өтүү	dʒoldu øtyy
voetganger (de)	жөө жүрүүчү	dʒøø dʒyryytʃy
trottoir (het)	жанжол	dʒandʒol
brug (de)	көпүрө	køpyrø
dijk (de)	жзэк жол	dʒeek dʒol
fontein (de)	фонтан	fontan
allee (de)	аллея	alleja
park (het)	сейил багы	sejil bagı
boulevard (de)	бульвар	bulʲvar
plein (het)	аянт	ajant
laan (de)	проспект	prospekt
straat (de)	көчө	køtʃø
zijstraat (de)	чолок көчө	tʃolok køtʃø
doodlopende straat (de)	туюк көчө	tujuk køtʃø
huis (het)	үй	yj
gebouw (het)	имарат	imarat
wolkenkrabber (de)	көк тиреген көп кабаттуу үй	køk tiregen køp kabattuu yj

gevel (de)	үйдүн алды	yjdyn aldı
dak (het)	чатыр	ʧatır
venster (het)	терезе	tereze
boog (de)	түркүк	tyrkyk
pilaar (de)	мамы	mamı
hoek (ov. een gebouw)	бурч	burʧ

vitrine (de)	көрсөтмө айнек үкөк	kørsøtmø ajnek ykøk
gevelreclame (de)	көрнөк	kørnøk
affiche (de/het)	афиша	afiʃa
reclameposter (de)	көрнөк-жарнак	kørnøk-dʒarnak
aanplakbord (het)	жарнамалык такта	dʒarnamalık takta

vuilnis (de/het)	таштанды	taʃtandı
vuilnisbak (de)	таштанды челек	taʃtandı ʧelek
afval weggooien (ww)	таштоо	taʃtoo
stortplaats (de)	таштанды үйүлгөн жер	taʃtandı yjylgøn dʒer

telefooncel (de)	телефон будкасы	telefon budkası
straatlicht (het)	чырак мамы	ʧırak mamı
bank (de)	отургуч	oturguʧ

politieagent (de)	полиция кызматкери	politsija kızmatkeri
politie (de)	полиция	politsija
zwerver (de)	кайырчы	kajırʧı
dakloze (de)	селсаяк	selsajak

79. Stedelijke instellingen

winkel (de)	дүкөн	dykøn
apotheek (de)	дарыкана	darıkana
optiek (de)	оптика	optika
winkelcentrum (het)	соода борбору	sooda borboru
supermarkt (de)	супермаркет	supermarket

bakkerij (de)	нан дүкөнү	nan dykøny
bakker (de)	навайчы	navajʧı
banketbakkerij (de)	кондитердик дүкөн	konditerdik dykøn
kruidenier (de)	азык-түлүк	azık-tylyk
slagerij (de)	эт дүкөнү	et dykøny

| groentewinkel (de) | жашылча дүкөнү | dʒaʃilʧa dykøny |
| markt (de) | базар | bazar |

koffiehuis (het)	кофекана	kofekana
restaurant (het)	ресторан	restoran
bar (de)	сыракана	sırakana
pizzeria (de)	пиццерия	pitserija

kapperssalon (de/het)	чач тарач	ʧaʧ taraʧ
postkantoor (het)	почта	potʧta
stomerij (de)	химиялык тазалоо	χimijalık tazaloo
fotostudio (de)	фотоателье	fotoatelje
schoenwinkel (de)	бут кийим дүкөнү	but kijim dykøny

boekhandel (de)	китеп дүкөнү	kitep dykøny
sportwinkel (de)	спорт буюмдар дүкөнү	sport bujumdar dykøny
kledingreparatie (de)	кийим ондоочу жай	kijim ondootʃu dʒaj
kledingverhuur (de)	кийимди ижарага берүү	kijimdi idʒaraga beryy
videotheek (de)	тасмаларды ижарага берүү	tasmalardı idʒaraga beryy
circus (de/het)	цирк	tsırk
dierentuin (de)	зоопарк	zoopark
bioscoop (de)	кинотеатр	kinoteatr
museum (het)	музей	muzej
bibliotheek (de)	китепкана	kitepkana
theater (het)	театр	teatr
opera (de)	опера	opera
nachtclub (de)	түнкү клуб	tynky klub
casino (het)	казино	kazino
moskee (de)	мечит	metʃit
synagoge (de)	синагога	sinagoga
kathedraal (de)	чоң чиркөө	tʃoŋ tʃirkøø
tempel (de)	ибадаткана	ibadatkana
kerk (de)	чиркөө	tʃirkøø
instituut (het)	коллеж	kolledʒ
universiteit (de)	университет	universitet
school (de)	мектеп	mektep
gemeentehuis (het)	префектура	prefektura
stadhuis (het)	мэрия	merija
hotel (het)	мейманкана	mejmankana
bank (de)	банк	bank
ambassade (de)	элчилик	eltʃilik
reisbureau (het)	турагенттиги	turagenttigi
informatieloket (het)	маалымат бюросу	maalımat burosu
wisselkantoor (het)	алмаштыруу пункту	almaʃtıruu punktu
metro (de)	метро	metro
ziekenhuis (het)	оорукана	oorukana
benzinestation (het)	май куюучу станция	maj kujuutʃu stantsija
parking (de)	унаа токтоочу жай	unaa toktootʃu dʒaj

80. Borden

gevelreclame (de)	көрнөк	kørnøk
opschrift (het)	жазуу	dʒazuu
poster (de)	көрнөк	kørnøk
wegwijzer (de)	көрсөткүч	kørsøtkytʃ
pijl (de)	жебе	dʒebe
waarschuwing (verwittiging)	экертме	ekertme
waarschuwingsbord (het)	эскертүү белгиси	eskertyy belgisi

waarschuwen (ww)	эскертүү	eskertyy
vrije dag (de)	дем алыш күн	dem alıʃ kyn
dienstregeling (de)	ырааттама	ıraattama
openingsuren (mv.)	иш сааттары	iʃ saattarı

WELKOM!	КОШ КЕЛИҢИЗДЕР!	koʃ keliŋizder!
INGANG	КИРҮҮ	kiryy
UITGANG	ЧЫГУУ	tʃıguu

DUWEN	ӨЗҮҢҮЗДӨН ТҮРТҮҢҮЗ	øzyŋyzdøn tyrtyŋyz
TREKKEN	ӨЗҮҢҮЗГӨ ТАРТЫҢЫЗ	øzyŋyzgø tartıŋız
OPEN	АЧЫК	atʃık
GESLOTEN	ЖАБЫК	dʒabık

| DAMES | АЙЫМДАР ҮЧҮН | ajımdar ytʃyn |
| HEREN | ЭРКЕКТЕР ҮЧҮН | erkekter ytʃyn |

KORTING	АРЗАНДАТУУЛАР	arzandatuular
UITVERKOOP	САТЫП ТҮГӨТҮҮ	satıp tygøtyy
NIEUW!	СААМАЛЫК!	saamalık!
GRATIS	БЕКЕР	beker

PAS OP!	КӨҢҮЛ БУРУҢУЗ!	køŋyl buruŋuz!
VOLGEBOEKT	ОРУН ЖОК	orun dʒok
GERESERVEERD	КАМДЫК	kamdık
	БУЙРУТМАЛАГАН	bujrutmalagan

ADMINISTRATIE	АДМИНИСТРАЦИЯ	administratsija
ALLEEN VOOR	ЖААМАТ ҮЧҮН ГАНА	dʒaamat ytʃyn gana
PERSONEEL		

GEVAARLIJKE HOND	КАБАНААК ИТ	kabanaak it
VERBODEN TE ROKEN!	ТАМЕКИ ЧЕГҮҮГӨ	tameki tʃegyygø
	БОЛБОЙТ!	bolbojt!
NIET AANRAKEN!	КОЛУҢАР МЕНЕН	koluŋar menen
	КАРМАБАГЫЛА!	karmabagıla!

GEVAARLIJK	КООПТУУ	kooptuu
GEVAAR	КОРКУНУЧ	korkunutʃ
HOOGSPANNING	ЖОГОРКУ ЧЫҢАЛУУ	dʒogorku tʃıŋaluu
VERBODEN TE ZWEMMEN	СУУГА ТҮШҮҮГӨ	suuga tyʃyygø
	БОЛБОЙТ	bolbojt
BUITEN GEBRUIK	ИШТЕБЕЙТ	iʃtebejt

ONTVLAMBAAR	ӨРТ ЧЫГУУ КОРКУНУЧУ	ørt tʃıguu korkunutʃu
VERBODEN	ТЫЮУ САЛЫНГАН	tıjuu salıngan
DOORGANG VERBODEN	ӨТҮҮГӨ БОЛБОЙТ	øtyygø bolbojt
OPGELET PAS GEVERFD	СЫРДАЛГАН	sırdalgan

81. Stedelijk vervoer

bus, autobus (de)	**автобус**	avtobus
tram (de)	**трамвай**	tramvaj
trolleybus (de)	**троллейбус**	trollejbus

| route (de) | каттам | kattam |
| nummer (busnummer, enz.) | номер | nomer |

rijden met ...	... жүрүү	... dʒyryy
stappen (in de bus ~)	... отуруу	... oturuu
afstappen (ww)	... түшүп калуу	... tyʃyp kaluu

halte (de)	аялдама	ajaldama
volgende halte (de)	кийинки аялдама	kijinki ajaldama
eindpunt (het)	акыркы аялдама	akırkı ajaldama
dienstregeling (de)	ырааттама	ıraattama
wachten (ww)	күтүү	kytyy

| kaartje (het) | билет | bilet |
| reiskosten (de) | билеттин баасы | bilettin baası |

kassier (de)	кассир	kassir
kaartcontrole (de)	текшерүү	tekʃeryy
controleur (de)	текшерүүчү	tekʃeryytʃy

te laat zijn (ww)	кечигүү	ketʃigyy
missen (de bus ~)	кечигип калуу	ketʃigip kaluu
zich haasten (ww)	шашуу	ʃaʃuu

taxi (de)	такси	taksi
taxichauffeur (de)	такси айдоочу	taksi ajdootʃu
met de taxi (bw)	таксиде	takside
taxistandplaats (de)	такси токтоочу жай	taksi toktootʃu dʒaj
een taxi bestellen	такси чакыруу	taksi tʃakıruu
een taxi nemen	такси кармоо	taksi karmoo

verkeer (het)	көчө кыймылы	køtʃø kıjmılı
file (de)	тыгын	tıgın
spitsuur (het)	кызуу маал	kızuu maal
parkeren (on.ww.)	токтотуу	toktotuu
parkeren (ov.ww.)	машинаны жайлаштыруу	maʃinanı dʒajlaʃtıruu
parking (de)	унаа токтоочу жай	unaa toktootʃu dʒaj

metro (de)	метро	metro
halte (bijv. kleine treinhalte)	бекет	beket
de metro nemen	метродо жүрүү	metrodo dʒyryy
trein (de)	поезд	poezd
station (treinstation)	вокзал	vokzal

82. Bezienswaardigheden

monument (het)	эстелик	estelik
vesting (de)	чеп	tʃep
paleis (het)	сарай	saraj
kasteel (het)	сепил	sepil
toren (de)	мунара	munara
mausoleum (het)	күмбөз	kymbøz
architectuur (de)	архитектура	arχitektura
middeleeuws (bn)	орто кылымдык	orto kılımdık

oud (bn)	байыркы	bajırkı
nationaal (bn)	улуттук	uluttuk
bekend (bn)	таанымал	taanımal

toerist (de)	турист	turist
gids (de)	гид	gid
rondleiding (de)	экскурсия	ekskursija
tonen (ww)	көрсөтүү	kørsøtyy
vertellen (ww)	айтып берүү	ajtıp beryy

vinden (ww)	табуу	tabuu
verdwalen (de weg kwijt zijn)	адашып кетүү	adaʃıp ketyy
plattegrond (~ van de metro)	схема	sχema
plattegrond (~ van de stad)	план	plan

souvenir (het)	асембелек	asembelek
souvenirwinkel (de)	асембелек дүкөнү	asembelek dykøny
foto's maken	сүрөткө тартуу	syrøtkø tartuu
zich laten fotograferen	сүрөткө түшүү	syrøtkø tyʃyy

83. Winkelen

kopen (ww)	сатып алуу	satıp aluu
aankoop (de)	сатып алуу	satıp aluu
winkelen (ww)	сатып алууга чыгуу	satıp aluuga tʃıguu
winkelen (het)	базарчылоо	bazartʃıloo

| open zijn (ov. een winkel, enz.) | иштөө | iʃtøø |
| gesloten zijn (ww) | жабылуу | dʒabıluu |

schoeisel (het)	бут кийим	but kijim
kleren (mv.)	кийим-кече	kijim-ketʃe
cosmetica (mv.)	упа-эндик	upa-endik
voedingswaren (mv.)	азык-түлүк	azık-tylyk
geschenk (het)	белек	belek

| verkoper (de) | сатуучу | satuutʃu |
| verkoopster (de) | сатуучу кыз | satuutʃu kız |

kassa (de)	касса	kassa
spiegel (de)	күзгү	kyzgy
toonbank (de)	прилавок	prilavok
paskamer (de)	кийим ченөөчү бөлмө	kijim tʃenøøtʃy bølmø

aanpassen (ww)	кийим ченөө	kijim tʃenøø
passen (ov. kleren)	ылайык келүү	ılajık kelyy
bevallen (prettig vinden)	жактыруу	dʒaktıruu

prijs (de)	баа	baa
prijskaartje (het)	баа	baa
kosten (ww)	туруу	turuu
Hoeveel?	Канча?	kantʃa?
korting (de)	арзандатуу	arzandatuu

niet duur (bn)	кымбат эмес	kımbat emes
goedkoop (bn)	арзан	arzan
duur (bn)	кымбат	kımbat
Dat is duur.	Бул кымбат	bul kımbat

verhuur (de)	ижара	idʒara
huren (smoking, enz.)	ижарага алуу	idʒaraga aluu
krediet (het)	насыя	nasıja
op krediet (bw)	насыяга алуу	nasıjaga aluu

84. Geld

geld (het)	акча	aktʃa
ruil (de)	алмаштыруу	almaʃtıruu
koers (de)	курс	kurs
geldautomaat (de)	банкомат	bankomat
muntstuk (de)	тыйын	tıjın

dollar (de)	доллар	dollar
euro (de)	евро	evro

lire (de)	италиялык лира	italijalık lira
Duitse mark (de)	немис маркасы	nemis markası
frank (de)	франк	frank
pond sterling (het)	фунт стерлинг	funt sterling
yen (de)	йена	jena

schuld (geldbedrag)	карыз	karız
schuldenaar (de)	карыздар	karızdar
uitlenen (ww)	карызга берүү	karızga beryy
lenen (geld ~)	карызга алуу	karızga aluu

bank (de)	банк	bank
bankrekening (de)	эсеп	esep
storten (ww)	салуу	saluu
op rekening storten	эсепке акча салуу	esepke aktʃa saluu
opnemen (ww)	эсептен акча чыгаруу	esepten aktʃa tʃıgaruu

kredietkaart (de)	насыя картасы	nasıja kartası
baar geld (het)	нактылай акча	naktalaj aktʃa
cheque (de)	чек	tʃek
een cheque uitschrijven	чек жазып берүү	tʃek dʒazıp beryy
chequeboekje (het)	чек китепчеси	tʃek kiteptʃesi

portefeuille (de)	намыян	namıjan
geldbeugel (de)	капчык	kaptʃık
safe (de)	сейф	sejf

erfgenaam (de)	мураскер	murasker
erfenis (de)	мурас	muras
fortuin (het)	мүлк	mylk

huur (de)	ижара	idʒara
huurprijs (de)	батир акысы	batir akısı

huren (huis, kamer)	батирге алуу	batirge aluu
prijs (de)	баа	baa
kostprijs (de)	баа	baa
som (de)	сумма	summa

uitgeven (geld besteden)	коротуу	korotuu
kosten (mv.)	чыгым	ʧɪgɪm
bezuinigen (ww)	үнөмдөө	ynømdøø
zuinig (bn)	сарамжал	saramdʒal

betalen (ww)	төлөө	tøløø
betaling (de)	акы төлөө	akɪ tøløø
wisselgeld (het)	кайтарылган майда акча	kajtarɪlgan majda akʧa

belasting (de)	салык	salɪk
boete (de)	айып	ajɪp
beboeten (bekeuren)	айып пул салуу	ajɪp pul saluu

85. Post. Postkantoor

postkantoor (het)	почта	poʧta
post (de)	почта	poʧta
postbode (de)	кат ташуучу	kat taʃuuʧu
openingsuren (mv.)	иш сааттары	iʃ saattarɪ

brief (de)	кат	kat
aangetekende brief (de)	тапшырык кат	tapʃɪrɪk kat
briefkaart (de)	открытка	otkrɪtka
telegram (het)	телеграмма	telegramma
postpakket (het)	посылка	posɪlka
overschrijving (de)	акча которуу	akʧa kotoruu

ontvangen (ww)	алуу	aluu
sturen (zenden)	жөнөтүү	dʒønøtyy
verzending (de)	жөнөтүү	dʒønøtyy

| adres (het) | дарек | darek |
| postcode (de) | индекс | indeks |

| verzender (de) | жөнөтүүчү | dʒønøtyyʧy |
| ontvanger (de) | алуучу | aluuʧu |

| naam (de) | аты | atɪ |
| achternaam (de) | фамилиясы | familijasɪ |

tarief (het)	тариф	tarif
standaard (bn)	жөнөкөй	dʒønøkøj
zuinig (bn)	үнөмдүү	ynømdyy

gewicht (het)	салмак	salmak
afwegen (op de weegschaal)	таразалоо	tarazaloo
envelop (de)	конверт	konvert
postzegel (de)	марка	marka
een postzegel plakken op	марка жабыштыруу	marka dʒabɪʃtɪruu

Woning. Huis. Thuis

86. Huis. Woning

huis (het)	үй	yj
thuis (bw)	үйүндө	yjyndø
cour (de)	эшик	eʃik
omheining (de)	тосмо	tosmo
baksteen (de)	кыш	kɪʃ
van bakstenen	кыштан	kɪʃtan
steen (de)	таш	taʃ
stenen (bn)	таш	taʃ
beton (het)	бетон	beton
van beton	бетон	beton
nieuw (bn)	жаңы	dʒaŋɪ
oud (bn)	эски	eski
vervallen (bn)	эскирген	eskirgen
modern (bn)	заманбап	zamanbap
met veel verdiepingen	көп кабаттуу	køp kabattuu
hoog (bn)	бийик	bijik
verdieping (de)	кабат	kabat
met een verdieping	бир кабаттуу	bir kabat
laagste verdieping (de)	ылдыйкы этаж	ɪldɪjkɪ etadʒ
bovenverdieping (de)	үстүңкү этаж	ystyŋky etadʒ
dak (het)	чатыр	tʃatɪr
schoorsteen (de)	мор	mor
dakpan (de)	чатыр карапа	tʃatɪr karapa
pannen- (abn)	карапалуу	karapaluu
zolder (de)	чердак	tʃerdak
venster (het)	терезе	tereze
glas (het)	айнек	ajnek
vensterbank (de)	текче	tektʃe
luiken (mv.)	терезе жапкычы	tereze dʒapkɪtʃɪ
muur (de)	дубал	dubal
balkon (het)	балкон	balkon
regenpijp (de)	суу аккан түтүк	suu akkan tytyk
boven (hw)	өйдө	øjdø
naar boven gaan (ww)	көтөрүлүү	køtørylyy
afdalen (on.ww.)	ылдый түшүү	ɪldɪj tyʃyy
verhuizen (ww)	көчүү	køtʃyy

87. Huis. Ingang. Lift

ingang (de)	подъезд	podʰjezd
trap (de)	тепкич	tepkitʃ
treden (mv.)	тепкичтер	tepkitʃter
trapleuning (de)	тосмо	tosmo
hal (de)	холл	χoll
postbus (de)	почта ящиги	potʃta jaʃtʃigi
vuilnisbak (de)	таштанды челеги	taʃtandı tʃelegi
vuilniskoker (de)	таштанды түтүгү	taʃtandı tytygy
lift (de)	лифт	lift
goederenlift (de)	жүк ташуучу лифт	dʒyk taʃuutʃu lift
liftcabine (de)	кабина	kabina
de lift nemen	лифтке түшүү	liftke tyʃyy
appartement (het)	батир	batir
bewoners (mv.)	жашоочулар	dʒaʃootʃular
buurman (de)	кошуна	koʃuna
buurvrouw (de)	кошуна	koʃuna
buren (mv.)	кошуналар	koʃunalar

88. Huis. Elektriciteit

elektriciteit (de)	электр кубаты	elektr kubatı
lamp (de)	чырак	tʃırak
schakelaar (de)	өчүргүч	øtʃyrgytʃ
zekering (de)	эриме сактагыч	erime saktagıtʃ
draad (de)	зым	zım
bedrading (de)	электр зымы	elektr zımı
elektriciteitsmeter (de)	электр эсептегич	elektr eseptegitʃ
gegevens (mv.)	көрсөтүү ченем	kørsøtyy tʃenem

89. Huis. Douren. Sloten

deur (de)	эшик	eʃik
toegangspoort (de)	дарбаза	darbaza
deurkruk (de)	тутка	tutka
ontsluiten (ontgrendelen)	кулпусун ачуу	kulpusun atʃuu
openen (ww)	ачуу	atʃuu
sluiten (ww)	жабуу	dʒabuu
sleutel (de)	ачкыч	atʃkıtʃ
sleutelbos (de)	ачкычтар тизмеси	atʃkıtʃtar tizmesi
knarsen (bijv. scharnier)	кычыратуу	kıtʃıratuu
knarsgeluid (het)	чыйкылдоо	tʃıjkıldoo
scharnier (het)	петля	petlʲa
deurmat (de)	килемче	kilemtʃe
slot (het)	кулпу	kulpu

sleutelgat (het)	кулпу тешиги	kulpu teʃigi
grendel (de)	бекитме	bekitme
schuif (de)	тээк	teek
hangslot (het)	асма кулпу	asma kulpu

aanbellen (ww)	чалуу	tʃaluu
bel (geluid)	шыңгыраш	ʃɪŋgɪraʃ
deurbel (de)	конгуроо	konguroo
belknop (de)	конгуроо баскычы	konguroo baskɪtʃɪ
geklop (het)	такылдатуу	takɪldatuu
kloppen (ww)	такылдатуу	takɪldatuu

code (de)	код	kod
cijferslot (het)	код кулпусу	kod kulpusu
parlofoon (de)	домофон	domofon
nummer (het)	номер	nomer
naambordje (het)	тактача	taktatʃa
deurspion (de)	көзчө	køztʃø

90. Huis op het platteland

dorp (het)	кыштак	kɪʃtak
moestuin (de)	чарбак	tʃarbak
hek (het)	тосмо	tosmo
houten hekwerk (het)	кашаа	kaʃaa
tuinpoortje (het)	каалга	kaalga

graanschuur (de)	кампа	kampa
wortelkelder (de)	ороо	oroo
schuur (de)	сарай	saraj
waterput (de)	кудук	kuduk

kachel (de)	меш	meʃ
de kachel stoken	меш жагуу	meʃ dʒaguu
brandhout (het)	отун	otun
houtblok (het)	бир кертим жыгач	bir kertim dʒɪgatʃ

veranda (de)	веранда	veranda
terras (het)	терасса	terassa
bordes (het)	босого	bosogo
schommel (de)	селкинчек	selkintʃek

91. Villa. Herenhuis

landhuisje (het)	шаар четиндеги үй	ʃaar tʃetindegi yj
villa (de)	вилла	villa
vleugel (de)	канат	kanat

tuin (de)	бакча	baktʃa
park (het)	сейил багы	sejil bagɪ
oranjerie (de)	күнөскана	kynøskana
onderhouden (tuin, enz.)	кароо	karoo

zwembad (het)	бассейн	bassejn
gym (het)	машыгуу залы	maʃiguu zalı
tennisveld (het)	теннис корту	tennis kortu
bioscoopkamer (de)	кинотеатр	kinoteatr
garage (de)	гараж	garadʒ

| privé-eigendom (het) | жеке менчик | dʒeke mentʃik |
| eigen terrein (het) | жеке ээликте | dʒeke eelikte |

| waarschuwing (de) | эскертүү | eskertyy |
| waarschuwingsbord (het) | эскертүү белгиси | eskertyy belgisi |

bewaking (de)	күзөт	kyzøt
bewaker (de)	кароолчу	karooltʃu
inbraakalarm (het)	сигнализация	signalizatsija

92. Kasteel. Paleis

kasteel (het)	сепил	sepil
paleis (het)	сарай	saraj
vesting (de)	чеп	tʃep
ringmuur (de)	дубал	dubal
toren (de)	мунара	munara
donjon (de)	баш мунара	baʃ munara

valhek (het)	көтөрүлүүчү дарбаза	køtørylyytʃy darbaza
onderaardse gang (de)	жер астындагы жол	dʒer astındagı dʒol
slotgracht (de)	сепил аңгеги	sepil aŋgegi
ketting (de)	чынжыр	tʃındʒır
schietgat (het)	атуучу тешик	atuutʃu teʃik

prachtig (bn)	сонун	sonun
majestueus (bn)	даңазалуу	daŋazaluu
onneembaar (bn)	бекем чеп	bekem tʃep
middeleeuws (bn)	орто кылымдык	orto kılımdık

93. Appartement

appartement (het)	батир	batir
kamer (de)	бөлмө	bølmø
slaapkamer (de)	уктоочу бөлмө	uktootʃu bølmø
eetkamer (de)	ашкана	aʃkana
salon (de)	конок үйү	konok yjy
studeerkamer (de)	иш бөлмөсү	iʃ bølmøsy

gang (de)	кире бериш	kire beriʃ
badkamer (de)	ванная	vannaja
toilet (het)	дааратхана	daaratkana

plafond (het)	шып	ʃıp
vloer (de)	пол	pol
hoek (de)	бурч	burtʃ

94. Appartement. Schoonmaken

schoonmaken (ww)	жыйноо	dʒıjnoo
opbergen (in de kast, enz.)	жыйноо	dʒıjnoo
stof (het)	чаң	tʃaŋ
stoffig (bn)	чаң баскан	tʃaŋ baskan
stoffen (ww)	чаң сүртүү	tʃaŋ syrtyy
stofzuiger (de)	чаң соргуч	tʃaŋ sorgutʃ
stofzuigen (ww)	чаң сордуруу	tʃaŋ sorduruu
vegen (de vloer ~)	шыпыруу	ʃıpıruu
veegsel (het)	шыпырынды	ʃıpırındı
orde (de)	иреттелген	irettelgen
wanorde (de)	чачылган	tʃatʃılgan
zwabber (de)	швабра	ʃvabra
poetsdoek (de)	чүпүрөк	tʃypyrøk
veger (de)	шыпыргы	ʃıpırgı
stofblik (het)	калак	kalak

95. Meubels. Interieur

meubels (mv.)	эмерек	emerek
tafel (de)	стол	stol
stoel (de)	стул	stul
bed (het)	керебет	kerebet
bankstel (het)	диван	divan
fauteuil (de)	олпок отургуч	olpok oturgutʃ
boekenkast (de)	китеп шкафы	kitep ʃkafı
boekenrek (het)	текче	tektʃe
kledingkast (de)	шкаф	ʃkaf
kapstok (de)	кийим илгич	kijim ilgitʃ
staande kapstok (de)	кийим илгич	kijim ilgitʃ
commode (de)	комод	komod
salontafeltje (het)	журнал столу	dʒurnal stolu
spiegel (de)	күзгү	kyzgy
tapijt (het)	килем	kilem
tapijtje (het)	килемче	kilemtʃe
haard (de)	очок	otʃok
kaars (de)	шам	ʃam
kandelaar (de)	шамдал	ʃamdal
gordijnen (mv.)	парда	parda
behang (het)	туш кагаз	tuʃ kagaz
jaloezie (de)	жалюзи	dʒaldʒʉzi
bureaulamp (de)	стол чырагы	stol tʃıragı
wandlamp (de)	чырак	tʃırak

| staande lamp (de) | торшер | torʃer |
| luchter (de) | асма шам | asma ʃam |

poot (ov. een tafel, enz.)	бут	but
armleuning (de)	чыканак такооч	tʃıkanak takootʃ
rugleuning (de)	жөлөнгүч	dʒøløngytʃ
la (de)	суурма	suurma

96. Beddengoed

beddengoed (het)	шейшеп	ʃejʃep
kussen (het)	жаздык	dʒazdık
kussenovertrek (de)	жаздык кап	dʒazdık kap
deken (de)	жууркан	dʒuurkan
laken (het)	шейшеп	ʃejʃep
sprei (de)	жапкыч	dʒapkıtʃ

97. Keuken

keuken (de)	ашкана	aʃkana
gas (het)	газ	gaz
gasfornuis (het)	газ плитасы	gaz plitası
elektrisch fornuis (het)	электр плитасы	elektr plitası
oven (de)	духовка	duχovka
magnetronoven (de)	микротолкун меши	mikrotolkun meʃi

koelkast (de)	муздаткыч	muzdatkıtʃ
diepvriezer (de)	тоңдургуч	toŋdurgutʃ
vaatwasmachine (de)	идиш жуучу машина	idiʃ dʒuutʃu maʃina

vleesmolen (de)	эт туурагыч	et tuuragıtʃ
vruchtenpers (de)	шире сыккыч	ʃire sıkkıtʃ
toaster (de)	тостер	toster
mixer (de)	миксер	mikser

koffiemachine (de)	кофе кайнаткыч	kofe kajnatkıtʃ
koffiepot (de)	кофе кайнатуучу идиш	kofe kajnatuutʃu idiʃ
koffiemolen (de)	кофе майдалагыч	kofe majdalagıtʃ

fluitketel (de)	чайнек	tʃajnek
theepot (de)	чайнек	tʃajnek
deksel (de/het)	капкак	kapkak
theezeefje (het)	чыпка	tʃıpka

lepel (de)	кашык	kaʃık
theelepeltje (het)	чай кашык	tʃaj kaʃık
eetlepel (de)	аш кашык	aʃ kaʃık
vork (de)	вилка	vilka
mes (het)	бычак	bıtʃak

| vaatwerk (het) | идиш-аяк | idiʃ-ajak |
| bord (het) | табак | tabak |

schoteltje (het)	табак	tabak
likeurglas (het)	рюмка	rumka
glas (het)	ыстакан	ıstakan
kopje (het)	чөйчөк	ʧøjʧøk

suikerpot (de)	кум шекер салгыч	kum ʃeker salgıʧ
zoutvat (het)	туз салгыч	tuz salgıʧ
pepervat (het)	мурч салгыч	murʧ salgıʧ
boterschaaltje (het)	май салгыч	maj salgıʧ

pan (de)	мискей	miskej
bakpan (de)	табак	tabak
pollepel (de)	чөмүч	ʧømyʧ
vergiet (de/het)	депкир	depkir
dienblad (het)	батыныс	batınıs

fles (de)	бөтөлкө	bøtølkø
glazen pot (de)	банка	banka
blik (conserven~)	банка	banka

flesopener (de)	ачкыч	aʧkıʧ
blikopener (de)	ачкыч	aʧkıʧ
kurkentrekker (de)	штопор	ʃtopor
filter (de/het)	чыпка	ʧıpka
filteren (ww)	чыпкалоо	ʧıpkaloo

huisvuil (het)	таштанды	taʃtandı
vuilnisemmer (de)	таштанды чака	taʃtandı ʧaka

98. Badkamer

badkamer (de)	ванная	vannaja
water (het)	суу	suu
kraan (de)	чорго	ʧorgo
warm water (het)	ысык суу	ısık suu
koud water (het)	муздак суу	muzdak suu

tandpasta (de)	тиш пастасы	tiʃ pastası
tanden poetsen (ww)	тиш жуу	tiʃ dʒuu
tandenborstel (de)	тиш щёткасы	tiʃ ʃʧotkası

zich scheren (ww)	кырынуу	kırınuu
scheercrème (de)	кырынуу үчүн көбүк	kırınuu yʧyn købyk
scheermes (het)	устара	ustara

wassen (ww)	жуу	dʒuu
een bad nemen	жуунуу	dʒuunuu
douche (de)	душ	duʃ
een douche nemen	душка түшүү	duʃka tyʃyy

bad (het)	ванна	vanna
toiletpot (de)	унитаз	unitaz
wastafel (de)	раковина	rakovina
zeep (de)	самын	samın

zeepbakje (het)	самын салгыч	samın salgıtʃ
spons (de)	губка	gubka
shampoo (de)	шампунь	ʃampunʲ
handdoek (de)	сүлгү	sylgy
badjas (de)	халат	χalat

was (bijv. handwas)	кир жуу	kir dʒuu
wasmachine (de)	кир жуучу машина	kir dʒuutʃu maʃina
de was doen	кир жуу	kir dʒuu
waspoeder (de)	кир жуучу порошок	kir dʒuutʃu poroʃok

99. Huishoudelijke apparaten

televisie (de)	сыналгы	sınalgı
cassettespeler (de)	магнитофон	magnitofon
videorecorder (de)	видеомагнитофон	videomagnitofon
radio (de)	үналгы	ynalgı
speler (de)	плеер	pleer

videoprojector (de)	видеопроектор	videoproektor
home theater systeem (het)	үй кинотеатры	yj kinoteatrı
DVD-speler (de)	DVD ойноткуч	dividi ojnotkutʃ
versterker (de)	күчөткүч	kytʃøtkytʃ
spelconsole (de)	оюн приставкасы	ojʉn pristavkası

videocamera (de)	видеокамера	videokamera
fotocamera (de)	фотоаппарат	fotoapparat
digitale camera (de)	санарип камерасы	sanarip kamerası

stofzuiger (de)	чаң соргуч	tʃaŋ sorgutʃ
strijkijzer (het)	үтүк	ytyk
strijkplank (de)	үтүктөөчү тактай	ytyktøøtʃy taktaj

telefoon (de)	телефон	telefon
mobieltje (het)	мобилдик	mobildik
schrijfmachine (de)	машинка	maʃinka
naaimachine (de)	кийим тигүүчү машинка	kijim tigyytʃy maʃinka

microfoon (de)	микрофон	mikrofon
koptelefoon (de)	кулакчын	kulaktʃın
afstandsbediening (de)	пульт	pulʲt

CD (de)	CD, компакт-диск	sidi, kompakt-disk
cassette (de)	кассета	kasseta
vinylplaat (de)	пластинка	plastinka

100. Reparaties. Renovatie

renovatie (de)	ремонт	remont
renoveren (ww)	ремонт жасоо	remont dʒasoo
repareren (ww)	оңдоо	oŋdoo
op orde brengen	иретке келтирүү	iretke keltiryy

overdoen (ww)	кайра жасатуу	kajra dʒasatuu
verf (de)	сыр	sır
verven (muur ~)	боео	boeo
schilder (de)	боекчу	boektʃu
kwast (de)	кисть	kistⁱ
kalk (de)	акиташ	akitaʃ
kalken (ww)	актоо	aktoo
behang (het)	туш кагаз	tuʃ kagaz
behangen (ww)	туш кагаз менен чаптоо	tuʃ kagaz menen tʃaptoo
lak (de/het)	лак	lak
lakken (ww)	лак менен жабуу	lak menen dʒabuu

101. Loodgieterswerk

water (het)	суу	suu
warm water (het)	ысык суу	ısık suu
koud water (het)	муздак суу	muzdak suu
kraan (de)	чорго	tʃorgo
druppel (de)	тамчы	tamtʃı
druppelen (ww)	тамчылоо	tamtʃıloo
lekken (een lek hebben)	агуу	aguu
lekkage (de)	суу өтүү	suu øtyy
plasje (het)	көлчүк	køltʃyk
buis, leiding (de)	түтүк	tytyk
stopkraan (de)	чорго	tʃorgo
verstopt raken (ww)	тыгылуу	tıgıluu
gereedschap (het)	аспаптар	aspaptar
Engelse sleutel (de)	бурама ачкыч	burama atʃkıtʃ
losschroeven (ww)	бурап чыгаруу	burap tʃıgaruu
aanschroeven (ww)	бурап бекитүү	burap bekityy
ontstoppen (riool, enz.)	тазалоо	tazaloo
loodgieter (de)	сантехник	santeχnik
kelder (de)	жер асты	dʒer astı
riolering (de)	канализация	kanalizatsija

102. Brand. Vuurzee

brand (de)	өрт	ørt
vlam (de)	жалын	dʒalın
vonk (de)	учкун	utʃkun
rook (de)	түтүн	tytyn
fakkel (de)	шамана	ʃamana
kampvuur (het)	от	ot
benzine (de)	күйүүчү май	kyjyytʃy may
kerosine (de)	керосин	kerosin

brandbaar (bn)	күйүүчү	kyjyytʃy
ontplofbaar (bn)	жарылуу коркунучу	dʒarıluu korkunutʃu
VERBODEN TE ROKEN!	ТАМЕКИ ЧЕГҮҮГӨ БОЛБОЙТ!	tameki tʃegyygø bolbojt!
veiligheid (de)	коопсуз	koopsuz
gevaar (het)	коркунуч	korkunutʃ
gevaarlijk (bn)	кооптуу	kooptuu
in brand vliegen (ww)	от алуу	ot aluu
explosie (de)	жарылуу	dʒarıluu
in brand steken (ww)	өрттөө	ørttøø
brandstichter (de)	өрттөөчү	ørttøøtʃy
brandstichting (de)	өрттөө	ørttøø
vlammen (ww)	жалындап күйүү	dʒalındap kyjyy
branden (ww)	күйүү	kyjyy
afbranden (ww)	күйүп кетүү	kyjyp ketyy
de brandweer bellen	өрт өчүргүчтөрдү чакыруу	ørt øtʃyrgytʃtørdy tʃakıruu
brandweerman (de)	өрт өчүргүч	ørt øtʃyrgytʃ
brandweerwagen (de)	өрт өчүрүүчү машина	ørt øtʃyryytʃy maʃina
brandweer (de)	өрт өчүрүү командасы	ørt øtʃyryy komandası
uitschuifbare ladder (de)	өрт өчүрүүчү шаты	ørt øtʃyryytʃy ʃatı
brandslang (de)	шланг	ʃlang
brandblusser (de)	өрт өчүргүч	ørt øtʃyrgytʃ
helm (de)	каска	kaska
sirene (de)	сирена	sirena
roepen (ww)	айгай салуу	ajgaj saluu
hulp roepen	жардамга чакыруу	dʒardamga tʃakıruu
redder (de)	куткаруучу	kutkaruutʃu
redden (ww)	куткаруу	kutkaruu
aankomen (per auto, enz.)	келүү	kelyy
blussen (ww)	өчүрүү	øtʃyryy
water (het)	суу	suu
zand (het)	кум	kum
ruïnes (mv.)	уранды	urandı
instorten (gebouw, enz.)	уроо	uroo
ineenstorten (ww)	кулоо	kuloo
inzakken (ww)	урап тушүү	urap tuʃyy
brokstuk (het)	сынык	sınık
as (de)	күл	kyl
verstikken (ww)	тумчугуу	tumtʃuguu
omkomen (ww)	өлүү	ølyy

MENSELIJKE ACTIVITEITEN

Baan. Business. Deel 1

103. Kantoor. Op kantoor werken

kantoor (het)	офис	ofis
kamer (de)	кабинет	kabinet
receptie (de)	кабыл алуу катчысы	kabıl aluu kattʃısı
secretaris (de)	катчы	kattʃı
secretaresse (de)	катчы аял	kattʃı ajal
directeur (de)	директор	direktor
manager (de)	башкаруучу	baʃkaruutʃu
boekhouder (de)	бухгалтер	buxgalter
werknemer (de)	кызматкер	kızmatker
meubilair (het)	эмерек	emerek
tafel (de)	стол	stol
bureaustoel (de)	кресло	kreslo
ladeblok (het)	үкөк	ykøk
kapstok (de)	кийим илгич	kijim ilgitʃ
computer (de)	компьютер	kompjʉter
printer (de)	принтер	printer
fax (de)	факс	faks
kopieerapparaat (het)	көчүрүүчү аппарат	køtʃyryytʃy apparat
papier (het)	кагаз	kagaz
kantoorartikelen (mv.)	кеңсе буюмдары	keɲse bujʉmdarı
muismat (de)	килемче	kilemtʃe
blad (het)	баракча	baraktʃa
ordner (de)	папка	papka
catalogus (de)	каталог	katalog
telefoongids (de)	абоненттердин тизмеси	abonentterdin tizmesi
documentatie (de)	документтер	dokumentter
brochure (de)	китепче	kiteptʃe
flyer (de)	баракча	baraktʃa
monster (het), staal (de)	үлгү	ylgy
training (de)	окутуу	okutuu
vergadering (de)	кеңеш	keɲeʃ
lunchpauze (de)	түшкү танапис	tyʃky tanapis
een kopie maken	көчүрмө алуу	køtʃyrmø aluu
de kopieën maken	көбөйтүү	købøjtyy
een fax ontvangen	факс алуу	faks aluu
een fax versturen	факс жөнөтүү	faks dʒønøtyy

opbellen (ww)	чалуу	ʧaluu
antwoorden (ww)	жооп берүү	ʤoop beryy
doorverbinden (ww)	байланыштыруу	bajlanıʃtıruu

afspreken (ww)	уюштуруу	ujʉʃturuu
demonstreren (ww)	көрсөтүү	kørsøtyy
absent zijn (ww)	келбей калуу	kelbej kaluu
afwezigheid (de)	барбай калуу	barbaj kaluu

104. Bedrijfsprocessen. Deel 1

| bedrijf (business) | иш | iʃ |
| zaak (de), beroep (het) | жумуш | ʤumuʃ |

firma (de)	фирма	firma
bedrijf (maatschap)	компания	kompanija
corporatie (de)	корпорация	korporatsija
onderneming (de)	ишкана	iʃkana
agentschap (het)	агенттик	agenttik

overeenkomst (de)	келишим	keliʃim
contract (het)	контракт	kontrakt
transactie (de)	бүтүм	bytym
bestelling (de)	буйрутма	bujrutma
voorwaarde (de)	шарт	ʃart

in het groot (bw)	дүңү менен	dyŋy menen
groothandels- (abn)	дүңүнөн	dyŋynøn
groothandel (de)	дүң соода	dyŋ sooda
kleinhandels- (abn)	чекене	ʧekene
kleinhandel (de)	чекене соода	ʧekene sooda

concurrent (de)	атаандаш	ataandaʃ
concurrentie (de)	атаандаштык	ataandaʃtık
concurreren (ww)	атаандашуу	ataandaʃuu

| partner (de) | өнөктөш | ønøktøʃ |
| partnerschap (het) | өнөктөштүк | ønøktøʃtyk |

crisis (de)	каатчылык	kaatʧılık
bankroet (het)	кудуретсиздик	kuduretsizdik
bankroet gaan (ww)	кудуретсиз калуу	kuduretsiz kaluu
moeilijkheid (de)	кыйынчылык	kıjınʧılık
probleem (het)	көйгөй	køjgøj
catastrofe (de)	киши көрбөсүн	kiʃi kørbøsyn

economie (de)	экономика	ekonomika
economisch (bn)	экономикалык	ekonomikalık
economische recessie (de)	экономикалык төмөндөө	ekonomikalık tømøndøø

doel (het)	максат	maksat
taak (de)	маселе	masele
handelen (handel drijven)	соодалашуу	soodalaʃuu
netwerk (het)	тармак	tarmak

voorraad (de)	кампа	kampa
assortiment (het)	ассортимент	assortiment
leider (de)	алдыңкы катардагы	aldıŋkı katardagı
groot (bn)	ири	iri
monopolie (het)	монополия	monopolija
theorie (de)	теория	teorija
praktijk (de)	тажрыйба	tadʒrıjba
ervaring (de)	тажрыйба	tadʒrıjba
tendentie (de)	умтулуу	umtuluu
ontwikkeling (de)	өнүгүү	ønygyy

105. Bedrijfsprocessen. Deel 2

voordeel (het)	пайда	pajda
voordelig (bn)	майнаптуу	majnaptuu
delegatie (de)	делегация	delegatsija
salaris (het)	кызмат акы	kızmat akı
corrigeren (fouten ~)	түзөтүү	tyzøtyy
zakenreis (de)	иш сапар	iʃ sapar
commissie (de)	комиссия	komissija
controleren (ww)	башкаруу	baʃkaruu
conferentie (de)	иш жыйын	iʃ dʒıjın
licentie (de)	лицензия	litsenzija
betrouwbaar (partner, enz.)	ишеничтүү	iʃenitʃtyy
aanzet (de)	демилге	demilge
norm (bijv. ~ stellen)	стандарт	standart
omstandigheid (de)	жагдай	dʒagdaj
taak, plicht (de)	милдет	mildet
organisatie (bedrijf, zaak)	уюм	ujʉm
organisatie (proces)	уюштуруу	ujʉʃturuu
georganiseerd (bn)	уюштурулган	ujʉʃturulgan
afzegging (de)	токтотуу	toktotuu
afzeggen (ww)	жокко чыгаруу	dʒokko tʃıgaruu
verslag (het)	отчет	ottʃet
patent (het)	патент	patent
patenteren (ww)	патентөө	patentøø
plannen (ww)	пландаштыруу	plandaʃtıruu
premie (de)	сыйлык	sıjlık
professioneel (bn)	кесипкөй	kesipkøj
procedure (de)	тартип	tartip
onderzoeken (contract, enz.)	карап чыгуу	karap tʃıguu
herekening (de)	эсеп-кысап	esep-kısap
reputatie (de)	аброй	abroj
risico (het)	тобокел	tobokel
beheren (managen)	башкаруу	baʃkaruu

informatie (de)	маалымат	maalımat
eigendom (bezit)	менчик	mentʃik
unie (de)	бирикме	birikme
levensverzekering (de)	жашоону камсыздандыруу	dʒaʃoonu kamsızdandıruu
verzekeren (ww)	камсыздандыруу	kamsızdandıruu
verzekering (de)	камсыздандыруу	kamsızdandıruu
veiling (de)	тоорук	tooruk
verwittigen (ww)	билдирүү	bildiryy
beheer (het)	башкаруу	baʃkaruu
dienst (de)	кызмат	kızmat
forum (het)	форум	forum
functioneren (ww)	иш-милдетти аткаруу	iʃ-mildetti atkaruu
stap, etappe (de)	кадам	kadam
juridisch (bn)	укуктуу	ukuktuu
jurist (de)	юрист	jʉrist

106. Productie. Werken

industriële installatie (fabriek)	завод	zavod
fabriek (de)	фабрика	fabrika
werkplaatsruimte (de)	цех	tseχ
productielocatie (de)	өндүрүш	øndyryʃ
industrie (de)	өнөр-жай	ønør-dʒaj
industrieel (bn)	өнөр-жай	ønør-dʒaj
zware industrie (de)	оор өнөр-жай	oor ønør-dʒaj
lichte industrie (de)	жеңил өнөр-жай	dʒeŋil ønør-dʒaj
productie (de)	өндүрүм	øndyrym
produceren (ww)	өндүрүү	øndyryy
grondstof (de)	чийки зат	tʃijki zat
voorman, ploegbaas (de)	бригадир	brigadir
ploeg (de)	бригада	brigada
arbeider (de)	жумушчу	dʒumuʃtʃu
werkdag (de)	иш күнү	iʃ kyny
pauze (de)	тыныгуу	tınıguu
samenkomst (de)	чогулуш	tʃoguluʃ
bespreken (spreken over)	талкуулоо	talkuuloo
plan (het)	план	plan
het plan uitvoeren	планды аткаруу	plandı atkaruu
productienorm (de)	иштеп чыгаруу коюму	iʃtep tʃɪgaruu kojʉmu
kwaliteit (de)	сапат	sapat
controle (de)	текшерүү	tekʃeryy
kwaliteitscontrole (de)	сапат текшерүү	sapat tekʃeryy
arbeidsveiligheid (de)	эмгек коопсуздугу	emgek koopsuzdugu
discipline (de)	тартип	tartip

| overtreding (de) | бузуу | buzuu |
| overtreden (ww) | бузуу | buzuu |

staking (de)	ишти калтыруу	iʃti kaltıruu
staker (de)	иш калтыргыч	iʃ kaltırgıtʃ
staken (ww)	ишти калтыруу	iʃti kaltıruu
vakbond (de)	профсоюз	profsojuz

uitvinden (machine, enz.)	ойлоп табуу	ojlop tabuu
uitvinding (de)	ойлоп табылган нерсе	ojlop tabılgan nerse
onderzoek (het)	изилдөө	izildøø
verbeteren (beter maken)	жакшыртуу	dʒakʃırtuu
technologie (de)	технология	teχnologija
technische tekening (de)	чийме	tʃijme

vracht (de)	жүк	dʒyk
lader (de)	жүк ташуучу	dʒyk taʃuutʃu
laden (vrachtwagen)	жүктөө	dʒyktøø
laden (het)	жүктөө	dʒyktøø
lossen (ww)	жүк түшүрүү	dʒyk tyʃyryy
lossen (het)	жүк түшүрүү	dʒyk tyʃyryy

transport (het)	транспорт	transport
transportbedrijf (de)	транспорттук компания	transporttuk kompanija
transporteren (ww)	транспорт менен ташуу	transport menen taʃuu

goederenwagon (de)	вагон	vagon
tank (bijv. ketelwagen)	цистерна	tsısterna
vrachtwagen (de)	жүк ташуучу машина	dʒyk taʃuutʃu maʃina

| machine (de) | станок | stanok |
| mechanisme (het) | механизм | meχanizm |

industrieel afval (het)	таштандылар	taʃtandılar
verpakking (de)	таңгактоо	taŋgaktoo
verpakken (ww)	таңгактоо	taŋgaktoo

107. Contract. Overeenstemming

contract (het)	контракт	kontrakt
overeenkomst (de)	макулдашуу	makuldaʃuu
bijlage (de)	тиркеме	tirkeme

een contract sluiten	контракт түзүү	kontrakt tyzyy
handtekening (de)	кол тамга	kol tamga
ondertekenen (ww)	кол коюу	kol kojuu
stempel (de)	мөөр	møør
voorwerp (het) van de overeenkomst	келишимдин предмети	keliʃimdin predmeti

clausule (de)	пункт	punkt
partijen (mv.)	тараптар	taraptar
vestigingsadres (het)	юридикалык дарек	juridikalık darek
het contract verbreken (overtreden)	контрактты бузуу	kontrakttı buzuu

verplichting (de)	милдеттенме	mildettenme
verantwoordelijkheid (de)	жоопкерчилик	dʒoopkertʃilik
overmacht (de)	форс-мажор	fors-madʒor
geschil (het)	талаш	talaʃ
sancties (mv.)	жаза чаралары	dʒaza tʃaraları

108. Import & Export

import (de)	импорт	import
importeur (de)	импорттоочу	importtootʃu
importeren (ww)	импорттоо	importtoo
import- (abn)	импорт	import
uitvoer (export)	экспорт	eksport
exporteur (de)	экспорттоочу	eksporttootʃu
exporteren (ww)	экспорттоо	eksporttoo
uitvoer- (bijv., ~goederen)	экспорт	eksport
goederen (mv.)	товар	tovar
partij (de)	жүк тобу	dʒyk tobu
gewicht (het)	салмак	salmak
volume (het)	көлөм	køløm
kubieke meter (de)	куб метр	kub metr
producent (de)	өндүрүүчү	øndyryytʃy
transportbedrijf (de)	транспорттук компания	transporttuk kompanija
container (de)	контейнер	kontejner
grens (de)	чек ара	tʃek ara
douane (de)	бажыкана	badʒıkana
douanerecht (het)	бажы салык	badʒı salık
douanier (de)	бажы кызматкери	badʒı kızmatkeri
smokkelen (het)	контрабанда	kontrabanda
smokkelwaar (de)	контрабанда	kontrabanda

109. Financiën

aandeel (het)	акция	aktsija
obligatie (de)	баалуу кагаздар	baaluu kagazdar
wissel (de)	вексель	vekselʲ
beurs (de)	биржа	birdʒa
aandelenkoers (de)	акциялар курсу	aktsijalar kursu
dalen (ww)	арзандоо	arzandoo
stijgen (ww)	кымбаттоо	kımbattoo
deel (het)	үлүш	ylyʃ
meerderheidsbelang (het)	башкаруучу пакет	baʃkaruutʃu paket
investeringen (mv.)	салым	salım
investeren (ww)	салым кылуу	salım kıluu

| procent (het) | пайыз | pajız |
| rente (de) | пайыз менен пайда | pajız menen pajda |

winst (de)	пайда	pajda
winstgevend (bn)	майнаптуу	majnaptuu
belasting (de)	салык	salık

valuta (vreemde ~)	валюта	valuta
nationaal (bn)	улуттук	uluttuk
ruil (de)	алмаштыруу	almaʃtıruu

| boekhouder (de) | бухгалтер | buxgalter |
| boekhouding (de) | бухгалтерия | buxgalterija |

bankroet (het)	кудуретсиздик	kuduretsizdik
ondergang (de)	кыйроо	kıjroo
faillissement (het)	жакырдануу	dʒakırdanuu
geruïneerd zijn (ww)	жакырдануу	dʒakırdanuu
inflatie (de)	инфляция	infl'atsija
devaluatie (de)	девальвация	deval'vatsija

kapitaal (het)	капитал	kapital
inkomen (het)	киреше	kireʃe
omzet (de)	жүгүртүлүш	dʒygyrtylyʃ
middelen (mv.)	такоолдор	takooldor
financiële middelen (mv.)	акча каражаттары	aktʃa karadʒattarı

| operationele kosten (mv.) | кошумча чыгашалар | koʃumtʃa tʃıgaʃalar |
| reduceren (kosten ~) | кыскартуу | kıskartuu |

110. Marketing

marketing (de)	базар таануу	bazar taanuu
markt (de)	базар	bazar
marktsegment (het)	базар сегменти	bazar segmenti
product (het)	өнүм	ønym
goederen (mv.)	товар	tovar

merk (het)	соода маркасы	sooda markası
handelsmerk (het)	соода маркасы	sooda markası
beeldmerk (het)	фирмалык белги	firmalık belgi
logo (het)	логотип	logotip
vraag (de)	талап	talap
aanbod (het)	сунуш	sunuʃ
behoefte (de)	керек	kerek
consument (de)	керектөөчү	kerektøøtʃy

analyse (de)	талдоо	taldoo
analyseren (ww)	талдоо	taldoo
positionering (de)	турак табуу	turak tabuu
positioneren (ww)	турак табуу	turak tabuu
prijs (de)	баа	baa
prijspolitiek (de)	баа саясаты	baa sajasatı
prijsvorming (de)	баа чыгаруу	baa tʃıgaruu

111. Reclame

reclame (de)	жарнама	dʒarnama
adverteren (ww)	жарнамалоо	dʒarnamaloo
budget (het)	бюджет	budʒet
advertentie, reclame (de)	жарнама	dʒarnama
TV-reclame (de)	теле жарнама	tele dʒarnama
radioreclame (de)	радио жарнама	radio dʒarnama
buitenreclame (de)	сырткы жарнама	sırtkı dʒarnama
massamedia (de)	масс медия	mass medija
periodiek (de)	мезгилдүү басылма	mezgildyy basılma
imago (het)	имидж	imidʒ
slagzin (de)	лозунг	lozung
motto (het)	ураан	uraan
campagne (de)	кампания	kampanija
reclamecampagne (de)	жарнамалык кампания	dʒarnamalık kampanija
doelpubliek (het)	максаттуу топ	maksattuu top
visitekaartje (het)	таанытма	taanıtma
flyer (de)	баракча	baraktʃa
brochure (de)	китепче	kiteptʃe
folder (de)	кат-кат китепче	kat-kat kiteptʃe
nieuwsbrief (de)	бюллетень	bulletenʲ
gevelreclame (de)	көрнөк	kørnøk
poster (de)	көрнөк	kørnøk
aanplakbord (het)	жарнамалык такта	dʒarnamalık takta

112. Bankieren

bank (de)	банк	bank
bankfiliaal (het)	бөлүм	bølym
bankbediende (de)	кеңешчи	keŋeʃtʃi
manager (de)	башкаруучу	baʃkaruutʃu
bankrekening (de)	эсеп	esep
rekeningnummer (het)	эсеп номери	esep nomeri
lopende rekening (de)	учурдагы эсеп	utʃurdagı esep
spaarrekening (de)	топтолмо эсеп	toptolmo esep
een rekening openen	эсеп ачуу	esep atʃuu
de rekening sluiten	эсеп жабуу	esep dʒabuu
op rekening storten	эсепке акча салуу	esepke aktʃa saluu
opnemen (ww)	эсептен акча чыгаруу	esepten aktʃa tʃıgaruu
storting (de)	аманат	amanat
een storting maken	аманат кылуу	amanat kıluu
overschrijving (de)	акча которуу	aktʃa kotoruu

een overschrijving maken	акча которуу	aktʃa kotoruu
som (de)	сумма	summa
Hoeveel?	Канча?	kantʃa?

| handtekening (de) | кол тамга | kol tamga |
| ondertekenen (ww) | кол коюу | kol kojuu |

kredietkaart (de)	насыя картасы	nasıja kartası
code (de)	код	kod
kredietkaartnummer (het)	насыя картанын номери	nasıja kartanın nomeri
geldautomaat (de)	банкомат	bankomat

cheque (de)	чек	tʃek
een cheque uitschrijven	чек жазып берүү	tʃek dʒazıp beryy
chequeboekje (het)	чек китепчеси	tʃek kiteptʃesi

lening, krediet (de)	насыя	nasıja
een lening aanvragen	насыя үчүн кайрылуу	nasıja ytʃyn kajrıluu
een lening nemen	насыя алуу	nasıja aluu
een lening verlenen	насыя берүү	nasıja beryy
garantie (de)	кепилдик	kepildik

113. Telefoon. Telefoongesprek

telefoon (de)	телефон	telefon
mobieltje (het)	мобилдик	mobildik
antwoordapparaat (het)	автоматтык жооп берүүчү	avtomattık dʒoop beryytʃy

| bellen (ww) | чалуу | tʃaluu |
| belletje (telefoontje) | чакыруу | tʃakıruu |

een nummer draaien	номер терүү	nomer teryy
Hallo!	Алло!	allo!
vragen (ww)	суроо	suroo
antwoorden (ww)	жооп берүү	dʒoop beryy
horen (ww)	угуу	uguu
goed (bw)	жакшы	dʒakʃı
slecht (bw)	жаман	dʒaman
storingen (mv.)	ызы-чуу	ızı-tʃuu

hoorn (de)	трубка	trubka
opnemen (ww)	трубканы алуу	trubkanı aluu
ophangen (ww)	трубканы коюу	trubkanı kojuu

bezet (bn)	бош эмес	boʃ emes
overgaan (ww)	шыңгыроо	ʃıŋgıroo
telefoonboek (het)	телефондук китепче	telefonduk kiteptʃe

lokaal (bn)	жергиликтүү	dʒergiliktyy
lokaal gesprek (het)	жергиликтүү чакыруу	dʒergiliktyy tʃakıruu
interlokaal (bn)	шаар аралык	ʃaar aralık
interlokaal gesprek (het)	шаар аралык чакыруу	ʃaar aralık tʃakıruu
buitenlands (bn)	эл аралык	el aralık
buitenlands gesprek (het)	эл аралык чакыруу	el aralık tʃakıruu

114. Mobiele telefoon

mobieltje (het)	мобилдик	mobildik
scherm (het)	дисплей	displej
toets, knop (de)	баскыч	baskıtʃ
simkaart (de)	SIM-карта	sim-karta
batterij (de)	батарея	batareja
leeg zijn (ww)	зарядканын түгөнүүсү	zarʲadkanın tygønyysy
acculader (de)	заряддоочу шайман	zarʲaddootʃu ʃajman
menu (het)	меню	menʉ
instellingen (mv.)	орнотуулар	ornotuular
melodie (beltoon)	обон	obon
selecteren (ww)	тандоо	tandoo
rekenmachine (de)	калькулятор	kalʲkulʲator
voicemail (de)	автоматтык жооп бергич	avtomattık dʒoop bergitʃ
wekker (de)	ойготкуч	ojgotkutʃ
contacten (mv.)	байланыштар	bajlanıʃtar
SMS-bericht (het)	SMS-кабар	esemes-kabar
abonnee (de)	абонент	abonent

115. Schrijfbehoeften

balpen (de)	калем сап	kalem sap
vulpen (de)	калем уч	kalem utʃ
potlood (het)	карандаш	karandaʃ
marker (de)	маркер	marker
viltstift (de)	фломастер	flomaster
notitieboekje (het)	дептерче	deptertʃe
agenda (boekje)	күндөлүк	kyndølyk
liniaal (de/het)	сызгыч	sızgıtʃ
rekenmachine (de)	калькулятор	kalʲkulʲator
gom (de)	өчүргүч	øtʃyrgytʃ
punaise (de)	кнопка	knopka
paperclip (de)	кыскыч	kıskıtʃ
lijm (de)	желим	dʒelim
nietmachine (de)	степлер	stepler
perforator (de)	тешкич	teʃkitʃ
potloodslijper (de)	учтагыч	utʃtagıtʃ

116. Verschillende soorten documenten

verslag (het)	отчет	ottʃet
overeenkomst (do)	макулдашуу	makuldaʃuu

aanvraagformulier (het)	билдирме	bildirme
origineel, authentiek (bn)	көзү	køzy
badge, kaart (de)	төшбелги	tøʃbelgi
visitekaartje (het)	таанытма	taanıtma

certificaat (het)	сертификат	sertifikat
cheque (de)	чек	ʧek
rekening (in restaurant)	эсеп	esep
grondwet (de)	конституция	konstitutsija

contract (het)	келишим	keliʃim
kopie (de)	көчүрмө	køʧyrmø
exemplaar (het)	нуска	nuska

douaneaangifte (de)	бажы декларациясы	baʤı deklaratsijası
document (het)	документ	dokument
rijbewijs (het)	айдоочу күбөлүгү	ajdooʧu kybølygy
bijlage (de)	тиркеме	tirkeme
formulier (het)	форма	forma

identiteitskaart (de)	өздүк билдиргичи	øzdyk bildirgitʃi
aanvraag (de)	суроо-талап	suroo-talap
uitnodigingskaart (de)	чакыруу билет	ʧakıruu bilet
factuur (de)	фактура	faktura

wet (de)	мыйзам	mıjzam
brief (de)	кат	kat
briefhoofd (het)	бланк	blank
lijst (de)	тизме	tizme
manuscript (het)	кол жазма	kol ʤazma
nieuwsbrief (de)	бюллетень	bulletenj
briefje (het)	кыскача жазуу	kıskaʧa ʤazuu

pasje (voor personeel, enz.)	өткөрмө	øtkørmø
paspoort (het)	паспорт	pasport
vergunning (de)	уруксат кагазы	uruksat kagazı
CV, curriculum vitae (het)	таржымал	tarʤımal
schuldbekentenis (de)	тил кат	til kat
kwitantie (de)	дүмүрчөк	dymyrtʃøk

bon (kassabon)	чек	ʧek
rapport (het)	рапорт	raport

tonen (paspoort, enz.)	көрсөтүү	kørsøtyy
ondertekenen (ww)	кол коюу	kol kojuu
handtekening (de)	кол тамга	kol tamga
stempel (de)	мөөр	møør

tekst (de)	текст	tekst
biljet (het)	билет	bilet

doorhalen (doorstrepen)	чийип салуу	ʧijip saluu
invullen (een formulier ~)	толтуруу	tolturuu

vrachtbrief (de)	коштомо кагаз	koʃtomo kagaz
testament (het)	керээз	kereez

117. Soorten bedrijven

uitzendbureau (het)	кадрдык агенттиги	kadrdık agenttigi
bewakingsfirma (de)	күзөт агенттиги	kyzøt agenttigi
persbureau (het)	жаңылыктар агенттиги	dʒaŋılıktar agenttigi
reclamebureau (het)	жарнама агенттиги	dʒarnama agenttigi
antiek (het)	антиквариат	antikvariat
verzekering (de)	камсыздандыруу	kamsızdandıruu
naaiatelier (het)	ателье	atelje
banken (mv.)	банк бизнеси	bank biznesi
bar (de)	бар	bar
bouwbedrijven (mv.)	курулуш	kuruluʃ
juwelen (mv.)	зер буюмдар	zer bujumdar
juwelier (de)	зергер	zerger
wasserette (de)	кир жуу ишканасы	kir dʒuu iʃkanası
alcoholische dranken (mv.)	алкоголь ичимдиктери	alkogolʲ itʃimdikteri
nachtclub (de)	түнкү клуб	tyŋky klub
handelsbeurs (de)	биржа	birdʒa
bierbrouwerij (de)	сыра чыгаруучу жай	sıra tʃıgaruutʃu dʒaj
uitvaartcentrum (het)	ырасым бюросу	ırasım burosu
casino (het)	казино	kazino
zakencentrum (het)	бизнес-борбор	biznes-borbor
bioscoop (de)	кинотеатр	kinoteatr
airconditioning (de)	аба желдеткичтер	aba dʒeldetkitʃter
handel (de)	соода	sooda
luchtvaartmaatschappij (de)	авиакомпания	aviakompanija
adviesbureau (het)	консалтинг	konsalting
koerierdienst (de)	чабармандык кызматы	tʃabarmandık kızmatı
tandheelkunde (de)	стоматология	stomatologija
design (het)	дизайн	dizɑjn
business school (de)	бизнес-мектеп	biznes-mektep
magazijn (het)	кампа	kampa
kunstgalerie (de)	арт-галерея	art-galereja
ijsje (het)	бал муздак	bal muzdak
hotel (het)	мейманкана	mejmankana
vastgoed (het)	кыймылсыз мүлк	kıjmılsız mylk
drukkerij (de)	полиграфия	poligrafija
industrie (de)	өнөр-жай	ønør-dʒaj
Internet (het)	интернет	internet
investeringen (mv.)	салымдар	salımdar
krant (de)	гезит	gezit
boekhandel (de)	китеп дүкөнү	kitep dykøny
lichte industrie (de)	жеңил өнөр-жай	dʒeŋil ønør-dʒaj
winkel (de)	дүкөн	dykøn
uitgeverij (de)	басмакана	basmakana
medicijnen (mv.)	медицина	meditsina

meubilair (het)	эмерек	emerek
museum (het)	музей	muzej
olie (aardolie)	мунайзат	munajzat
apotheek (de)	дарыкана	darıkana
farmacie (de)	фармацевтика	farmatsevtika
zwembad (het)	бассейн	bassejn
stomerij (de)	химиялык тазалоо	ximijalık tazaloo
voedingswaren (mv.)	азык-түлүк	azık-tylyk
reclame (de)	жарнама	dʒarnama
radio (de)	үналгы	ynalgı
afvalinzameling (de)	таштанды чыгаруу	taʃtandı tʃıgaruu
restaurant (het)	ресторан	restoran
tijdschrift (het)	журнал	dʒurnal
schoonheidssalon (de/het)	сулуулук салону	suluuluk salonu
financiële diensten (mv.)	каржылык кызматтар	kardʒılık kızmattar
juridische diensten (mv.)	юридикалык кызматтар	jʉridikalık kızmattar
boekhouddiensten (mv.)	бухгалтердик кызмат	buxgalterdik kızmat
audit diensten (mv.)	аудиторлук кызмат	auditorluk kızmat
sport (de)	спорт	sport
supermarkt (de)	супермаркет	supermarket
televisie (de)	телекөрсөтүү	telekørsøtyy
theater (het)	театр	teatr
toerisme (het)	туризм	turizm
transport (het)	ташып жеткирүү	taʃıp dʒetkiryy
postorderbedrijven (mv.)	каталог боюнча соода-сатык	katalog bojʉntʃa sooda-satık
kleding (de)	кийим	kijim
dierenarts (de)	мал доктуру	mal dokturu

Baan. Business. Deel 2

118. Show. Tentoonstelling

beurs (de)	көргөзмө	kørgøzmø
vakbeurs, handelsbeurs (de)	соода көргөзмөсү	sooda kørgøzmøsy
deelneming (de)	катышуу	katıʃuu
deelnemen (ww)	катышуу	katıʃuu
deelnemer (de)	катышуучу	katıʃuutʃu
directeur (de)	директор	direktor
organisatiecomité (het)	уюштуруу комитети	uj#ʃturuu komiteti
organisator (de)	уюштуруучу	uj#ʃturuutʃu
organiseren (ww)	уюштуруу	uj#ʃturuu
deelnemingsaanvraag (de)	катышууга ынта билдирмеси	katıʃuuga ınta bildirmesi
invullen (een formulier ~)	толтуруу	tolturuu
details (mv.)	ийне-жиби	ijne-dʒibi
informatie (de)	маалымат	maalımat
prijs (de)	баа	baa
inclusief (bijv. ~ BTW)	кошуп	koʃup
inbegrepen (alles ~)	кошулган	koʃulgan
betalen (ww)	төлөө	tøløø
registratietarief (het)	каттоо төгүмү	kattoo tøgymy
ingang (de)	кирүү	kiryy
paviljoen (het), hal (de)	павильон	pavilʲon
registreren (ww)	каттоо	kattoo
badge, kaart (de)	төшбелги	tøʃbelgi
beursstand (de)	көргөзмө стенди	kørgøzmø stendi
reserveren (een stand ~)	камдык буйрутмалоо	kamdık bujrutmaloo
vitrine (de)	айнек стенд	ajnek stend
licht (het)	чырак	tʃırak
design (het)	дизайн	dizajn
plaatsen (ww)	жайгаштыруу	dʒajgaʃtıruu
geplaatst zijn (ww)	жайгашуу	dʒajgaʃuu
distributeur (de)	дистрибьютор	distribj#tor
leverancier (de)	жеткирип берүүчү	dʒetkirip beryytʃy
leveren (ww)	жеткирип берүү	dʒetkirip beryy
land (het)	өлкө	ølkø
buitenlands (bn)	чет өлкөлүк	tʃet ølkølyk
product (het)	өнүм	ønym
associatie (de)	ассоциация	assotsiatsija

conferentiezaal (de)	конференц-зал	konferents-zal
congres (het)	конгресс	kongress
wedstrijd (de)	жарыш	dʒarıʃ

bezoeker (de)	келүүчү	kelyytʃy
bezoeken (ww)	баш багуу	baʃ baguu
afnemer (de)	кардар	kardar

119. Massamedia

krant (de)	гезит	gezit
tijdschrift (het)	журнал	dʒurnal
pers (gedrukte media)	пресса	pressa
radio (de)	үналгы	ynalgı
radiostation (het)	радио толкуну	radio tolkunu
televisie (de)	телекөрсөтүү	telekørsøtyy

presentator (de)	алып баруучу	alıp baruutʃu
nieuwslezer (de)	диктор	diktor
commentator (de)	баяндамачы	bajandamatʃı

journalist (de)	журналист	dʒurnalist
correspondent (de)	кабарчы	kabartʃı
fotocorrespondent (de)	фотокорреспондент	fotokorrespondent
reporter (de)	репортёр	reportʲor

redacteur (de)	редактор	redaktor
chef-redacteur (de)	башкы редактор	baʃkı redaktor

zich abonneren op	жазылуу	dʒazıluu
abonnement (het)	жазылуу	dʒazıluu
abonnee (de)	жазылуучу	dʒazıluutʃu
lezen (ww)	окуу	okuu
lezer (de)	окурман	okurman

oplage (de)	нуска	nuska
maand-, maandelijks (bn)	ай сайын	aj sajın
wekelijks (bn)	жума сайын	dʒuma sajın
nummer (het)	номер	nomer
vers (~ van de pers)	жаңы	dʒaŋı

kop (de)	баш аты	baʃ atı
korte artikel (het)	кыскача макала	kıskatʃa makala
rubriek (de)	рубрика	rubrika
artikel (het)	макала	makala
pagina (de)	бет	bet

reportage (de)	репортаж	reportadʒ
gebeurtenis (de)	окуя	okuja
sensatie (de)	дүң салуу	dyŋ saluu
schandaal (het)	жаңжал	dʒaŋdʒal
schandalig (bn)	жаңжалчы	dʒaŋdʒaltʃı
groot (~ schandaal, enz.)	чуулгандуу	tʃuulganduu
programma (het)	көрсөтүү	kørsøtyy

interview (het)	интервью	intervjʉ
live uitzending (de)	түз берүү	tyz beryy
kanaal (het)	канал	kanal

120. Landbouw

landbouw (de)	дыйкан чарбачылык	dıjkan tʃarbatʃılık
boer (de)	дыйкан	dıjkan
boerin (de)	дыйкан аял	dıjkan ajal
landbouwer (de)	фермер	fermer

| tractor (de) | трактор | traktor |
| maaidorser (de) | комбайн | kombajn |

ploeg (de)	соко	soko
ploegen (ww)	жер айдоо	dʒer ajdoo
akkerland (het)	айдоо жер	ajdoo dʒer
voor (de)	жөөк	dʒøøk

zaaien (ww)	себүү	sebyy
zaaimachine (de)	сеялка	sejalka
zaaien (het)	эгүү	egyy

| zeis (de) | чалгы | tʃalgı |
| maaien (ww) | чабуу | tʃabuu |

| schop (de) | күрөк | kyrøk |
| spitten (ww) | казуу | kazuu |

schoffel (de)	кетмен	ketmen
wieden (ww)	отоо	otoo
onkruid (het)	отоо чөп	otoo tʃøp

gietor (de)	гүл челек	gyl tʃelek
begieten (water geven)	сугаруу	sugaruu
bewatering (de)	сугат	sugat

| riek, hooivork (de) | айры | ajrı |
| hark (de) | тырмоо | tırmoo |

kunstmest (de)	жер семирткич	dʒer semirtkitʃ
bemesten (ww)	жер семиртүү	dʒer semirtyy
mest (de)	кык	kık

veld (het)	талаа	talaa
wei (de)	шалбаа	ʃalbaa
moestuin (de)	чарбак	tʃarbak
boomgaard (de)	бакча	baktʃa

weiden (ww)	жаюу	dʒadʒʉu
herder (de)	чабан	tʃaban
weiland (de)	жайыт	dʒajıt
veehouderij (de)	мал чарбачылык	mal tʃarbatʃılık
schapenteelt (de)	кой чарбачылык	koj tʃarbatʃılık

plantage (de)	плантация	plantatsija
rijtje (het)	жөөк	dʒøøk
broeikas (de)	күнөскана	kynøskana

| droogte (de) | кургакчылык | kurgaktʃılık |
| droog (bn) | кургак | kurgak |

graan (het)	дан эгиндери	dan eginderi
graangewassen (mv.)	дан эгиндери	dan eginderi
oogsten (ww)	чаап алуу	tʃaap aluu

molenaar (de)	тегирменчи	tegirmentʃi
molen (de)	тегирмен	tegirmen
malen (graan ~)	майдалоо	majdaloo
bloem (bijv. tarwebloem)	ун	un
stro (het)	саман	saman

121. Gebouw. Bouwproces

bouwplaats (de)	курулуш	kuruluʃ
bouwen (ww)	куруу	kuruu
bouwvakker (de)	куруучу	kuruutʃu

project (het)	долбоор	dolboor
architect (de)	архитектор	arχitektor
arbeider (de)	жумушчу	dʒumuʃtʃu

fundering (de)	пайдубал	pajdubal
dak (het)	чатыр	tʃatır
heipaal (de)	казык	kazık
muur (de)	дубал	dubal

| betonstaal (het) | арматура | armatura |
| steigers (mv.) | куруучу тепкичтер | kuruutʃu tepkitʃter |

beton (het)	бетон	beton
graniet (het)	гранит	granit
steen (de)	таш	taʃ
baksteen (de)	кыш	kıʃ

zand (het)	кум	kum
cement (de/het)	цемент	tsement
pleister (het)	шыбак	ʃıbak
pleisteren (ww)	шыбоо	ʃıboo

verf (de)	сыр	sır
verven (muur ~)	боео	boeo
ton (de)	бочка	botʃka

kraan (de)	кран	kran
heffen, hijsen (ww)	көтөрүү	køtøryy
neerlaten (ww)	түшүрүү	tyʃyryy
bulldozer (de)	бульдозер	bulʲdozer
graafmachine (de)	экскаватор	ekskavator

graafbak (de)	ковш	kovʃ
graven (tunnel, enz.)	казуу	kazuu
helm (de)	каска	kaska

122. Wetenschap. Onderzoek. Wetenschappers

wetenschap (de)	илим	ilim
wetenschappelijk (bn)	илимий	ilimij
wetenschapper (de)	илимпоз	ilimpoz
theorie (de)	теория	teorija

axioma (het)	аксиома	aksioma
analyse (de)	талдоо	taldoo
analyseren (ww)	талдоо	taldoo
argument (het)	далил	dalil
substantie (de)	зат	zat

hypothese (de)	гипотеза	gipoteza
dilemma (het)	дилемма	dilemma
dissertatie (de)	диссертация	dissertatsija
dogma (het)	догма	dogma

doctrine (de)	доктрина	doktrina
onderzoek (het)	изилдөө	izildøø
onderzoeken (ww)	изилдөө	izildøø
toetsing (de)	сынак	sınak
laboratorium (het)	лаборатория	laboratorija

methode (de)	ыкма	ıkma
molecule (de/het)	молекула	molekula
monitoring (de)	бейлөө	bejløø
ontdekking (de)	таап ачуу	taap atʃuu

postulaat (het)	постулат	postulat
principe (het)	усул	usul
voorspelling (de)	божомол	boʤomol
een prognose maken	алдын ала айтуу	aldın ala ajtuu

synthese (de)	синтез	sintez
tendentie (de)	умтулуу	umtuluu
theorema (het)	теорема	teorema

| leerstellingen (mv.) | окуу | okuu |
| feit (het) | далил | dalil |

| expeditie (de) | экспедиция | ekspeditsija |
| experiment (het) | тажрыйба | taʤrıjba |

academicus (de)	академик	akademik
bachelor (bijv. BA, LLB)	бакалавр	bakalavr
doctor (de)	доктор	doktor
universitair docent (de)	доцент	dotsent
master, magister (de)	магистр	magistr
professor (de)	профессор	professor

Beroepen en ambachten

123. Zoeken naar werk. Ontslag

baan (de)	иш	iʃ
werknemers (mv.)	жамаат	dʒamaat
personeel (het)	жамаат курамы	dʒamaat kuramı

carrière (de)	мансап	mansap
vooruitzichten (mv.)	перспектива	perspektiva
meesterschap (het)	чеберчилик	tʃebertʃilik

keuze (de)	тандоо	tandoo
uitzendbureau (het)	кадрдык агенттиги	kadrdık agenttigi
CV, curriculum vitae (het)	таржымал	tardʒımal
sollicitatiegesprek (het)	аңгемелешүү	aŋgemeleʃyy
vacature (de)	жумуш орун	dʒumuʃ orun

salaris (het)	эмгек акы	emgek akı
vaste salaris (het)	маяна	majana
loon (het)	акысын төлөө	akısın tøløø

betrekking (de)	кызмат орун	kızmat orun
taak, plicht (de)	милдет	mildet
takenpakket (het)	милдеттенмелер	mildettenmeler
bezig (~ zijn)	бош эмес	boʃ emes

| ontslagen (ww) | бошотуу | boʃotuu |
| ontslag (het) | бошотуу | boʃotuu |

werkloosheid (de)	жумушсуздук	dʒumuʃsuzduk
werkloze (de)	жумушсуз	dʒumuʃsuz
pensioen (het)	бааракы	baarakı
met pensioen gaan	ардактуу эс алууга чыгуу	ardaktuu es aluuga tʃıguu

124. Zakenmensen

directeur (de)	директор	direktor
beheerder (de)	башкаруучу	baʃkaruutʃu
hoofd (het)	башкаруучу	baʃkaruutʃu

baas (de)	башчы	baʃtʃı
superieuren (mv.)	башчылар	baʃtʃılar
president (de)	президент	prezident
voorzitter (de)	төрага	tøraga

| adjunct (de) | орун басар | orun basar |
| assistent (de) | жардамчы | dʒardamtʃı |

secretaris (de)	катчы	kattʃı
persoonlijke assistent (de)	жеке катчы	dʒeke kattʃı
zakenman (de)	бизнесмен	biznesmen
ondernemer (de)	ишкер	iʃker
oprichter (de)	негиздөөчү	negizdøøtʃy
oprichten (een nieuw bedrijf ~)	негиздөө	negizdøø
stichter (de)	уюмдаштыруучу	ujumdaʃtıruutʃu
partner (de)	өнөктөш	ønøktøʃ
aandeelhouder (de)	акция кармоочу	aktsija karmootʃu
miljonair (de)	миллионер	millioner
miljardair (de)	миллиардер	milliarder
eigenaar (de)	ээси	eesi
landeigenaar (de)	жер ээси	dʒer eesi
klant (de)	кардар	kardar
vaste klant (de)	туруктуу кардар	turuktuu kardar
koper (de)	сатып алуучу	satıp aluutʃu
bezoeker (de)	келүүчү	kelyytʃy
professioneel (de)	кесипкөй	kesipkøj
expert (de)	ишбилги	iʃbilgi
specialist (de)	адис	adis
bankier (de)	банкир	bankir
makelaar (de)	далдалчы	daldaltʃı
kassier (de)	кассир	kassir
boekhouder (de)	бухгалтер	buxgalter
bewaker (de)	кароолчу	karooltʃu
investeerder (de)	салым кошуучу	salım koʃuutʃu
schuldenaar (de)	карыздар	karızdar
crediteur (de)	насыя алуучу	nasıja aluutʃu
lener (de)	карызга алуучу	karızga aluutʃu
importeur (de)	импорттоочу	importtootʃu
exporteur (de)	экспорттоочу	eksporttootʃu
producent (de)	өндүрүүчү	øndyryytʃy
distributeur (de)	дистрибьютор	distribjutor
bemiddelaar (de)	ортомчу	ortomtʃu
adviseur, consulent (de)	кеңешчи	keŋeʃtʃi
vertegenwoordiger (de)	сатуу агенти	satuu agenti
agent (de)	агент	agent
verzekeringsagent (de)	камсыздандыруучу агент	kamsızdandıruutʃu agent

125. Dienstverlenende beroepen

kok (de)	ашпозчу	aʃpoztʃu
chef-kok (de)	башкы ашпозчу	baʃkı aʃpoztʃu

bakker (de)	навайчы	navajtʃı
barman (de)	бармен	barmen
kelner, ober (de)	официант	ofitsiant
serveerster (de)	официант кыз	ofitsiant kız

advocaat (de)	жактоочу	dʒaktootʃu
jurist (de)	юрист	jurist
notaris (de)	нотариус	notarius

elektricien (de)	электрик	elektrik
loodgieter (de)	сантехник	santexnik
timmerman (de)	жыгач уста	dʒıgatʃ usta

masseur (de)	укалоочу	ukalootʃu
masseuse (de)	укалоочу	ukalootʃu
dokter, arts (de)	доктур	doktur

taxichauffeur (de)	такси айдоочу	taksi ajdootʃu
chauffeur (de)	айдоочу	ajdootʃu
koerier (de)	жеткирүүчү	dʒetkiryytʃy

kamermeisje (het)	үй кызматкери	yj kızmatkeri
bewaker (de)	кароолчу	karooltʃu
stewardess (de)	стюардесса	stuardessa

meester (de)	мугалим	mugalim
bibliothecaris (de)	китепканачы	kitepkanatʃı
vertaler (de)	котормочу	kotormotʃu
tolk (de)	оозеки котормочу	oozeki kotormotʃu
gids (de)	гид	gid

kapper (de)	чач тарач	tʃatʃ taratʃ
postbode (de)	кат ташуучу	kat taʃuutʃu
verkoper (de)	сатуучу	satuutʃu

tuinman (de)	багбанчы	bagbantʃı
huisbediende (de)	үй кызматчы	yj kızmattʃı
dienstmeisje (het)	үй кызматчы аял	yj kızmattʃı ajal
schoonmaakster (de)	тазалагыч	tazalagıtʃ

126. Militaire beroepen en rangen

soldaat (rang)	катардагы жоокер	katardagı dʒooker
sergeant (de)	сержант	serdʒant
luitenant (de)	лейтенант	lejtenant
kapitein (de)	капитан	kapitan

majoor (de)	майор	major
kolonel (de)	полковник	polkovnik
generaal (de)	генерал	general
maarschalk (de)	маршал	marʃal
admiraal (de)	адмирал	admiral
militair (de)	аскер кызматчысы	asker kızmattʃısı
soldaat (de)	аскер	asker

| officier (de) | официер | ofitser |
| commandant (de) | командир | komandir |

grenswachter (de)	чек арачы	tʃek aratʃı
marconist (de)	радист	radist
verkenner (de)	чалгынчы	tʃalgıntʃı
sappeur (de)	сапёр	sapʲor
schutter (de)	аткыч	atkıtʃ
stuurman (de)	штурман	ʃturman

127. Ambtenaren. Priesters

| koning (de) | король, падыша | korolʲ, padıʃa |
| koningin (de) | ханыша | χanıʃa |

| prins (de) | канзаада | kanzaada |
| prinses (de) | ханбийке | χanbijke |

| tsaar (de) | падыша | padıʃa |
| tsarina (de) | ханыша | χanıʃa |

president (de)	президент	prezident
minister (de)	министр	ministr
eerste minister (de)	премьер-министр	premjer-ministr
senator (de)	сенатор	senator

diplomaat (de)	дипломат	diplomat
consul (de)	консул	konsul
ambassadeur (de)	элчи	eltʃi
adviseur (de)	кеңешчи	keŋeʃtʃi

ambtenaar (de)	аткаминер	atkaminer
prefect (de)	префект	prefekt
burgemeester (de)	мэр	mer

| rechter (de) | сот | sot |
| aanklager (de) | прокурор | prokuror |

missionaris (de)	миссионер	missioner
monnik (de)	кечил	ketʃil
abt (de)	аббат	abbat
rabbi, rabbijn (de)	раввин	ravvin

vizier (de)	визирь	vizirʲ
sjah (de)	шах	ʃaχ
sjeik (de)	шейх	ʃejχ

128. Agrarische beroepen

imker (de)	балчы	baltʃı
herder (de)	чабан	tʃaban
landbouwkundige (de)	агроном	agronom

| veehouder (de) | малчы | maltʃı |
| dierenarts (de) | мал доктуру | mal dokturu |

landbouwer (de)	фермер	fermer
wijnmaker (de)	вино жасоочу	vino dʒasootʃu
zoöloog (de)	зоолог	zoolog
cowboy (de)	ковбой	kovboj

129. Kunst beroepen

| acteur (de) | актёр | aktʲor |
| actrice (de) | актриса | aktrisa |

| zanger (de) | ырчы | ırtʃı |
| zangeres (de) | ырчы кыз | ırtʃı kız |

| danser (de) | бийчи жигит | bijtʃi dʒigit |
| danseres (de) | бийчи кыз | bijtʃi kız |

| artiest (mann.) | аткаруучу | atkaruutʃu |
| artiest (vrouw.) | аткаруучу | atkaruutʃu |

muzikant (de)	музыкант	muzıkant
pianist (de)	пианист	pianist
gitarist (de)	гитарист	gitarist

orkestdirigent (de)	дирижёр	diridʒʲor
componist (de)	композитор	kompozitor
impresario (de)	импресарио	impresario

filmregisseur (de)	режиссёр	redʒissʲor
filmproducent (de)	продюсер	produser
scenarioschrijver (de)	сценарист	stsenarist
criticus (de)	сынчы	sıntʃı

schrijver (de)	жазуучу	dʒazuutʃu
dichter (de)	акын	akın
beeldhouwer (de)	бедизчи	bediztʃi
kunstenaar (de)	сүрөтчү	syrøttʃy

jongleur (de)	жонглёр	dʒonglʲor
clown (de)	маскарапоз	maskarapoz
acrobaat (de)	акробат	akrobat
goochelaar (de)	көз боечу	køz boetʃu

130. Verschillende beroepen

dokter, arts (de)	доктур	doktur
ziekenzuster (de)	медсестра	medsestra
psychiater (de)	психиатр	psixiatr
tandarts (de)	тиш доктур	tiʃ doktur
chirurg (de)	хирург	xirurg

astronaut (de)	астронавт	astronavt
astronoom (de)	астроном	astronom
piloot (de)	учкуч	utʃkutʃ

chauffeur (de)	айдоочу	ajdootʃu
machinist (de)	машинист	maʃinist
mecanicien (de)	механик	meχanik

mijnwerker (de)	кенчи	kentʃi
arbeider (de)	жумушчу	dʒumuʃtʃu
bankwerker (de)	слесарь	slesarʲ
houtbewerker (de)	жыгач уста	dʒɪgatʃ usta
draaier (de)	токарь	tokarʲ
bouwvakker (de)	куруучу	kuruutʃu
lasser (de)	ширеткич	ʃiretkitʃ

professor (de)	профессор	professor
architect (de)	архитектор	arχitektor
historicus (de)	тарыхчы	tarɪχtʃɪ
wetenschapper (de)	илимпоз	ilimpoz
fysicus (de)	физик	fizik
scheikundige (de)	химик	χimik

archeoloog (de)	археолог	arχeolog
geoloog (de)	геолог	geolog
onderzoeker (de)	изилдөөчу	izildøøtʃy

babysitter (de)	бала баккыч	bala bakkɪtʃ
leraar, pedagoog (de)	мугалим	mugalim

redacteur (de)	редактор	redaktor
chef-redacteur (de)	башкы редактор	baʃkı redaktor
correspondent (de)	кабарчы	kabartʃı
typiste (de)	машинистка	maʃinistka

designer (de)	дизайнер	dizajner
computerexpert (de)	компьютер адиси	kompjuter adisi
programmeur (de)	программист	programmist
ingenieur (de)	инженер	indʒener

matroos (de)	деңизчи	deŋiztʃi
zeeman (de)	матрос	matros
redder (de)	куткаруучу	kutkaruutʃu

brandweerman (de)	өрт өчүргүч	ørt øtʃyrgytʃ
politieagent (de)	полиция кызматкери	politsija kızmatkeri
nachtwaker (de)	кароолчу	karooltʃu
detective (de)	аңдуучу	aŋduutʃu

douanier (de)	бажы кызматкери	badʒı kızmatkeri
lijfwacht (de)	жан сакчы	dʒan saktʃı
gevangenisbewaker (de)	күзөтчү	kyzøttʃy
inspecteur (de)	инспектор	inspektor

sportman (de)	спортчу	sporttʃu
trainer (de)	машыктыруучу	maʃıktıruutʃu

slager, beenhouwer (de)	касапчы	kasaptʃı
schoenlapper (de)	өтүкчү	øtyktʃy
handelaar (de)	жеке соодагер	dʒeke soodager
lader (de)	жүк ташуучу	dʒyk taʃuutʃu
kledingstilist (de)	модельер	modeljer
model (het)	модель	modelʲ

131. Beroepen. Sociale status

scholier (de)	окуучу	okuutʃu
student (de)	студент	student
filosoof (de)	философ	filosof
econoom (de)	экономист	ekonomist
uitvinder (de)	ойлоп табуучу	ojlop tabuutʃu
werkloze (de)	жумушсуз	dʒumuʃsuz
gepensioneerde (de)	бааргер	baarger
spion (de)	тыңчы	tıŋtʃı
gedetineerde (de)	камактагы адам	kamaktagı adam
staker (de)	иш калтыргыч	iʃ kaltırgıtʃ
bureaucraat (de)	бюрократ	burokrat
reiziger (de)	саякатчы	sajakattʃı
homoseksueel (de)	гомосексуалист	gomoseksualist
hacker (computerkraker)	хакер	χaker
hippie (de)	хиппи	χippi
bandiet (de)	ууру-кески	uuru-keski
huurmoordenaar (de)	жалданма киши өлтүргүч	dʒaldanma kiʃi øltyrgytʃ
drugsverslaafde (de)	баңги	baŋgi
drugshandelaar (de)	баңгизат сатуучу	baŋgizat satuutʃu
prostituee (de)	сойку	sojku
pooier (de)	жан бакты	dʒan baktı
tovenaar (de)	жадыгөй	dʒadıgøj
tovenares (de)	жадыгөй	dʒadıgøj
piraat (de)	деңиз каракчысы	deŋiz karaktʃısı
slaaf (de)	кул	kul
samoerai (de)	самурай	samuraj
wilde (de)	жапайы	dʒapajı

Sport

132. Soorten sporten. Sporters

sportman (de)	спортчу	sporttʃu
soort sport (de/het)	спорттун түрү	sporttun tyry
basketbal (het)	баскетбол	basketbol
basketbalspeler (de)	баскетбол ойноочу	basketbol ojnootʃu
baseball (het)	бейсбол	bejsbol
baseballspeler (de)	бейсбол ойноочу	bejsbol ojnootʃu
voetbal (het)	футбол	futbol
voetballer (de)	футбол ойноочу	futbol ojnootʃu
doelman (de)	дарбазачы	darbazatʃı
hockey (het)	хоккей	χokkej
hockeyspeler (de)	хоккей ойноочу	χokkej ojnootʃu
volleybal (het)	волейбол	volejbol
volleybalspeler (de)	волейбол ойноочу	volejbol ojnootʃu
boksen (het)	бокс	boks
bokser (de)	бокс мушташуучу	boks muʃtaʃuutʃu
worstelen (het)	күрөш	kyrøʃ
worstelaar (de)	күрөшчү	kyrøʃtʃy
karate (do)	карате	karate
karateka (de)	карате мушташуучу	karate muʃtaʃuutʃu
judo (de)	дзюдо	dzʉdo
judoka (de)	дзюдо чалуучу	dzʉdo tʃaluutʃu
tennis (het)	теннис	tɘnniɛ
tennisspeler (de)	теннис ойноочу	tennis ojnootʃu
zwemmen (het)	сүзүү	syzyy
zwemmer (de)	сүзүүчү	syzyytʃy
schermen (het)	кылычташуу	kılıtʃtaʃuu
schermer (de)	кылычташуучу	kılıtʃtaʃuutʃu
schaak (het)	шахмат	ʃaχmat
schaker (de)	шахмат ойноочу	ʃaχmat ojnootʃu
alpinisme (het)	альпинизм	alˈpinizm
alpinist (de)	альпинист	alˈpinist
hardlopen (het)	чуркоо	tʃurkoo

renner (de)	жөө күлүк	dʒøø kylyk
atletiek (de)	жеңил атлетика	dʒeɲil atletika
atleet (de)	атлет	atlet
paardensport (de)	ат спорту	at sportu
ruiter (de)	чабандес	tʃabandes
kunstschaatsen (het)	муз бийи	muz biji
kunstschaatser (de)	муз бийчи	muz bijtʃi
kunstschaatsster (de)	муз бийчи	muz bijtʃi
gewichtheffen (het)	оор атлетика	oor atletika
gewichtheffer (de)	оор атлет	oor atlet
autoraces (mv.)	авто жарыш	avto dʒarıʃ
coureur (de)	гонщик	gonʃtʃik
wielersport (de)	велоспорт	velosport
wielrenner (de)	велосипед тебүүчү	velosiped tebyytʃy
verspringen (het)	узундукка секирүү	uzundukka sekiryy
polsstokspringen (het)	шырык менен секирүү	ʃırık menen sekiryy
verspringer (de)	секирүүчү	sekiryytʃy

133. Soorten sporten. Diversen

Amerikaans voetbal (het)	американский футбол	amerikanskij futbol
badminton (het)	бадминтон	badminton
biatlon (de)	биатлон	biatlon
biljart (het)	бильярд	biljard
bobsleeën (het)	бобслей	bobslej
bodybuilding (de)	бодибилдинг	bodibilding
waterpolo (het)	суу полосу	suu polosu
handbal (de)	гандбол	gandbol
golf (het)	гольф	golʲf
roeisport (de)	калакты уруу	kalaktı uruu
duiken (het)	сууга чөмүүчү	suuga tʃømyytʃy
langlaufen (het)	чаңгы жарышы	tʃaŋgı dʒarıʃı
tafeltennis (het)	стол тенниси	stol tennisi
zeilen (het)	парус астында сызуу	parus astında sızuu
rally (de)	ралли	ralli
rugby (het)	регби	regbi
snowboarden (het)	сноуборд	snoubord
boogschieten (het)	жаа атуу	dʒaa atuu

134. Fitnessruimte

lange halter (de)	штанга	ʃtanga
halters (mv.)	гантелдер	gantelder

training machine (de)	машыгуу машине	maʃiguu maʃine
hometrainer (de)	велотренажёр	velotrenadʒior
loopband (de)	тегеретме	tegeretme

rekstok (de)	көпүрө жыгач	køpyrø dʒigatʃ
brug (de) gelijke leggers	брусдар	brusdar
paardsprong (de)	ат	at
mat (de)	мат	mat

springtouw (het)	секиргич	sekirgitʃ
aerobics (de)	аэробика	aerobika
yoga (de)	йога	joga

135. Hockey

hockey (het)	хоккей	χokkej
hockeyspeler (de)	хоккей ойноочу	χokkej ojnootʃu
hockey spelen	хоккей ойноо	χokkej ojnoo
ijs (het)	муз	muz

puck (de)	шайба	ʃajba
hockeystick (de)	иймек таяк	ijmek tajak
schaatsen (mv.)	коньки	koniki

| boarding (de) | тосмо | tosmo |
| schot (het) | сокку | sokku |

doelman (de)	дарбазачы	darbazatʃı
goal (de)	гол	gol
een goal scoren	гол киргизүү	gol kirgizyy

periode (de)	мезгил	mezgil
tweede periode (de)	экинчи мезгил	ekintʃi mezgil
reservebank (de)	кезек отургучу	kezek oturgutʃu

136. Voetbal

voetbal (het)	футбол	futbol
voetballer (de)	футбол ойноочу	futbol ojnootʃu
voetbal spelen	футбол ойноо	futbol ojnoo

eredivisie (de)	жогорку лига	dʒogorku liga
voetbalclub (de)	футбол клубу	futbol klubu
trainer (de)	машыктыруучу	maʃiktıruutʃu
eigenaar (de)	ээси	eesi

team (het)	топ	top
aanvoerder (de)	топтун капитаны	toptun kapitanı
speler (de)	оюнчу	ojunʧu
reservespeler (de)	кезектеги оюнчу	kezektegi ojunʧu
aanvaller (de)	чабуулчу	ʧabuulʧu
centrale aanvaller (de)	борбордук чабуулчу	borborduk ʧabuulʧu

doelpuntmaker (de)	жаадыргыч	dʒaadırgıtʃ
verdediger (de)	коргоочу	korgootʃu
middenvelder (de)	жарым коргоочу	dʒarım korgootʃu
match, wedstrijd (de)	матч	mattʃ
elkaar ontmoeten (ww)	жолугушуу	dʒoluguʃuu
finale (de)	финал	final
halve finale (de)	жарым финал	dʒarım final
kampioenschap (het)	чемпионат	tʃempionat
helft (de)	тайм	tajm
eerste helft (de)	биринчи тайм	birintʃi tajm
pauze (de)	тыныгуу	tınıguu
doel (het)	дарбаза	darbaza
doelman (de)	дарбазачы	darbazatʃı
doelpaal (de)	штанга	ʃtanga
lat (de)	көпүрө жыгач	køpyrø dʒıgatʃ
doelnet (het)	тор	tor
een goal incasseren	гол киргизип алуу	gol kirgizip aluu
bal (de)	топ	top
pass (de)	топ узатуу	top uzatuu
schot (het), schop (de)	сокку	sokku
schieten (de bal ~)	сокку берүү	sokku beryy
vrije schop (directe ~)	жаза сокку	dʒaza sokku
hoekschop, corner (de)	бурчтан сокку	burtʃtan sokku
aanval (de)	чабуул	tʃabuul
tegenaanval (de)	каршы чабуул	karʃı tʃabuul
combinatie (de)	комбинация	kombinatsija
scheidsrechter (de)	арбитр	arbitr
fluiten (ww)	ышкыруу	ıʃkıruu
fluitsignaal (het)	ышкырык	ıʃkırık
overtreding (de)	бузуу	buzuu
een overtreding maken	бузуу	buzuu
uit het veld te sturen	оюн талаасынан чыгаруу	ojun talaasınan tʃıgaruu
gele kaart (de)	сары карточка	sarı kartotʃka
rode kaart (de)	кызыл карточка	kızıl kartotʃka
diskwalificatie (de)	дисквалификация	diskvalifikatsija
diskwalificeren (ww)	дисквалифициялоо	diskvalifitsijaloo
strafschop, penalty (de)	пенальти	penalʲti
muur (de)	дубал	dubal
scoren (ww)	жаадыруу	dʒaadıruu
goal (de), doelpunt (het)	гол	gol
een goal scoren	гол киргизүү	gol kirgizyy
vervanging (de)	алмаштыруу	almaʃtıruu
vervangen (ov.ww.)	алмаштыруу	almaʃtıruu
regels (mv.)	эрежелер	eredʒeler
tactiek (de)	тактика	taktika
stadion (het)	стадион	stadion
tribune (de)	трибуна	tribuna

fan, supporter (de)	күйөрман	kyjørman
schreeuwen (ww)	кыйкыруу	kıjkıruu

scorebord (het)	табло	tablo
stand (~ is 3-1)	эсеп	esep

nederlaag (de)	утулуу	utuluu
verliezen (ww)	жеңилүү	dʒeŋilyy
gelijkspel (het)	теңме-тең	teŋme-teŋ
in gelijk spel eindigen	теңме-тең бүтүрүү	teŋme-teŋ bytyryy

overwinning (de)	жеңиш	dʒeŋiʃ
overwinnen (ww)	жеңүү	dʒeŋyy

kampioen (de)	чемпион	tʃempion
best (bn)	эң жакшы	eŋ dʒakʃı
feliciteren (ww)	куттуктоо	kuttuktoo

commentator (de)	баяндамачы	bajandamatʃı
becommentariëren (ww)	баяндоо	bajandoo
uitzending (de)	берүү	beryy

137. Alpine skiën

ski's (mv.)	чаңгы	tʃaŋgı
skiën (ww)	чаңгы тебүү	tʃaŋgı tebyy
skigebied (het)	тоо лыжа курорту	too lıdʒa kurortu
skilift (de)	көтөргүч	køtørgytʃ

skistokken (mv.)	таякчалар	tajaktʃalar
helling (de)	эңкейиш	eŋkejiʃ
slalom (de)	слалом	slalom

138. Tennis. Golf

golf (het)	гольф	golʲf
golfclub (de)	гольф-клуб	golʲf-klub
golfer (de)	гольф оюнчу	golʲf ojuntʃu

hole (de)	тешикче	teʃiktʃe
golfclub (de)	иймек таяк	ijmek tajak
trolley (de)	иймек таяк үчүн арабача	ijmek tajak ytʃyn arabatʃa

tennis (het)	теннис	tennis
tennisveld (het)	корт	kort

opslag (de)	кийирүү	kijiryy
serveren, opslaan (ww)	кийирүү	kijiryy

racket (het)	ракетка	raketka
net (het)	тор	tor
bal (de)	топ	top

139. Schaken

schaak (het)	шахмат	ʃaχmat
schaakstukken (mv.)	шахмат фигурасы	ʃaχmat figurası
schaker (de)	шахмат ойноочу	ʃaχmat ojnootʃu
schaakbord (het)	шахмат тактасы	ʃaχmat taktası
schaakstuk (het)	фигура	figura
witte stukken (mv.)	актар	aktar
zwarte stukken (mv.)	каралар	karalar
pion (de)	пешка	peʃka
loper (de)	пил	pil
paard (het)	ат	at
toren (de)	ладья	ladja
dame, koningin (de)	ферзь	ferzʲ
koning (de)	король	korolʲ
zet (de)	жүрүш	dʒyryʃ
zetten (ww)	жүрүү	dʒyryy
opofferen (ww)	курман кылуу	kurman kıluu
rokade (de)	рокировка	rokirovka
schaak (het)	шах	ʃaχ
schaakmat (het)	мат	mat
schaakwedstrijd (de)	шахмат турнири	ʃaχmat turniri
grootmeester (de)	гроссмейстер	grossmejster
combinatie (de)	комбинация	kombinatsija
partij (de)	партия	partija
dammen (de)	шашкалар	ʃaʃkalar

140. Boksen

boksen (het)	бокс	boks
boksgevecht (het)	мушташ	muʃtaʃ
bokswedstrijd (de)	жекеме-жеке мушташ	dʒekeme-dʒeke muʃtaʃ
ronde (de)	раунд	raund
ring (de)	ринг	ring
gong (de)	гонг	gong
stoot (de)	сокку	sokku
knock-down (de)	нокдаун	nokdaun
knock-out (de)	нокаут	nokaut
knock-out slaan (ww)	нокаутка жиберүү	nokautka dʒiberyy
bokshandschoen (de)	бокс колкабы	boks kolkabı
referee (de)	рефери	referi
lichtgewicht (het)	жеңил салмак	dʒeŋil salmak
middengewicht (het)	орто салмак	orto salmak
zwaargewicht (het)	оор салмак	oor salmak

141. Sporten. Diversen

Olympische Spelen (mv.)	Олимпиада Оюндары	olimpiada ojundarı
winnaar (de)	жеңүүчү	dʒeŋyytʃy
overwinnen (ww)	жеңүү	dʒeŋyy
winnen (ww)	утуу	utuu
leider (de)	топ башы	top baʃı
leiden (ww)	топ башында болуу	top baʃında boluu
eerste plaats (de)	биринчи орун	birintʃi orun
tweede plaats (de)	экинчи орун	ekintʃi orun
derde plaats (de)	үчүнчү орун	ytʃyntʃy orun
medaille (de)	медаль	medalʲ
trofee (de)	трофей	trofej
beker (de)	кубок	kubok
prijs (de)	байге	bajge
hoofdprijs (de)	баш байге	baʃ bajge
record (het)	рекорд	rekord
een record breken	рекорд коюу	rekord kojuu
finale (de)	финал	final
finale (bn)	финалдык	finaldık
kampioen (de)	чемпион	tʃempion
kampioenschap (het)	чемпионат	tʃempionat
stadion (het)	стадион	stadion
tribune (de)	трибуна	tribuna
fan, supporter (de)	күйөрман	kyjørman
tegenstander (de)	каршылаш	karʃılaʃ
start (de)	старт	start
finish (de)	маара	maara
nederlaag (de)	утулуу	utuluu
verliezen (ww)	жеңилүү	dʒeŋilyy
rechter (de)	судья	sudja
jury (de)	калыстар	kalıstar
stand (~ is 3-1)	эсеп	esep
gelijkspel (het)	теңме-тең	teŋme-teŋ
in gelijk spel eindigen	теңме-тең бүтүрүү	teŋme-teŋ bytyryy
punt (het)	упай	upaj
uitslag (de)	натыйжа	natıjdʒa
periode (de)	убак	ubak
pauze (de)	тыныгуу	tınıguu
doping (de)	допинг	doping
straffen (ww)	жазалоо	dʒazaloo
diskwalificeren (ww)	дисквалификациялоо	diskvalifitsijaloo
toestel (het)	снаряд	snarʲad

speer (de)	найза	najza
kogel (de)	ядро	jadro
bal (de)	бильярд шары	biljard ʃarı

doel (het)	бута	buta
schietkaart (de)	бута	buta
schieten (ww)	атуу	atuu
precies (bijv. precieze schot)	таамай	taamaj

trainer, coach (de)	машыктыруучу	maʃıktıruutʃu
trainen (ww)	машыктыруу	maʃıktıruu
zich trainen (ww)	машыгуу	maʃıguu
training (de)	машыгуу	maʃıguu

gymnastiekzaal (de)	спортзал	sportzal
oefening (de)	көнүгүү	kønygyy
opwarming (de)	дене керүү	dene keryy

Onderwijs

142. School

school (de)	мектеп	mektep
schooldirecteur (de)	мектеп директору	mektep direktoru
leerling (de)	окуучу бала	okuuʧu bala
leerlinge (de)	окуучу кыз	okuuʧu kız
scholier (de)	окуучу	okuuʧu
scholiere (de)	окуучу кыз	okuuʧu kız
leren (lesgeven)	окутуу	okutuu
studeren (bijv. een taal ~)	окуу	okuu
van buiten leren	жаттоо	ʤattoo
leren (bijv. ~ tellen)	үйрөнүү	yjrønyy
in school zijn (schooljongen zijn)	мектепке баруу	mektepke baruu
naar school gaan	окууга баруу	okuuga baruu
alfabet (het)	алфавит	alfavit
vak (schoolvak)	сабак	sabak
klaslokaal (het)	класс	klass
les (de)	сабак	sabak
pauze (de)	танапис	tanapis
bel (de)	коңгуроо	konguroo
schooltafel (de)	парта	parta
schoolbord (het)	такта	takta
cijfer (het)	баа	baa
goed cijfer (het)	жакшы баа	ʤakʃı baa
slecht cijfer (het)	жаман баа	ʤaman baa
een cijfer geven	баа коюу	baa kojʁu
fout (de)	ката	kata
fouten maken	ката кетирүү	kata ketiryy
corrigeren (fouten ~)	түзөтүү	tyzøtyy
spiekbriefje (het)	шпаргалка	ʃpargalka
huiswerk (het)	үй иши	yj iʃi
oefening (de)	көнүгүү	kønygyy
aanwezig zijn (ww)	катышуу	katıʃuu
absent zijn (ww)	келбей калуу	kelbej kaluu
school verzuimen	сабактарды калтыруу	sabaktardı kaltıruu
bestraffen (een stout kind ~)	жазалоо	ʤazaloo
bestraffing (de)	жаза	ʤaza

gedrag (het)	жүрүм-турум	dʒyrym-turum
cijferlijst (de)	күндөлүк	kyndølyk
potlood (het)	карандаш	karandaʃ
gom (de)	өчүргүч	øtʃyrgytʃ
krijt (het)	бор	bor
pennendoos (de)	калем салгыч	kalem salgıtʃ
boekentas (de)	портфель	portfelʲ
pen (de)	калем сап	kalem sap
schrift (de)	дептер	depter
leerboek (het)	китеп	kitep
passer (de)	циркуль	tsırkulʲ
technisch tekenen (ww)	чийүү	tʃijyy
technische tekening (de)	чийме	tʃijme
gedicht (het)	ыр сап	ır sap
van buiten (bw)	жатка	dʒatka
van buiten leren	жаттоо	dʒattoo
vakantie (de)	эс алуу	es aluu
met vakantie zijn	эс алууда болуу	es aluuda boluu
vakantie doorbrengen	эс алууну өткөзүү	es aluunu øtkøzyy
toets (schriftelijke ~)	текшерүү иш	tekʃeryy iʃ
opstel (het)	дил баян	dil bajan
dictee (het)	жат жаздыруу	dʒat dʒazdıruu
examen (het)	экзамен	ekzamen
examen afleggen	экзамен тапшыруу	ekzamen tapʃıruu
experiment (het)	тажрыйба	tadʒrıjba

143. Hogeschool. Universiteit

academie (de)	академия	akademija
universiteit (de)	университет	universitet
faculteit (de)	факультет	fakulʲtet
student (de)	студент бала	student bala
studente (de)	студент кыз	student kız
leraar (de)	мугалим	mugalim
collegezaal (de)	дарскана	darskana
afgestudeerde (de)	окуу жайды бүтүрүүчү	okuu dʒajdı bytyryytʃy
diploma (het)	диплом	diplom
dissertatie (de)	диссертация	dissertatsija
onderzoek (het)	изилдөө	izildøø
laboratorium (het)	лаборатория	laboratorija
college (het)	лекция	lektsija
medestudent (de)	курсташ	kurstaʃ
studiebeurs (de)	стипендия	stipendija
academische graad (de)	илимий даража	ilimij daradʒa

144. Wetenschappen. Disciplines

wiskunde (de)	математика	matematika
algebra (de)	алгебра	algebra
meetkunde (de)	геометрия	geometrija
astronomie (de)	астрономия	astronomija
biologie (de)	биология	biologija
geografie (de)	география	geografija
geologie (de)	геология	geologija
geschiedenis (de)	тарых	tarıx
geneeskunde (de)	медицина	meditsina
pedagogiek (de)	педагогика	pedagogika
rechten (mv.)	укук	ukuk
fysica, natuurkunde (de)	физика	fizika
scheikunde (de)	химия	ximija
filosofie (de)	философия	filosofija
psychologie (de)	психология	psixologija

145. Schrift. Spelling

grammatica (de)	грамматика	grammatika
vocabulaire (het)	лексика	leksika
fonetiek (de)	фонетика	fonetika
zelfstandig naamwoord (het)	зат атооч	zat atootʃ
bijvoeglijk naamwoord (het)	сын атооч	sın atootʃ
werkwoord (het)	этиш	etiʃ
bijwoord (het)	тактооч	taktootʃ
voornaamwoord (het)	ат атооч	at atootʃ
tussenwerpsel (het)	сырдык сөз	sırdık søz
voorzetsel (het)	препозиция	prepozitsija
stam (de)	сөздүн уңгусу	søzdyn uŋgusu
achtervoegsel (het)	жалгоо	dʒalgoo
voorvoegsel (het)	префикс	prefiks
lettergreep (de)	муун	muun
achtervoegsel (het)	суффикс	suffiks
nadruk (de)	басым	basım
afkappingsteken (het)	апостроф	apostrof
punt (de)	чекит	tʃekit
komma (de/het)	үтүр	ytyr
puntkomma (de)	чекитүү үтүр	tʃekityy ytyr
dubbelpunt (de)	кош чекит	koʃ tʃekit
beletselteken (het)	көп чекит	køp tʃekit
vraagteken (het)	суроо белгиси	suroo belgisi
uitroepteken (het)	илеп белгиси	ilep belgisi

aanhalingstekens (mv.)	тырмакча	tırmaktʃa
tussen aanhalingstekens (bw)	тырмакчага алынган	tırmaktʃaga alıngan
haakjes (mv.)	кашаа	kaʃaa
tussen haakjes (bw)	кашаага алынган	kaʃaaga alıngan

streepje (het)	дефис	defis
gedachtestreepje (het)	тире	tire
spatie	аралык	aralık
(~ tussen twee woorden)		

letter (de)	тамга	tamga
hoofdletter (de)	баш тамга	baʃ tamga

klinker (de)	үндүү тыбыш	yndyy tıbıʃ
medeklinker (de)	үнсүз тыбыш	ynsyz tıbıʃ

zin (de)	сүйлөм	syjløm
onderwerp (het)	сүйлөмдүн ээси	syjlømdyn eesi
gezegde (het)	баяндооч	bajandootʃ

regel (in een tekst)	сап	sap
op een nieuwe regel (bw)	жаңы сап	dʒaŋı sap
alinea (de)	абзац	abzats

woord (het)	сөз	søz
woordgroep (de)	сөз айкашы	søz ajkaʃı
uitdrukking (de)	туюнтма	tujuntma
synoniem (het)	синоним	sinonim
antoniem (het)	антоним	antonim

regel (de)	эреже	eredʒe
uitzondering (de)	чектен чыгаруу	tʃekten tʃıgaruu
correct (bijv. ~e spelling)	туура	tuura

vervoeging, conjugatie (de)	жактоо	dʒaktoo
verbuiging, declinatie (de)	жөндөлүш	dʒøndølyʃ
naamval (de)	жөндөмө	dʒøndømø
vraag (de)	суроо	suroo
onderstrepen (ww)	баса белгилөө	basa belgiløø
stippellijn (de)	пунктир	punktir

146. Vreemde talen

taal (de)	тил	til
vreemd (bn)	чет	tʃet
vreemde taal (de)	чет тил	tʃet til
leren (bijv. van buiten ~)	окуу	okuu
studeren (Nederlands ~)	үйрөнүү	yjrønyy

lezen (ww)	окуу	okuu
spreken (ww)	сүйлөө	syjløø
begrijpen (ww)	түшүнүү	tyʃynyy
schrijven (ww)	жазуу	dʒazuu
snel (bw)	тез	tez

| langzaam (bw) | жай | dʒaj |
| vloeiend (bw) | эркин | erkin |

regels (mv.)	эрежелер	eredʒeler
grammatica (de)	грамматика	grammatika
vocabulaire (het)	лексика	leksika
fonetiek (de)	фонетика	fonetika

leerboek (het)	китеп	kitep
woordenboek (het)	сөздүк	søzdyk
leerboek (het) voor zelfstudie	өзү үйрөткүч	øzy yjrøtkytʃ
taalgids (de)	тилачар	tilatʃar

cassette (de)	кассета	kasseta
videocassette (de)	видеокассета	videokasseta
CD (de)	CD, компакт-диск	sidi, kompakt-disk
DVD (de)	DVD-диск	dividi-disk

alfabet (het)	алфавит	alfavit
spellen (ww)	эжелеп айтуу	edʒelep ajtuu
uitspraak (de)	айтылышы	ajtılıʃı

accent (het)	акцент	aktsent
met een accent (bw)	акцент менен	aktsent menen
zonder accent (bw)	акцентсиз	aktsentsiz

| woord (het) | сөз | søz |
| betekenis (de) | маани | maani |

cursus (de)	курстар	kurstar
zich inschrijven (ww)	курска жазылуу	kurska dʒazıluu
leraar (de)	окутуучу	okutuutʃu

vertaling (een ~ maken)	которуу	kotoruu
vertaling (tekst)	котормо	kotormo
vertaler (de)	котормочу	kotormotʃu
tolk (de)	оозеки котормочу	oozeki kotormotʃu

| polyglot (de) | полиглот | poliglot |
| geheugen (het) | эс тутум | es tutum |

147. Sprookjesfiguren

Sinterklaas (de)	Санта Клаус	santa klaus
Assepoester (de)	Кулала кыз	kylala kız
zeemeermin (de)	суу периси	suu perisi
Neptunus (de)	Нептун	neptun

magiër, tovenaar (de)	сыйкырчы	sıjkırtʃı
goede heks (de)	сыйкырчы	sıjkırtʃı
magisch (bn)	сыйкырдуу	sıjkırduu
toverstokje (het)	сыйкырлуу таякча	sıjkırluu tajaktʃa
sprookje (het)	жомок	dʒomok
wonder (het)	керемет	keremet

| dwerg (de) | эргежээл | ergedӡeel |
| veranderen in ... (anders worden) | ...га айлануу | ...ga ajlanuu |

geest (de)	арбак	arbak
spook (het)	көрүнчү	køryntʃy
monster (het)	желмогуз	dӡelmoguz
draak (de)	ажыдаар	adӡıdaar
reus (de)	дөө	døø

148. Dierenriem

Ram (de)	Кой	koj
Stier (de)	Букачар	bukatʃar
Tweelingen (mv.)	Эгиздер	egizder
Kreeft (de)	Рак	rak
Leeuw (de)	Арстан	arstan
Maagd (de)	Суу пери	suu peri

Weegschaal (de)	Тараза	taraza
Schorpioen (de)	Чаян	tʃajan
Boogschutter (de)	Жаачы	dӡaatʃı
Steenbok (de)	Текечер	teketʃer
Waterman (de)	Суу куяр	suu kujar
Vissen (mv.)	Балыктар	balıktar

karakter (het)	мүнөз	mynøz
karaktertrekken (mv.)	мүнөздүн түрү	mynøzdyn tyry
gedrag (het)	жүрүм-турум	dӡyrym-turum
waarzeggen (ww)	төлгө ачуу	tølgø atʃuu
waarzegster (de)	көз ачык	køz atʃık
horoscoop (de)	жылдыз төлгө	dӡıldız tølgø

Kunst

149. Theater

theater (het)	театр	teatr
opera (de)	опера	opera
operette (de)	оперетта	operetta
ballet (het)	балет	balet

affiche (de/het)	афиша	afiʃa
theatergezelschap (het)	труппа	truppa
tournee (de)	гастрольго чыгуу	gastroliɡo ʧiɡuu
op tournee zijn	гастрольдо жүрүү	gastroliɡo ʤyryy
repeteren (ww)	репетиция кылуу	repetitsija kɪluu
repetitie (de)	репетиция	repetitsija
repertoire (het)	репертуар	repertuar

voorstelling (de)	көрсөтүү	kørsøtyy
spektakel (het)	спектакль	spektakli
toneelstuk (het)	пьеса	pjesa

biljet (het)	билет	bilet
kassa (de)	билет кассасы	bilet kassasɪ
foyer (de)	холл	χoll
garderobe (de)	гардероб	garderob
garderobe nummer (het)	номерок	nomerok
verrekijker (de)	дүрбү	dyrby
plaatsaanwijzer (de)	текшерүүчү	tekʃeryyʧy

parterre (de)	партер	parter
balkon (het)	балкон	balkon
gouden rang (de)	бельэтаж	beljetaʤ
loge (de)	ложа	loʤa
rij (de)	катар	katar
plaats (de)	орун	orun

publiek (het)	эл	el
kijker (de)	көрүүчү	køryyʧy
klappen (ww)	кол чабуу	kol ʧabuu
applaus (het)	кол чабуулар	kol ʧabuular
ovatie (de)	дүркүрөгөн кол чабуулар	dyrkyrøgøn kol ʧabuular

toneel (op het ~ staan)	сахна	saχna
gordijn, doek (het)	көшөгө	køʃøgø
toneeldecor (het)	декорация	dekoratsija
backstage (de)	көшөгө артында	køʃøgø artɪnda

scène (de)	көрсөтмө	kørsøtmø
bedrijf (het)	окуя	okuja
pauze (de)	антракт	antrakt

150. Bioscoop

| acteur (de) | актёр | aktⁱor |
| actrice (de) | актриса | aktrisa |

bioscoop (de)	кино	kino
speelfilm (de)	тасма	tasma
aflevering (de)	серия	serija

detectivefilm (de)	детектив	detektiv
actiefilm (de)	салгылаш тасмасы	salgılaʃ tasması
avonturenfilm (de)	укмуштуу окуялуу тасма	ukmuʃtuu okujaluu tasma
sciencefictionfilm (de)	билим-жалган аралаш тасмасы	bilim-dʒalgan aralaʃ tasması
griezelfilm (de)	коркутуу тасмасы	korkutuu tasması

komedie (de)	күлкүлүү кино	kylkylyy kino
melodrama (het)	ый менен кайгы аралаш	ıy menen kajgı aralaʃ
drama (het)	драма	drama

speelfilm (de)	көркөм тасма	kørkøm tasma
documentaire (de)	документүү тасма	dokumentyy tasma
tekenfilm (de)	мультфильм	mulⁱtfilⁱm
stomme film (de)	үнсүз кино	ynsyz kino

rol (de)	роль	rolʲ
hoofdrol (de)	башкы роль	baʃkı rolʲ
spelen (ww)	ойноо	ojnoo

filmster (de)	кино жылдызы	kino dʒıldızı
bekend (bn)	белгилүү	belgilyy
beroemd (bn)	атактуу	ataktuu
populair (bn)	даңазалуу	daŋazaluu

scenario (het)	сценарий	stsenarij
scenarioschrijver (de)	сценарист	stsenarist
regisseur (de)	режиссёр	redʒissⁱor
filmproducent (de)	продюсер	produser
assistent (de)	ассистент	assistent
cameraman (de)	оператор	operator
stuntman (de)	айлагер	ajlager
stuntdubbel (de)	кейпин кийүүчү	kejpin kijyyʧy

een film maken	тасма тартуу	tasma tartuu
auditie (de)	сыноо	sınoo
opnamen (mv.)	тартуу	tartuu
filmploeg (de)	тартуу группасы	tartuu gruppası
filmset (de)	тартуу аянты	tartuu ajantı
filmcamera (de)	кинокамера	kinokamera

bioscoop (de)	кинотеатр	kinoteatr
scherm (het)	экран	ekran
een film vertonen	тасманы көрсөтүү	tasmanı kørsøtyy
geluidsspoor (de)	үн нугу	yn nugu
speciale effecten (mv.)	атайын эффектер	atajın effekter

ondertiteling (de)	субтитрлер	subtitrler
voortiteling, aftiteling (de)	титрлер	titrler
vertaling (de)	которуу	kotoruu

151. Schilderij

kunst (de)	көркөм өнөр	kørkøm ønør
schone kunsten (mv.)	көркөм чеберчилик	kørkøm ʧebertʃilik
kunstgalerie (de)	арт-галерея	art-galereja
kunsttentoonstelling (de)	сүрөт көргөзмөсү	syrøt kørgøzmøsy

schilderkunst (de)	живопись	dʒivopisʲ
grafiek (de)	графика	grafika
abstracte kunst (de)	абстракционизм	abstraktsionizm
impressionisme (het)	импрессионизм	impressionizm

schilderij (het)	сүрөт	syrøt
tekening (de)	сүрөт	syrøt
poster (de)	көрнөк	kørnøk

illustratie (de)	иллюстрация	illustratsija
miniatuur (de)	миниатюра	miniatura
kopie (de)	көчүрмө	køtʃyrmø
reproductie (de)	репродукция	reproduktsija

mozaïek (het)	мозаика	mozaika
gebrandschilderd glas (het)	витраж	vitradʒ
fresco (het)	фреска	freska
gravure (de)	гравюра	gravura

buste (de)	бюст	bust
beeldhouwwerk (het)	айкел	ajkel
beeld (bronzen ~)	айкел	ajkel
gips (het)	гипс	gips
gipsen (bn)	гипстен	gipsten

portret (het)	портрет	portret
zelfportret (het)	автопортрет	avtoportret
landschap (het)	теребел сүрөтү	terebel syrøty
stilleven (het)	буюмдар сүрөтү	bujumdar syrøty
karikatuur (dc)	карикатура	karikatura
schets (de)	сомо	somo

verf (de)	боек	boek
aquarel (de)	акварель	akvarelʲ
olieverf (de)	майбоёк	majbojok
potlood (het)	карандаш	karandaʃ
Oost-Indische inkt (de)	тушь	tuʃ
houtskool (de)	көмүр	kømyr

tekenen (met krijt)	тартуу	tartuu
schilderen (ww)	боёк менен тартуу	bojok menen tartuu
poseren (ww)	атайын туруу	atajın turuu
naaktmodel (man)	атайын туруучу	atajın turuutʃu

naaktmodel (vrouw)	атайын туруучу	atajın turuutʃu
kunstenaar (de)	сүрөтчү	syrøttʃy
kunstwerk (het)	чыгарма	tʃıgarma
meesterwerk (het)	чеберчиликтин чокусу	tʃebertʃiliktin tʃokusu
studio, werkruimte (de)	устакана	ustakana
schildersdoek (het)	кендир	kendir
schildersezel (de)	мольберт	molʲbert
palet (het)	палитра	palitra
lijst (een vergulde ~)	алкак	alkak
restauratie (de)	калыбына келтирүү	kalıbına keltiryy
restaureren (ww)	калыбына келтирүү	kalıbına keltiryy

152. Literatuur & Poëzie

literatuur (de)	адабият	adabijat
auteur (de)	автор	avtor
pseudoniem (het)	лакап ат	lakap at
boek (het)	китеп	kitep
boekdeel (het)	том	tom
inhoudsopgave (de)	мазмун	mazmun
pagina (de)	бет .	bet
hoofdpersoon (de)	башкы каарман	baʃkı kaarman
handtekening (de)	кол тамга	kol tamga
verhaal (het)	окуя	okuja
novelle (de)	аңгеме	aŋgeme
roman (de)	роман	roman
werk (literatuur)	дил баян	dil bajan
fabel (de)	тамсил	tamsil
detectiveroman (de)	детектив	detektiv
gedicht (het)	ыр сап	ır sap
poëzie (de)	поэзия	poezija
epos (het)	поэма	poema
dichter (de)	акын	akın
fictie (de)	сулуулатып жазуу	suluulatıp dʒazuu
sciencefiction (de)	билим-жалган аралаш	bilim-dʒalgan aralaʃ
avonturenroman (de)	укмуштуу окуялар	ukmuʃtuu okujalar
opvoedkundige literatuur (de)	билим берүү адабияты	bilim beryy adabijatı
kinderliteratuur (de)	балдар адабияты	baldar adabijatı

153. Circus

circus (de/het)	цирк	tsırk
chapiteau cirque (de/het)	цирк-шапито	tsırk-ʃapito
programma (het)	программа	programma
voorstelling (de)	көрсөтүү	kørsøtyy
nummer (circus ~)	номер	nomer

arena (de)	арена	arena
pantomime (de)	пантомима	pantomima
clown (de)	маскарапоз	maskarapoz
acrobaat (de)	акробат	akrobat
acrobatiek (de)	акробатика	akrobatika
gymnast (de)	гимнаст	gimnast
gymnastiek (de)	гимнастика	gimnastika
salto (de)	тоңкочуктап атуу	toŋkotʃuktap atuu
sterke man (de)	атлет	atlet
temmer (de)	ыкка көндүрүүчү	ıkka køndyryytʃy
ruiter (de)	чабандес	tʃabandes
assistent (de)	жардамчы	dʒardamtʃı
stunt (de)	ыкма	ıkma
goocheltruc (de)	көз боемо	køz boemo
goochelaar (de)	көз боемочу	køz boemotʃu
jongleur (de)	жонглёр	dʒonglʲor
jongleren (ww)	жонглёрлук кылуу	dʒonglʲorluk kıluu
dierentrainer (de)	үйрөтүүчү	yjrøtyytʃy
dressuur (de)	үйрөтүү	yjrøtyy
dresseren (ww)	үйрөтүү	yjrøtyy

154. Muziek. Popmuziek

muziek (de)	музыка	muzıka
muzikant (de)	музыкант	muzıkant
muziekinstrument (het)	музыка аспабы	muzıka aspabı
spelen (bijv. gitaar ~)	...да ойноо	...da ojnoo
gitaar (de)	гитара	gitara
viool (de)	скрипка	skripka
cello (de)	виолончель	violontʃelʲ
contrabas (de)	контрабас	kontrabas
harp (de)	арфа	arfa
piano (de)	пианино	pianino
vleugel (de)	рояль	rojalʲ
orgel (het)	орган	organ
blaasinstrumenten (mv.)	үйлө аспаптары	yjlø aspaptarı
hobo (de)	гобой	goboj
saxofoon (de)	саксофон	saksofon
klarinet (de)	кларнет	klarnet
fluit (de)	флейта	flejta
trompet (de)	сурнай	surnaj
accordeon (de/het)	аккордеон	akkordeon
trommel (de)	добулбас	dobulbas
duet (het)	дуэт	duet
trio (het)	трио	trio

kwartet (het)	квартет	kvartet
koor (het)	хор	χor
orkest (het)	оркестр	orkestr

popmuziek (de)	поп-музыка	pop-muzıka
rockmuziek (de)	рок-музыка	rok-muzıka
rockgroep (de)	рок-группа	rok-gruppa
jazz (de)	джаз	dʒaz

| idool (het) | аздек | azdek |
| bewonderaar (de) | күйөрман | kyjørman |

concert (het)	концерт	kontsert
symfonie (de)	симфония	simfonija
compositie (de)	чыгарма	tʃıgarma
componeren (muziek ~)	чыгаруу	tʃıgaruu

zang (de)	ырдоо	ırdoo
lied (het)	ыр	ır
melodie (de)	обон	obon
ritme (het)	ыргак	ırgak
blues (de)	блюз	blʉz

bladmuziek (de)	ноталар	notalar
dirigeerstok (baton)	таякча	tajaktʃa
strijkstok (de)	кылдуу таякча	kılduu tajaktʃa
snaar (de)	кыл	kıl
koffer (de)	куту	kutu

Rusten. Entertainment. Reizen

155. Trip. Reizen

toerisme (het)	туризм	turizm
toerist (de)	турист	turist
reis (de)	саякат	sajakat
avontuur (het)	укмуштуу окуя	ukmuʃtuu okuja
tocht (de)	сапар	sapar
vakantie (de)	дем алыш	dem alıʃ
met vakantie zijn	дем алышка чыгуу	dem alıʃka tʃıguu
rust (de)	эс алуу	es aluu
trein (de)	поезд	poezd
met de trein	поезд менен	poezd menen
vliegtuig (het)	учак	utʃak
met het vliegtuig	учакта	utʃakta
met de auto	автомобилде	avtomobilde
per schip (bw)	кемеде	kemede
bagage (de)	жүк	dʒyk
valies (de)	чемодан	tʃemodan
bagagekarretje (het)	араба	araba
paspoort (het)	паспорт	pasport
visum (het)	виза	viza
kaartje (het)	билет	bilet
vliegticket (het)	авиабилет	aviabilet
reisgids (de)	жол көрсөткүч	dʒol kørsøtkytʃ
kaart (de)	карта	karta
gebied (landelijk ~)	жай	dʒaj
plaats (de)	жер	dʒer
exotische bestemming (de)	экзотика	ekzotika
exotisch (bn)	экзотикалуу	ekzotikaluu
verwonderlijk (bn)	ажайып	adʒajıp
groep (de)	топ	top
rondleiding (de)	экскурсия	ekskursija
gids (de)	экскурсия жетекчиси	ekskursija dʒetektʃisi

156. Hotel

motel (het)	мотель	motelʲ
3-sterren	үч жылдыздуу	ytʃ dʒıldızduu
5-sterren	беш жылдыздуу	beʃ dʒıldızduu

overnachten (ww)	токтоо	toktoo
kamer (de)	номер	nomer
eenpersoonskamer (de)	бир орундуу	bir orunduu
tweepersoonskamer (de)	эки орундуу	eki orunduu
een kamer reserveren	номерди камдык буйрутмалоо	nomerdi kamdık bujrutmaloo
halfpension (het)	жарым пансион	dʒarım pansion
volpension (het)	толук пансион	toluk pansion
met badkamer	ваннасы менен	vannası menen
met douche	душ менен	duʃ menen
satelliet-tv (de)	спутник	sputnik
airconditioner (de)	аба желдеткич	aba dʒeldetkiʧ
handdoek (de)	сүлгү	sylgy
sleutel (de)	ачкыч	aʧkıʧ
administrateur (de)	администратор	administrator
kamermeisje (het)	үй кызматкери	yj kızmatkeri
piccolo (de)	жүк ташуучу	dʒyk taʃuuʧu
portier (de)	эшик ачуучу	eʃik aʧuuʧu
restaurant (het)	ресторан	restoran
bar (de)	бар	bar
ontbijt (het)	таңкы тамак	taŋkı tamak
avondeten (het)	кечки тамак	keʧki tamak
buffet (het)	шведче стол	ʃvedʧe stol
hal (de)	вестибюль	vestibulʲ
lift (de)	лифт	lift
NIET STOREN	ТЫНЧЫБЫЗДЫ АЛБАГЫЛА!	tınʧıbızdı albagıla!
VERBODEN TE ROKEN!	ТАМЕКИ ЧЕГҮҮГӨ БОЛБОЙТ!	tameki ʧegyygø bolbojt!

157. Boeken. Lezen

boek (het)	китеп	kitep
auteur (de)	автор	avtor
schrijver (de)	жазуучу	dʒazuuʧu
schrijven (een boek)	жазуу	dʒazuu
lezer (de)	окурман	okurman
lezen (ww)	окуу	okuu
lezen (het)	окуу	okuu
stil (~ lezen)	үн чыгарбай	yn ʧıgarbaj
hardop (~ lezen)	үн чыгарып	yn ʧıgarıp
uitgeven (boek ~)	басып чыгаруу	basıp ʧıgaruu
uitgeven (het)	басып чыгаруу	basıp ʧıgaruu
uitgever (de)	басып чыгаруучу	basıp ʧıgaruuʧu
uitgeverij (de)	басмакана	basmakana

verschijnen (bijv. boek)	жарык көрүү	dʒarık køryy
verschijnen (het)	чыгуу	tʃıguu
oplage (de)	нуска	nuska

boekhandel (de)	китеп дүкөнү	kitep dykøny
bibliotheek (de)	китепкана	kitepkana

novelle (de)	аңгеме	aŋgeme
verhaal (het)	окуя	okuja
roman (de)	роман	roman
detectiveroman (de)	детектив	detektiv

memoires (mv.)	эсте калгандары	este kalgandarı
legende (de)	уламыш	ulamıʃ
mythe (de)	миф	mif

gedichten (mv.)	ыр	ır
autobiografie (de)	автобиография	avtobiografija
bloemlezing (de)	тандалма	tandalma
sciencefiction (de)	билим-жалган аралаш	bilim-dʒalgan aralaʃ

naam (de)	аталышы	atalıʃı
inleiding (de)	кириш сөз	kiriʃ søz
voorblad (het)	наам барагы	naam baragı

hoofdstuk (het)	бөлум	bølum
fragment (het)	үзүндү	yzyndy
episode (de)	эпизод	epizod

intrige (de)	сюжет	sudʒet
inhoud (de)	мазмун	mazmun
inhoudsopgave (de)	мазмун	mazmun
hoofdpersonage (het)	башкы каарман	baʃkı kaarman

boekdeel (het)	том	tom
omslag (de/het)	мукаба	mukaba
boekband (de)	мукабалоо	mukabaloo
bladwijzer (de)	чөп кат	tʃøp kat

pagina (de)	бет	bet
bladeren (ww)	барактоо	baraktoo
marges (mv.)	талаа	talaa
annotatie (de)	белги	belgı
opmerking (de)	эскертүү	eskertyy

tekst (de)	текст	tekst
lettertype (het)	шрифт	ʃrift
drukfout (de)	ката	kata

vertaling (de)	котормо	kotormo
vertalen (ww)	которуу	kotoruu
origineel (het)	түпнуска	typnuska

beroemd (bn)	атактуу	ataktuu
onbekend (bn)	белгисиз	belgisiz
interessant (bn)	кызыктуу	kızıktuu

bestseller (de)	талашып сатып алынган	talaʃıp satıp alıngan
woordenboek (het)	сөздүк	søzdyk
leerboek (het)	китеп	kitep
encyclopedie (de)	энциклопедия	entsiklopedija

158. Jacht. Vissen

jacht (de)	аңчылык	aŋʧılık
jagen (ww)	аңчылык кылуу	aŋʧılık kıluu
jager (de)	аңчы	aŋʧı
schieten (ww)	атуу	atuu
geweer (het)	мылтык	mıltık
patroon (de)	ок	ok
hagel (de)	чачма	ʧatʧma
val (de)	капкан	kapkan
valstrik (de)	тузак	tuzak
in de val trappen	капканга түшүү	kapkanga tyʃyy
een val zetten	капкан коюу	kapkan kojɵu
stroper (de)	браконьер	brakonjer
wild (het)	илбээсин	ilbeesin
jachthond (de)	тайган	tajgan
safari (de)	сафари	safari
opgezet dier (het)	кеп	kep
visser (de)	балыкчы	balıkʧı
visvangst (de)	балык улоо	balık uloo
vissen (ww)	балык улоо	balık uloo
hengel (de)	кайырмак	kajırmak
vislijn (de)	кайырмак жиби	kajırmak dʒibi
haak (de)	илгич	ilgiʧ
dobber (de)	калкыма	kalkıma
aas (het)	жем	dʒem
de hengel uitwerpen	кайырмак таштоо	kajırmak taʃtoo
bijten (ov. de vissen)	чокулоо	ʧokuloo
vangst (de)	кармалган балык	karmalgan balık
wak (het)	муздагы оюк	muzdagı ojɵk
net (het)	тор	tor
boot (de)	кайык	kajık
vissen met netten	тор менен кармоо	tor menen karmoo
het net uitwerpen	тор таштоо	tor taʃtoo
het net binnenhalen	торду чыгаруу	tordu ʧıgaruu
in het net vallen	торго түшүү	torgo tyʃyy
walvisvangst (de)	кит уулоочу	kit uulootʃu
walvisvaarder (de)	кит уулоочу кеме	kit uulootʃu keme
harpoen (de)	гарпун	garpun

159. Spellen. Biljart

biljart (het)	бильярд	biljard
biljartzaal (de)	бильярдкана	biljardkana
biljartbal (de)	бильярд шары	biljard ʃarı
een bal in het gat jagen	шарды киргизүү	ʃardı kirgizyy
keu (de)	кий	kij
gat (het)	луза	luza

160. Spellen. Speelkaarten

ruiten (mv.)	момун	momun
schoppen (mv.)	карга	karga
klaveren (mv.)	кызылача	kızıl atʃa
harten (mv.)	чырым	tʃırım
aas (de)	туз	tuz
koning (de)	король	koroĺ
dame (de)	матке	matke
boer (de)	балта	balta
speelkaart (de)	оюн картасы	ojʉn kartası
kaarten (mv.)	карталар	kartalar
troef (de)	көзүр	køzyr
pak (het) kaarten	колода	koloda
punt (bijv. vijftig ~en)	очко	otʃko
uitdelen (kaarten ~)	таратуу	taratuu
schudden (de kaarten ~)	аралаштыруу	aralaʃtıruu
beurt (de)	жүрүү	dʒyryy
valsspeler (de)	шумпай	ʃumpaj

161. Casino. Roulette

casino (het)	казино	kazino
roulette (de)	рулетка	rulɵtkɑ
inzet (de)	коюм	kojʉm
een bod doen	коюм коюу	kojʉm kojʉu
rood (de)	кызыл	kızıl
zwart (de)	кара	kara
inzetten op rood	кызылга коюу	kızılga kojʉu
inzetten op zwart	карага коюу	karaga kojʉu
croupier (de)	крупье	krupje
de cilinder draaien	барабанды айлантуу	barabandı ajlantuu
spelregels (mv.)	оюн эрежеси	odʒʉn eredʒesi
fiche (pokerfiche, etc.)	фишка	fiʃka
winnen (ww)	утуу	utuu
winst (de)	утуу	utuu

verliezen (ww)	жеңилүү	dʒeɲilyy
verlies (het)	уткузуу	utkuzuu
speler (de)	оюнчу	ojʉntʃu
blackjack (kaartspel)	блэк джек	blek dʒek
dobbelspel (het)	сөөк оюну	søøk ojʉnu
dobbelstenen (mv.)	сөөктөр	søøktør
speelautomaat (de)	оюн автоматы	ojʉn avtomatı

162. Rusten. Spellen. Diversen

wandelen (on.ww.)	сейилдөө	sejildøø
wandeling (de)	жөө сейилдөө	dʒøø sejildøø
trip (per auto)	саякат	sajakat
avontuur (het)	укмуштуу окуя	ukmuʃtuu okuja
picknick (de)	пикник	piknik
spel (het)	оюн	ojʉn
speler (de)	оюнчу	ojʉntʃu
partij (de)	партия	partija
collectioneur (de)	жыйнакчы	dʒıjnaktʃı
collectioneren (ww)	жыйноо	dʒıjnoo
collectie (de)	жыйнак	dʒıjnak
kruiswoordraadsel (het)	кроссворд	krossvord
hippodroom (de)	ат майданы	at majdanı
discotheek (de)	дискотека	diskoteka
sauna (de)	сауна	sauna
loterij (de)	лотерея	lotereja
trektocht (kampeertocht)	жөө сапар	dʒøø sapar
kamp (het)	лагерь	lagerʲ
tent (de)	чатыр	tʃatır
kompas (het)	компас	kompas
rugzaktoerist (de)	турист	turist
bekijken (een film ~)	көрүү	køryy
kijker (televisie~)	телекөрүүчү	telekøryytʃy
televisie-uitzending (de)	теле көрсөтүү	tele børsøtyy

163. Fotografie

fotocamera (de)	фотоаппарат	fotoapparat
foto (de)	фото	foto
fotograaf (de)	сүрөтчү	syrøttʃy
fotostudio (de)	фотостудия	fotostudija
fotoalbum (het)	фотоальбом	fotoalʲbom
lens (de), objectief (het)	объектив	obʲjektiv
telelens (de)	телеобъектив	teleobʲjektiv

filter (de/het)	фильтр	filʲtr
lens (de)	линза	linza

optiek (de)	оптика	optika
diafragma (het)	диафрагма	diafragma
belichtingstijd (de)	тушугуу	tuʃuguu
zoeker (de)	көрүнүш табуучу	kørynyʃ tabuutʃu

digitale camera (de)	санарип камерасы	sanarip kamerası
statief (het)	үч бут	ytʃ but
flits (de)	жарк этүү	dʒark etyy

fotograferen (ww)	сүрөткө тартуу	syrøtkø tartuu
foto's maken	тартуу	tartuu
zich laten fotograferen	сүрөткө түшүү	syrøtkø tyʃyy

focus (de)	фокус	fokus
scherpstellen (ww)	фокусту оңдоо	fokustu oŋdoo
scherp (bn)	фокуста	fokusta
scherpte (de)	дааналык	daanalık

contrast (het)	контраст	kontrast
contrastrijk (bn)	контрасттагы	kontrasttagı

kiekje (het)	сүрөт	syrøt
negatief (het)	негатив	negativ
filmpje (het)	фотоплёнка	fotoplʲonka
beeld (frame)	кадр	kadr
afdrukken (foto's ~)	басып чыгаруу	basıp tʃıgaruu

164. Strand. Zwemmen

strand (het)	суу жээги	suu dʒeegi
zand (het)	кум	kum
leeg (~ strand)	ээн суу жээги	een suu dʒeegi

bruine kleur (de)	күнгө күйүү	kyngø kyjyy
zonnebaden (ww)	күнгө кактануу	kyngø kaktanuu
gebruind (bn)	күнгө күйгөн	kyngø kyjgøn
zonnecrème (de)	күнгө күйүш үчүн крем	kyngø kyjyʃ ytʃyn krem

bikini (de)	бикини	bikini
badpak (het)	купальник	kupalʲnik
zwembroek (de)	плавки	plavki

zwembad (het)	бассейн	bassejn
zwemmen (ww)	сүзүү	syzyy
douche (de)	душ	duʃ
zich omkleden (ww)	кийим алмаштыруу	kijim almaʃtıruu
handdoek (de)	сүлгү	sylgy

boot (de)	кайык	kajık
motorboot (de)	катер	kater
waterski's (mv.)	суу чаңгысы	suu tʃaŋgısı

143

waterfiets (de)	суу велосипеди	suu velosipedi
surfen (het)	тактай тебүү	taktaj tebyy
surfer (de)	тактай тебүүчү	taktaj tebyytʃy
scuba, aqualong (de)	акваланг	akvalang
zwemvliezen (mv.)	ласты	lastı
duikmasker (het)	маска	maska
duiker (de)	сууга сүңгүү	suuga syngyy
duiken (ww)	сүңгүү	syngyy
onder water (bw)	суу астында	suu astında
parasol (de)	зонт	zont
ligstoel (de)	шезлонг	ʃezlong
zonnebril (de)	көз айнек	køz ajnek
luchtmatras (de/het)	сүзүү үчүн матрас	syzyy ytʃyn matras
spelen (ww)	ойноо	ojnoo
gaan zwemmen (ww)	сууга түшүү	suuga tyʃyy
bal (de)	топ	top
opblazen (oppompen)	үйлөө	yjløø
lucht-, opblaasbare (bn)	үйлөнмө	yjlønmø
golf (hoge ~)	толкун	tolkun
boei (de)	буй	buj
verdrinken (ww)	чөгүү	tʃøgyy
redden (ww)	куткаруу	kutkaruu
reddingsvest (de)	куткаруучу күрмө	kutkaruutʃu kyrmø
waarnemen (ww)	байкоо	bajkoo
redder (de)	куткаруучу	kutkaruutʃu

TECHNISCHE APPARATUUR. VERVOER

Technische apparatuur

165. Computer

computer (de)	компьютер	kompjuter
laptop (de)	ноутбук	noutbuk
aanzetten (ww)	күйгүзүү	kyjgyzyy
uitzetten (ww)	өчүрүү	øtʃyryy
toetsenbord (het)	ариптакта	ariptakta
toets (enter~)	баскыч	baskıtʃ
muis (de)	чычкан	tʃıtʃkan
muismat (de)	килемче	kilemtʃe
knopje (het)	баскыч	baskıtʃ
cursor (de)	курсор	kursor
monitor (de)	монитор	monitor
scherm (het)	экран	ekran
harde schijf (de)	катуу диск	katuu disk
volume (het) van de harde schijf	катуу дисктин көлөмү	katuu disktin kølømy
geheugen (het)	эс тутум	es tutum
RAM-geheugen (het)	оперативдик эс тутум	operativdik es tutum
bestand (het)	файл	fajl
folder (de)	папка	papka
openen (ww)	ачуу	atʃuu
sluiten (ww)	жабуу	dʒabuu
opslaan (ww)	сактоо	saktoo
verwijderen (wissen)	жок кылуу	dʒok kıluu
kopiëren (ww)	көчүрүү	køtʃyryy
sorteren (ww)	иреттөө	irettøø
overplaatsen (ww)	өткөрүү	øtkøryy
programma (het)	программа	programma
software (de)	программалык	programmalık
programmeur (de)	программист	programmist
programmeren (ww)	программалаштыруу	programmalaʃtıruu
hacker (computerkraker)	хакер	χaker
wachtwoord (het)	сырсөз	sırsøz
virus (het)	вирус	virus
ontdekken (virus ~)	издеп табуу	izdep tabuu

145

| byte (de) | байт | bajt |
| megabyte (de) | мегабайт | megabajt |

| data (de) | маалыматтар | maalımattar |
| databank (de) | маалымат базасы | maalımat bazası |

kabel (USB-~, enz.)	кабель	kabelⁱ
afsluiten (ww)	ажыратуу	adʒıratuu
aansluiten op (ww)	туташтыруу	tutaʃtıruu

166. Internet. E-mail

internet (het)	интернет	internet
browser (de)	браузер	brauzer
zoekmachine (de)	издөө аспабы	izdøø aspabı
internetprovider (de)	провайдер	provajder

webmaster (de)	веб-мастер	web-master
website (de)	веб-сайт	web-sajt
webpagina (de)	веб-баракча	web-baraktʃa

| adres (het) | дарек | darek |
| adresboek (het) | дарек китепчеси | darek kiteptʃesi |

postvak (het)	почта ящиги	potʃta jaʃtʃigi
post (de)	почта	potʃta
vol (~ postvak)	толуп калган	tolup kalgan

bericht (het)	кабар	kabar
binnenkomende berichten (mv.)	келген кабарлар	kelgen kabarlar
uitgaande berichten (mv.)	жөнөтүлгөн кабарлар	dʒønøtylgøn kabarlar

verzender (de)	жөнөтүүчү	dʒønøtyytʃy
verzenden (ww)	жөнөтүү	dʒønøtyy
verzending (de)	жөнөтүү	dʒønøtyy

| ontvanger (de) | алуучу | aluutʃu |
| ontvangen (ww) | алуу | aluu |

| correspondentie (de) | жазышуу | dʒazıʃuu |
| corresponderen (met …) | жазышуу | dʒazıʃuu |

bestand (het)	файл	fajl
downloaden (ww)	жүктөө	dʒyktøø
creëren (ww)	жаратуу	dʒaratuu
verwijderen (een bestand ~)	жок кылуу	dʒok kıluu
verwijderd (bn)	жок кылынган	dʒok kılıngan

verbinding (de)	байланыш	bajlanıʃ
snelheid (de)	ылдамдык	ıldamdık
modem (de)	модем	modem
toegang (de)	жеткирилүү	dʒetkirilyy
poort (de)	порт	port

aansluiting (de)	туташуу	tutaʃuu
zich aansluiten (ww)	... туташуу	... tutaʃuu

selecteren (ww)	тандоо	tandoo
zoeken (ww)	... издөө	... izdøø

167. Elektriciteit

elektriciteit (de)	электр кубаты	elektr kubatı
elektrisch (bn)	электрикалык	elektrikalık
elektriciteitscentrale (de)	электростанция	elektrostantsija
energie (de)	энергия	energija
elektrisch vermogen (het)	электр кубаты	elektr kubatı

lamp (de)	лампочка	lampotʃka
zaklamp (de)	шам	ʃam
straatlantaarn (de)	шам	ʃam

licht (elektriciteit)	жарык	dʒarık
aandoen (ww)	күйгүзүү	kyjgyzyy
uitdoen (ww)	өчүрүү	øtʃyryy
het licht uitdoen	жарыкты өчүрүү	dʒarıktı øtʃyryy
doorbranden (gloeilamp)	күйүп кетүү	kyjyp ketyy
kortsluiting (de)	кыска туташуу	kıska tutaʃuu
onderbreking (de)	үзүлүү	yzylyy
contact (het)	контакт	kontakt

schakelaar (de)	өчүргүч	øtʃyrgytʃ
stopcontact (het)	розетка	rozetka
stekker (de)	сайгыч	sajgıtʃ
verlengsnoer (de)	узарткыч	uzartkıtʃ
zekering (de)	эриме сактагыч	erime saktagıtʃ
kabel (de)	зым	zım
bedrading (de)	электр зымы	elektr zımı

ampère (de)	ампер	amper
stroomsterkte (de)	токтун күчү	toktun kytʃy
volt (de)	вольт	volt
spanning (de)	чыңалуу	tʃıŋaluu

elektrisch toestel (het)	электр алет	elektr alet
indicator (de)	көрсөткүч	kørsøtkytʃ

elektricien (de)	электрик	elektrik
solderen (ww)	кандоо	kandoo
soldeerbout (de)	кандагыч аспап	kandagıtʃ aspap
stroom (de)	электр тогу	elektr togu

168. Gereedschappen

werktuig (stuk gereedschap)	аспап	aspap
gereedschap (het)	аспаптар	aspaptar

uitrusting (de)	жабдуу	dʒabduu
hamer (de)	балка	balka
schroevendraaier (de)	бурагыч	buragıtʃ
bijl (de)	балта	balta
zaag (de)	араа	araa
zagen (ww)	аралоо	araloo
schaaf (de)	тактай сүргүч	taktaj syrgytʃ
schaven (ww)	сүрүү	syryy
soldeerbout (de)	кандагыч аспап	kandagıtʃ aspap
solderen (ww)	кандоо	kandoo
vijl (de)	өгөө	øgøø
nijptang (de)	аттиш	attiʃ
combinatietang (de)	жалпак тиштүү кычкач	dʒalpak tiʃtyy kıtʃkatʃ
beitel (de)	тешкич	teʃkitʃ
boorkop (de)	бургу	burgu
boormachine (de)	үшкү	yʃky
boren (ww)	бургулап тешүү	burgulap teʃyy
mes (het)	бычак	bıtʃak
zakmes (het)	чөнтөк бычак	tʃøntøk bıtʃak
lemmet (het)	миз	miz
scherp (bijv. ~ mes)	курч	kurtʃ
bot (bn)	мокок	mokok
bot raken (ww)	мокотулуу	mokotuluu
slijpen (een mes ~)	курчутуу	kurtʃutuu
bout (de)	буроо	buroo
moer (de)	бурама	burama
schroefdraad (de)	бураманын сайы	buramanın sajı
houtschroef (de)	буроо мык	buroo mık
spijker (de)	мык	mık
kop (de)	баш	baʃ
liniaal (de/het)	сызгыч	sızgıtʃ
rolmeter (de)	рулетка	ruletka
waterpas (de/het)	деңгээл	dengeel
loep (de)	чоңойтуч	tʃoŋojtutʃ
meetinstrument (het)	ченөөчү аспап	tʃenøøtʃy aspap
opmeten (ww)	ченөө	tʃenøø
schaal (meetschaal)	шкала	ʃkala
gegevens (mv.)	көрсөтүү ченем	kørsøtyy tʃenem
compressor (de)	компрессор	kompressor
microscoop (de)	микроскоп	mikroskop
pomp (de)	соргу	sorgu
robot (de)	робот	robot
laser (de)	лазер	lazer
moersleutel (de)	гайка ачкычы	gajka atʃkıtʃı
plakband (de)	жабышкак тасма	dʒabıʃkak tasma

lijm (de)	желим	dʒelim
schuurpapier (het)	кум кагаз	kum kagaz
veer (de)	серпилгич	serpilgiʧ
magneet (de)	магнит	magnit
handschoenen (mv.)	колкап	kolkap

touw (bijv. henneptouw)	аркан	arkan
snoer (het)	жип	dʒip
draad (de)	зым	zɪm
kabel (de)	кабель	kabelʲ

moker (de)	барскан	barskan
breekijzer (het)	лом	lom
ladder (de)	шаты	ʃatɪ
trapje (inklapbaar ~)	кичинекей шаты	kiʧinekej ʃatɪ

aanschroeven (ww)	бурап бекитүү	burap bekityy
losschroeven (ww)	бурап чыгаруу	burap ʧɪgaruu
dichtpersen (ww)	кысуу	kɪsuu
vastlijmen (ww)	жабыштыруу	dʒabɪʃtɪruu
snijden (ww)	кесүү	kesyy

defect (het)	бузулгандык	buzulgandɪk
reparatie (de)	оңдоо	oŋdoo
repareren (ww)	оңдоо	oŋdoo
regelen (een machine ~)	тууралоо	tuuraloo

checken (ww)	текшерүү	tekʃeryy
controle (de)	текшерүү	tekʃeryy
gegevens (mv.)	көрсөтүү ченем	kørsøtyy ʧenem

degelijk (bijv. ~ machine)	ишеничтүү	iʃeniʧtyy
ingewikkeld (bn)	кыйын	kɪjɪn

roesten (ww)	дат басуу	dat basuu
roestig (bn)	дат баскан	dat baskan
roest (de/het)	дат	dat

Vervoer

169. Vliegtuig

vliegtuig (het)	учак	utʃak
vliegticket (het)	авиабилет	aviabilet
luchtvaartmaatschappij (de)	авиакомпания	aviakompanija
luchthaven (de)	аэропорт	aeroport
supersonisch (bn)	сверхзвуковой	sverχzvukovoj
gezagvoerder (de)	кеме командири	keme komandiri
bemanning (de)	экипаж	ekipadʒ
piloot (de)	учкуч	utʃkutʃ
stewardess (de)	стюардесса	stɥardessa
stuurman (de)	штурман	ʃturman
vleugels (mv.)	канаттар	kanattar
staart (de)	куйрук	kujruk
cabine (de)	кабина	kabina
motor (de)	кыймылдаткыч	kɪjmɪldatkɪtʃ
landingsgestel (het)	шасси	ʃassi
turbine (de)	турбина	turbina
propeller (de)	пропеллер	propeller
zwarte doos (de)	кара куту	kara kutu
stuur (het)	штурвал	ʃturval
brandstof (de)	күйүүчү май	kyjyytʃy may
veiligheidskaart (de)	коопсуздук көрсөтмөсү	koopsuzduk kørsøtmøsy
zuurstofmasker (het)	кислород чүмбөтү	kislorod tʃymbøty
uniform (het)	бир беткей кийим	bir betkey kijim
reddingsvest (de)	куткаруучу күрмө	kutkaruutʃu kyrmø
parachute (de)	парашют	paraʃut
opstijgen (het)	учуп көтөрүлүү	utʃup køtørylyy
opstijgen (ww)	учуп көтөрүлүү	utʃup køtørylyy
startbaan (de)	учуп чыгуу тилкеси	utʃup tʃɪguu tilkesi
zicht (het)	көрүнүш	kørynyʃ
vlucht (de)	учуу	utʃuu
hoogte (de)	бийиктик	bijiktik
luchtzak (de)	аба чүңкуру	aba tʃyŋkuru
plaats (de)	орун	orun
koptelefoon (de)	кулакчын	kulaktʃɪn
tafeltje (het)	бүктөлмө стол	byktølmø stol
venster (het)	иллюминатор	illuminator
gangpad (het)	өтмөк	øtmøk

170. Trein

trein (de)	поезд	poezd
elektrische trein (de)	электричка	elektritʃka
sneltrein (de)	бат жүрүүчү поезд	bat dʒyryytʃy poezd
diesellocomotief (de)	тепловоз	teplovoz
stoomlocomotief (de)	паровоз	parovoz
rijtuig (het)	вагон	vagon
restauratierijtuig (het)	вагон-ресторан	vagon-restoran
rails (mv.)	рельсалар	relʲsalar
spoorweg (de)	темир жолу	temir dʒolu
dwarsligger (de)	шпала	ʃpala
perron (het)	платформа	platforma
spoor (het)	жол	dʒol
semafoor (de)	семафор	semafor
halte (bijv. kleine treinhalte)	бекет	beket
machinist (de)	машинист	maʃinist
kruier (de)	жук ташуучу	dʒuk taʃuutʃu
conducteur (de)	проводник	provodnik
passagier (de)	жүргүнчү	dʒyrgyntʃy
controleur (de)	текшерүүчү	tekʃeryytʃy
gang (in een trein)	коридор	koridor
noodrem (de)	стоп-кран	stop-kran
coupé (de)	купе	kupe
bed (slaapplaats)	текче	tektʃe
bovenste bed (het)	үстүңкү текче	ystyŋky tektʃe
onderste bed (het)	ылдыйкы текче	ıldıjkı tektʃe
beddengoed (het)	жууркан-төшөк	dʒuurkan-tøʃøk
kaartje (het)	билет	bilet
dienstregeling (de)	ыраттама	ıraattama
informatiebord (het)	табло	tablo
vertrekken	жөнөө	dʒønøø
(De trein vertrekt …)		
vertrek (ov. een trein)	жөнөө	dʒønøø
aankomen (ov. de treinen)	келүү	kelyy
aankomst (de)	келүү	kelyy
aankomen per trein	поезд менен келүү	poezd menen kelyy
in de trein stappen	поездге отуруу	poezdge oturuu
uit de trein stappen	поездден түшүү	poezdden tyʃyy
treinwrak (het)	кыйроо	kıjroo
ontspoord zijn	рельсадан чыгып кетүү	relʲsadan tʃıgıp ketyy
stoomlocomotief (de)	паровоз	parovoz
stoker (de)	от жагуучу	ot dʒaguutʃu
stookplaats (de)	меш	meʃ
steenkool (de)	көмүр	kømyr

171. Schip

schip (het)	кеме	keme
vaartuig (het)	кеме	keme
stoomboot (de)	пароход	paroχod
motorschip (het)	теплоход	teploχod
lijnschip (het)	лайнер	lajner
kruiser (de)	крейсер	krejser
jacht (het)	яхта	jaχta
sleepboot (de)	буксир	buksir
duwbak (de)	баржа	bardʒa
ferryboot (de)	паром	parom
zeilboot (de)	парус	parus
brigantijn (de)	бригантина	brigantina
ijsbreker (de)	муз жаргыч кеме	muz dʒargitʃ keme
duikboot (de)	суу астында жүрүүчү кеме	suu astında dʒyryytʃy keme
boot (de)	кайык	kajık
sloep (de)	шлюпка	ʃlʉpka
reddingssloep (de)	куткаруу шлюпкасы	kutkaruu ʃlʉpkası
motorboot (de)	катер	kater
kapitein (de)	капитан	kapitan
zeeman (de)	матрос	matros
matroos (de)	деңизчи	deŋiztʃi
bemanning (de)	экипаж	ekipadʒ
bootsman (de)	боцман	botsman
scheepsjongen (de)	юнга	junga
kok (de)	кок	kok
scheepsarts (de)	кеме доктуру	keme dokturu
dek (het)	палуба	paluba
mast (de)	мачта	matʃta
zeil (het)	парус	parus
ruim (het)	трюм	trʉm
voorsteven (de)	тумшук	tumʃuk
achtersteven (de)	кеменин арткы бөлүгү	kemenin artkı bølygy
roeispaan (de)	калак	kalak
schroef (de)	винт	vint
kajuit (de)	каюта	kajʉta
officierskamer (de)	кают-компания	kajʉt-kompanija
machinekamer (de)	машина бөлүгү	maʃina bølygy
brug (de)	капитан мостиги	kapitan mostigi
radiokamer (de)	радиорубка	radiorubka
radiogolf (de)	толкун	tolkun
logboek (het)	кеме журналы	keme dʒurnalı
verrekijker (de)	дүрбү	dyrby

klok (de)	коӈгуроо	konguroo
vlag (de)	байрак	bajrak
kabel (de)	аркан	arkan
knoop (de)	түйүн	tyjyn
leuning (de)	туткуч	tutkutʃ
trap (de)	трап	trap
anker (het)	кеме казык	keme kazık
het anker lichten	кеме казыкты көтөрүү	keme kazıktı køtøryy
het anker neerlaten	кеме казыкты таштоо	keme kazıktı taʃtoo
ankerketting (de)	казык чынжыры	kazık tʃındʒırı
haven (bijv. containerhaven)	порт	port
kaai (de)	причал	pritʃal
aanleggen (ww)	келип токтоо	kelip toktoo
wegvaren (ww)	жээктен алыстоо	dʒeekten alıstoo
reis (de)	саякат	sajakat
cruise (de)	деӈиз саякаты	deŋiz sajakatı
koers (de)	курс	kurs
route (de)	каттам	kattam
vaarwater (het)	фарватер	farvater
zandbank (de)	тайыз жер	tajız dʒer
stranden (ww)	тайыз жерге отуруу	tajız dʒerge oturuu
storm (de)	бороон чапкын	boroon tʃapkın
signaal (het)	сигнал	signal
zinken (ov. een boot)	чөгүү	tʃøgyy
Man overboord!	Сууда адам бар!	suuda adam bar!
SOS (noodsignaal)	SOS	sos
reddingsboei (de)	куткаруучу тегерек	kutkaruutʃu tegerek

172. Vliegveld

luchthaven (de)	аэропорт	aeroport
vliegtuig (het)	учак	utʃak
luchtvaartmaatschappij (de)	авиакомпания	aviakompanija
luchtverkeersleider (de)	авиадиспетчер	aviadispottʃer
vertrek (het)	учуп кетүү	utʃup ketyy
aankomst (de)	учуп келүү	utʃup kelyy
aankomen (per vliegtuig)	учуп келүү	utʃup kelyy
vertrektijd (de)	учуп кетүү убактысы	utʃup ketyy ubaktısı
aankomstuur (het)	учуп келүү убактысы	utʃup kelyy ubaktısı
vertraagd zijn (ww)	кармалуу	karmaluu
vluchtvertraging (de)	учуп кетүүнүн кечигиши	utʃup ketyynyn ketʃigiʃi
informatiebord (het)	маалымат таблосу	maalımat tablosu
informatie (de)	маалымат	maalımat

| aankondigen (ww) | кулактандыруу | kulaktandıruu |
| vlucht (bijv. KLM ~) | рейс | rejs |

| douane (de) | бажыкана | badʒıkana |
| douanier (de) | бажы кызматкери | badʒı kızmatkeri |

douaneaangifte (de)	бажы декларациясы	badʒı deklaratsijası
invullen (douaneaangifte ~)	толтуруу	tolturuu
een douaneaangifte invullen	декларация толтуруу	deklaratsija tolturuu
paspoortcontrole (de)	паспорт текшерүү	pasport tekʃeryy

bagage (de)	жүк	dʒyk
handbagage (de)	кол жүгү	kol dʒygy
bagagekarretje (het)	араба	araba

landing (de)	конуу	konuu
landingsbaan (de)	конуу тилкеси	konuu tilkesi
landen (ww)	конуу	konuu
vliegtuigtrap (de)	трап	trap

inchecken (het)	катталуу	kattaluu
incheckbalie (de)	каттоо стойкасы	kattoo stojkası
inchecken (ww)	катталуу	kattaluu
instapkaart (de)	отуруу үчүн талон	oturuu ytʃyn talon
gate (de)	чыгуу	tʃıguu

transit (de)	транзит	tranzit
wachten (ww)	күтүү	kytyy
wachtzaal (de)	күтүү залы	kutyy zalı
begeleiden (uitwuiven)	узатуу	uzatuu
afscheid nemen (ww)	коштошуу	koʃtoʃuu

173. Fiets. Motorfiets

fiets (de)	велосипед	velosiped
bromfiets (de)	мотороллер	motoroller
motorfiets (de)	мотоцикл	mototsikl

met de fiets rijden	велосипедде жүрүү	velosipedde dʒyryy
stuur (het)	руль	rulʲ
pedaal (de/het)	педаль	pedalʲ
remmen (mv.)	тормоз	tormoz
fietszadel (de/het)	отургуч	oturgutʃ

| pomp (de) | соркыскыч | sorkıskıtʃ |
| bagagedrager (de) | багажник | bagadʒnik |

| fietslicht (het) | фонарь | fonarʲ |
| helm (de) | шлем | ʃlem |

wiel (het)	дөңгөлөк	døŋgøløk
spatbord (het)	калкан	kalkan
velg (de)	дөңгөлөктүн алкагы	døŋgøløktyn alkagı
spaak (de)	чабак	tʃabak

Auto's

174. Soorten auto's

auto (de)	автоунаа	avtounaa
sportauto (de)	спорттук автоунаа	sporttuk avtounaa
limousine (de)	лимузин	limuzin
terreinwagen (de)	жолтандабас	dʒoltandabas
cabriolet (de)	кабриолет	kabriolet
minibus (de)	микроавтобус	mikroavtobus
ambulance (de)	тез жардам	tez dʒardam
sneeuwruimer (de)	кар күрөөчү машина	kar kyrøøtʃy maʃina
vrachtwagen (de)	жүк ташуучу машина	dʒyk taʃuutʃu maʃina
tankwagen (de)	бензовоз	benzovoz
bestelwagen (de)	фургон	furgon
trekker (de)	тягач	tʲagatʃ
aanhangwagen (de)	чиркегич	tʃirkegitʃ
comfortabel (bn)	жайлуу	dʒajluu
tweedehands (bn)	колдонулган	koldonulgan

175. Auto's. Carrosserie

motorkap (de)	капот	kapot
spatbord (het)	калкан	kalkan
dak (het)	үстү	ysty
voorruit (de)	шамалдан тоскон айнек	ʃamaldan toskon ajnek
achterruit (de)	арткы күзгү	artkı kyzgy
ruitensproeier (de)	айнек жуугуч	ajnek dʒuugutʃ
wisserbladen (mv.)	щётка	ʃtʃʲotka
zijruit (de)	каптал айнек	kaptal ajnek
raamlift (de)	айнек көтөргүч	ajnek køtørgytʃ
antenne (de)	антенна	antenna
zonnedak (het)	люк	lʉk
bumper (de)	бампер	bamper
koffer (de)	жүк салгыч	dʒyk salgıtʃ
imperiaal (de/het)	жүк салгыч	dʒyk salgıtʃ
portier (het)	эшик	eʃik
handvat (het)	кармагыч	karmagıtʃ
slot (het)	кулпу	kulpu
nummerplaat (de)	номер	nomer
knalpot (de)	глушитель	gluʃitelʲ

| benzinetank (de) | бензобак | benzobak |
| uitlaatpijp (de) | калдыктар түтүгү | kaldıktar tytygy |

gas (het)	газ	gaz
pedaal (de/het)	педаль	pedalʲ
gaspedaal (de/het)	газ педали	gaz pedali

rem (de)	тормоз	tormoz
rempedaal (de/het)	тормоздун педалы	tormozdun pedalı
remmen (ww)	тормоз басуу	tormoz basuu
handrem (de)	токтомо тормозу	toktomo tormozu

koppeling (de)	илиштирүү	iliʃtiryy
koppelingspedaal (de/het)	илиштирүү педали	iliʃtiryy pedali
koppelingsschijf (de)	илиштирүү диски	iliʃtiryy diski
schokdemper (de)	амортизатор	amortizator

wiel (het)	дөңгөлөк	døŋgøløk
reservewiel (het)	запас дөңгөлөгү	zapas døŋgøløgy
band (de)	покрышка	pokrıʃka
wieldop (de)	жапкыч	dʒapkıtʃ

aandrijfwielen (mv.)	салма дөңгөлөктөр	salma døŋgøløktør
met voorwielaandrijving	алдыңкы дөңгөлөк салмалуу	aldıŋkı døŋgøløk salmaluu
met achterwielaandrijving	арткы дөңгөлөк салмалуу	artkı døŋgøløk salmaluu
met vierwielaandrijving	бардык дөңгөлөк салмалуу	bardık døŋgøløk salmaluu

versnellingsbak (de)	бергилик куту	bergilik kutu
automatisch (bn)	автоматтык	avtomattık
mechanisch (bn)	механикалуу	meχanikaluu
versnellingspook (de)	бергилик кутунун жылышуусу	bergilik kutunun dʒılıʃuusu

| voorlicht (het) | фара | fara |
| voorlichten (mv.) | фаралар | faralar |

dimlicht (het)	жакынкы чырак	dʒakınkı tʃırak
grootlicht (het)	алыскы чырак	alıskı tʃırak
stoplicht (het)	стоп-сигнал	stop-signal

standlichten (mv.)	габарит чырактары	gabarit tʃıraktarı
noodverlichting (de)	авария чырактары	avarija tʃıraktarı
mistlichten (mv.)	туманга каршы чырактар	tumanga karʃı tʃıraktar
pinker (de)	бурулуш чырагы	buruluʃ tʃıragı
achteruitrijdlicht (het)	арткы чырак	artkı tʃırak

176. Auto's. Passagiersruimte

interieur (het)	салон	salon
leren (van leer gemaak)	тери	teri
fluwelen (abn)	велюр	velür
bekleding (de)	каптоо	kaptoo

toestel (het)	алет	alet
instrumentenbord (het)	алет панели	alet paneli
snelheidsmeter (de)	спидометр	spidometr
pijltje (het)	жебе	dʒebe
kilometerteller (de)	эсептегич	eseptegitʃ
sensor (de)	көрсөткүч	kørsøtkytʃ
niveau (het)	деңгээл	deŋgeel
controlelampje (het)	көрсөткүч	kørsøtkytʃ
stuur (het)	руль	rulʲ
toeter (de)	сигнал	signal
knopje (het)	баскыч	baskıtʃ
schakelaar (de)	которгуч	kotorgutʃ
stoel (bestuurders~)	орун	orun
rugleuning (de)	жөлөнгүч	dʒøløngytʃ
hoofdsteun (de)	баш жөлөгүч	baʃ dʒøløgytʃ
veiligheidsgordel (de)	орундук куру	orunduk kuru
de gordel aandoen	курду тагынуу	kurdu tagınuu
regeling (de)	жөндөө	dʒøndøø
airbag (de)	аба жаздыкчасы	aba dʒazdıktʃası
airconditioner (de)	аба желдеткич	aba dʒeldetkitʃ
radio (de)	үналгы	ynalgı
CD-speler (de)	CD-ойноткуч	sidi-ojnotkutʃ
aanzetten (bijv. radio ~)	жүргүзүү	dʒyrgyzyy
antenne (de)	антенна	antenna
handschoenenkastje (het)	колкап бөлүмү	kolkap bølymy
asbak (de)	күл салгыч	kyl salgıtʃ

177. Auto's. Motor

diesel- (abn)	дизель менен	dizelʲ menen
benzine- (~motor)	бензин менен	benzin menen
motorinhoud (de)	кыймылдаткычтын көлөмү	kıjmıldatkıtʃtın kølømy
vermogen (het)	кубатуулугу	kubatuulugu
paardenkracht (de)	ат күчү	at kytʃy
zuiger (de)	бишкек	biʃkek
cilinder (de)	цилиндр	tsılindr
klep (de)	сарпкапкак	sarpkapkak
injectie (de)	бүрккүч	byrkkytʃ
generator (de)	генератор	generator
carburator (de)	карбюратор	karbɵrator
motorolie (de)	мотор майы	motor majı
radiator (de)	радиатор	radiator
koelvloeistof (de)	суутуучу суюктук	suutuutʃu sujɵktuk
ventilator (de)	желдеткич	dʒeldetkitʃ
accu (de)	аккумулятор	akkumulʲator

starter (de)	стартер	starter
contact (ontsteking)	от алдыруу	ot aldıruu
bougie (de)	от алдыруу шамы	ot aldıruu ʃamı

pool (de)	клемма	klemma
positieve pool (de)	плюс	plʉs
negatieve pool (de)	минус	minus
zekering (de)	эриме сактагыч	erime saktagıtʃ

luchtfilter (de)	аба чыпкасы	aba tʃıpkası
oliefilter (de)	май чыпкасы	maj tʃıpkası
benzinefilter (de)	күйгүчү май чыпкасы	kyjyytʃy may tʃıpkası

178. Auto's. Botsing. Reparatie

auto-ongeval (het)	авто урунушу	avto urunuʃu
verkeersongeluk (het)	жол кырсыгы	dʒol kırsıgı
aanrijden (tegen een boom, enz.)	урунуу	urunuu
verongelukken (ww)	талкалануу	talkalanuu
beschadiging (de)	бузулуу	buzuluu
heelhuids (bn)	бүтүн	bytyn

pech (de)	бузулуу	buzuluu
kapot gaan (zijn gebroken)	бузулуп калуу	buzulup kaluu
sleeptouw (het)	сүйрөө арканы	syjrөө arkanı

lek (het)	тешилип калуу	teʃilip kaluu
lekke krijgen (band)	желин чыгаруу	dʒelin tʃıgaruu
oppompen (ww)	үйлөтүү	yjlөtyy
druk (de)	басым	basım
checken (ww)	текшерүү	tekʃeryy

reparatie (de)	оңдоо	oŋdoo
garage (de)	автосервис	avtoservis
wisselstuk (het)	белен тетик	belen tetik
onderdeel (het)	тетик	tetik

bout (de)	буроо	buroo
schroef (de)	буралма	buralma
moer (de)	бурама	burama
sluitring (de)	эбелек	ebelek
kogellager (de/het)	мунакжаздам	munakdʒazdam

pijp (de)	түтүк	tytyk
pakking (de)	төшөм	tөʃөm
kabel (de)	зым	zım

dommekracht (de)	домкрат	domkrat
moersleutel (de)	гайка ачкычы	gajka atʃkıtʃı
hamer (de)	балка	balka
pomp (de)	сорқысқыч	sorkıskıtʃ
schroevendraaier (de)	бурагыч	buragıtʃ
brandblusser (de)	өрт өчүргүч	өrt өtʃyrgytʃ

gevarendriehoek (de)	эскертүү үчбурчтук	eskertyy ytʃburtʃtuk
afslaan (ophouden te werken)	өчүп калуу	øtʃyp kaluu
uitvallen (het)	иштебей калуу	iʃtebej kaluu
zijn gebroken	бузулуп калуу	buzulup kaluu

oververhitten (ww)	кайнап кетүү	kajnap ketyy
verstopt raken (ww)	тыгылуу	tɪgɪluu
bevriezen (autodeur, enz.)	тоңуп калуу	toŋup kaluu
barsten (leidingen, enz.)	жарылып кетүү	dʒarɪlɪp ketyy

druk (de)	басым	basɪm
niveau (bijv. olieniveau)	деңгээл	deŋgeel
slap (de drijfriem is ~)	бош	boʃ

deuk (de)	кабырылуу	kabɪrɪluu
geklop (vreemde geluiden)	такылдоо	takɪldoo
barst (de)	жарака	dʒaraka
kras (de)	чийилип калуу	tʃijilip kaluu

179. Auto's. Weg

weg (de)	жол	dʒol
snelweg (de)	кан жол	kan dʒol
autoweg (de)	шоссе	ʃosse
richting (de)	багыт	bagɪt
afstand (de)	аралык	aralɪk

brug (de)	көпүрө	køpyrø
parking (de)	унаа токтоочу жай	unaa toktootʃu dʒaj
plein (het)	аянт	ajant
verkeersknooppunt (het)	баштан өйдө өткөн жол	baʃtan øjdø øtkøn dʒol
tunnel (de)	тоннель	tonnelʲ

benzinestation (het)	май куюучу станция	maj kujuutʃu stantsija
parking (de)	унаа токтоочу жай	unaa toktuutʃu dʒaj
benzinepomp (de)	колонка	kolonka
garage (de)	автосервис	avtoservis
tanken (ww)	май куюу	maj kujuu
brandstof (de)	күйүүчү май	kyjyytʃy may
jerrycan (de)	канистра	kanistra

asfalt (het)	асфальт	asfalʲt
markering (de)	салынган тамга	salɪngan tamga
trottoirband (de)	бордюр	bordur
geleiderail (de)	тосмо	tosmo
greppel (de)	арык	arık
vluchtstrook (de)	жол чети	dʒol tʃeti
lichtmast (de)	чырак мамы	tʃɪrak mamɪ

besturen (een auto ~)	айдоо	ajdoo
afslaan (naar rechts ~)	бурулуу	buruluu
U-bocht maken (ww)	артка кайтуу	artka kajtuu
achteruit (de)	артка айдоо	artka ajdoo

toeteren (ww)	сигнал берүү	signal beryy
toeter (de)	дабыш сигналы	dabıʃ signalı
vastzitten (in modder)	тыгылып калуу	tıgılıp kaluu
spinnen (wielen gaan ~)	сүйрөө	syjrøø
uitzetten (ww)	басаңдатуу	basaŋdatuu
snelheid (de)	ылдамдык	ıldamdık
een snelheidsovertreding maken	ылдамдыктан ашуу	ıldamdıktan aʃuu
bekeuren (ww)	айып салуу	ajıp saluu
verkeerslicht (het)	светофор	svetofor
rijbewijs (het)	айдоочу күбөлүгү	ajdooʧu kybølygy
overgang (de)	кесип өтмө	kesip øtmø
kruispunt (het)	кесилиш	kesiliʃ
zebrapad (oversteekplaats)	жөө жүрүүчүлөр жолу	dʒøø dʒyryytʃylør dʒolu
bocht (de)	бурулуш	buruluʃ
voetgangerszone (de)	жөө жүрүүчүлөр алкагы	dʒøø dʒyryytʃylør alkagı

180. Verkeersborden

verkeersregels (mv.)	жол эрежеси	dʒol eredʒesi
verkeersbord (het)	белги	belgi
inhalen (het)	озуп өтүү	ozup øtyy
bocht (de)	бурулуш	buruluʃ
U-bocht, kering (de)	артка кайтуу	artka kajtuu
Rotonde (de)	айланма кыймыл	ajlanma kıjmıl
Verboden richting	кирүүгө болбойт	kiryygø bolbojt
Verboden toegang	жол кыймылы жок	dʒol kıjmılı dʒok
Inhalen verboden	озуп өтүү жок	ozup øtyy dʒok
Parkeerverbod	унаа токтотуу жок	unaa toktotuu dʒok
Verbod stil te staan	токтолуу жок	toktoluu dʒok
Gevaarlijke bocht	кескин бурулуш	keskin buruluʃ
Gevaarlijke daling	тик эңкейиш	tik eŋkejiʃ
Eenrichtingsweg	бир тараптуу	bir taraptuu
Voetgangers	жөө жүрүүчүлөр жолу	dʒøø dʒyryytʃylør dʒolu
Slipgevaar	тайгалак жол	tajgalak dʒol
Voorrang verlenen	жолду бер	dʒoldu ber

MENSEN. GEBEURTENISSEN IN HET LEVEN

Gebeurtenissen in het leven

181. Vakanties. Evenement

feest (het)	майрам	majram
nationale feestdag (de)	улуттук	uluttuk
feestdag (de)	майрам күнү	majram kyny
herdenken (ww)	майрамдоо	majramdoo
gebeurtenis (de)	окуя	okuja
evenement (het)	иш-чара	iʃ-tʃara
banket (het)	банкет	banket
receptie (de)	кабыл алуу	kabıl aluu
feestmaal (het)	той	toj
verjaardag (de)	жылдык	dʒıldık
jubileum (het)	юбилей	jʉbilej
vieren (ww)	белгилее	belgiløø
Nieuwjaar (het)	Жаны жыл	dʒanı dʒıl
Gelukkig Nieuwjaar!	Жаны Жылыңар менен!	dʒanı dʒılıŋar menen!
Sinterklaas (de)	Аяз ата, Санта Клаус	ajaz ata, santa klaus
Kerstfeest (het)	Рождество	rodʒdestvo
Vrolijk kerstfeest!	Рождество майрамыңыз менен!	rodʒdestvo majramıŋız menen!
kerstboom (de)	Жаңы жылдык балаты	dʒaŋı dʒıldık balatı
vuurwerk (het)	салют	salʉt
bruiloft (de)	үйлөнүү той	yjlønyy toy
bruidegom (de)	күйөө	kyjøø
bruid (de)	колукту	koluktu
uitnodigen (ww)	чакыруу	tʃakıruu
uitnodigingskaart (de)	чакыруу	tʃakıruu
gast (de)	конок	konok
op bezoek gaan	конокко баруу	konokko baruu
gasten verwelkomen	конок тосуу	konok tosuu
geschenk, cadeau (het)	белек	belek
geven (iets cadeau ~)	белек берүү	belek beryy
geschenken ontvangen	белек алуу	belek aluu
boeket (het)	десте	deste
felicitaties (mv.)	куттуктоо	kuttuktoo
feliciteren (ww)	куттуктоо	kuttuktoo

wenskaart (de)	куттуктоо ачык каты	kuttuktoo atʃık katı
een kaartje versturen	ачык катты жөнөтүү	atʃık kattı dʒønøtyy
een kaartje ontvangen	ачык катты алуу	atʃık kattı aluu
toast (de)	каалоо тилек	kaaloo tilek
aanbieden (een drankje ~)	ооз тийгизүү	ooz tijgizyy
champagne (de)	шампан	ʃampan
plezier hebben (ww)	көңүл ачуу	køŋyl atʃuu
plezier (het)	көңүлдүүлүк	køŋyldyylyk
vreugde (de)	кубаныч	kubanıtʃ
dans (de)	бий	bij
dansen (ww)	бийлөө	bijløø
wals (de)	вальс	valʲs
tango (de)	танго	tango

182. Begrafenissen. Begrafenis

kerkhof (het)	мүрзө	myrzø
graf (het)	мүрзө	myrzø
kruis (het)	крест	krest
grafsteen (de)	мүрзө үстүндөгү жазуу	myrzø ystyndøgy dʒazuu
omheining (de)	тосмо	tosmo
kapel (de)	кичинекей чиркөө	kitʃinekej tʃirkøø
dood (de)	өлүм	ølym
sterven (ww)	өлүү	ølyy
overledene (de)	маркум	markum
rouw (de)	аза	aza
begraven (ww)	көмүү	kømyy
begrafenisonderneming (de)	ырасым бюросу	ırasım bʉrosu
begrafenis (de)	сөөк узатуу жана көмүү	søøk uzatuu dʒana kømyy
krans (de)	гүлчамбар	gyltʃambar
doodskist (de)	табыт	tabıt
lijkwagen (de)	катафалк	katafalk
lijkkleed (de)	кепин	kepin
begrafenisstoet (de)	узатуу жүрүшү	uzatuu dʒyryʃy
urn (de)	сөөк күлдүн кутусу	søøk kyldyn kutusu
crematorium (het)	крематорий	krematorij
overlijdensbericht (het)	некролог	nekrolog
huilen (wenen)	ыйлоо	ıjloo
snikken (huilen)	боздоп ыйлоо	bozdop ıjloo

183. Oorlog. Soldaten

| peloton (het) | взвод | vzvod |
| compagnie (de) | рота | rota |

regiment (het)	полк	polk
leger (armee)	армия	armija
divisie (de)	дивизия	divizija
sectie (de)	отряд	otrʲad
troep (de)	куралдуу аскер	kuralduu asker
soldaat (militair)	аскер	asker
officier (de)	офицер	ofitser
soldaat (rang)	катардагы жоокер	katardagı dʒooker
sergeant (de)	сержант	serdʒant
luitenant (de)	лейтенант	lejtenant
kapitein (de)	капитан	kapitan
majoor (de)	майор	major
kolonel (de)	полковник	polkovnik
generaal (de)	генерал	general
matroos (de)	деңизчи	deŋiztʃi
kapitein (de)	капитан	kapitan
bootsman (de)	боцман	botsman
artillerist (de)	артиллерист	artillerist
valschermjager (de)	десантник	desantnik
piloot (de)	учкуч	utʃkutʃ
stuurman (de)	штурман	ʃturman
mecanicien (de)	механик	meχanik
sappeur (de)	сапёр	sapʲor
parachutist (de)	парашютист	paraʃutist
verkenner (de)	чалгынчы	tʃalgıntʃı
scherpschutter (de)	көзатар	køzatar
patrouille (de)	жол-күзөт	dʒol-kyzøt
patrouilleren (ww)	жол-күзөткө чыгуу	dʒol-kyzøtkø tʃıguu
wacht (de)	сакчы	saktʃı
krijger (de)	жоокер	dʒooker
patriot (de)	мекенчил	mekentʃil
held (de)	баатыр	baatır
heldin (de)	баатыр айым	baatır ajım
verrader (de)	ʼыккынчы	tʃıkkıntʃı
verraden (ww)	кыянаттык кылуу	kıjanattık kıluu
deserteur (de)	качкын	katʃkın
deserteren (ww)	качуу	katʃuu
huurling (de)	жалданма	dʒaldanma
rekruut (de)	жаңы алынган аскер	dʒaŋı alıngan asker
vrijwilliger (de)	ыктыярчы	ıktıjartʃı
gedode (de)	өлтүрүлгөн	øltyrylgøn
gewonde (de)	жарадар	dʒaradar
krijgsgevangene (de)	туткун	tutkun

184. Oorlog. Militaire acties. Deel 1

oorlog (de)	согуш	soguʃ
oorlog voeren (ww)	согушуу	soguʃuu
burgeroorlog (de)	жарандык согуш	dʒarandık soguʃ

achterbaks (bw)	жүзү каралык менен кол салуу	dʒyzy karalık menen kol saluu
oorlogsverklaring (de)	согушту жарыялоо	soguʃtu dʒarıjaloo
verklaren (de oorlog ~)	согуш жарыялоо	soguʃ dʒarıjaloo
agressie (de)	агрессия	agressija
aanvallen (binnenvallen)	кол салуу	kol saluu

binnenvallen (ww)	басып алуу	basıp aluu
invaller (de)	баскынчы	baskıntʃı
veroveraar (de)	басып алуучу	basıp aluutʃu

verdediging (de)	коргонуу	korgonuu
verdedigen (je land ~)	коргоо	korgoo
zich verdedigen (ww)	коргонуу	korgonuu

vijand (de)	душман	duʃman
tegenstander (de)	каршылаш	karʃılaʃ
vijandelijk (bn)	душмандын	duʃmandın

| strategie (de) | стратегия | strategija |
| tactiek (de) | тактика | taktika |

order (de)	буйрук	bujruk
bevel (het)	команда	komanda
bevelen (ww)	буйрук берүү	bujruk beryy
opdracht (de)	тапшырма	tapʃırma
geheim (bn)	жашыруун	dʒaʃıruun

slag (de)	салгылаш	salgılaʃ
veldslag (de)	согуш	soguʃ
strijd (de)	салгылаш	salgılaʃ

aanval (de)	чабуул	tʃabuul
bestorming (de)	чабуул	tʃabuul
bestormen (ww)	чабуул жасоо	tʃabuul dʒasoo
bezetting (de)	тегеректеп курчоо	tegerektep kurtʃoo

| aanval (de) | чабуул | tʃabuul |
| in het offensief te gaan | чабуул салуу | tʃabuul saluu |

| terugtrekking (de) | чегинүү | tʃeginyy |
| zich terugtrekken (ww) | чегинүү | tʃeginyy |

| omsingeling (de) | курчоо | kurtʃoo |
| omsingelen (ww) | курчоого алуу | kurtʃoogo aluu |

bombardement (het)	бомба жаадыруу	bomba dʒaadıruu
een bom gooien	бомба таштоо	bomba taʃtoo
bombarderen (ww)	бомба жаадыруу	bomba dʒaadıruu

ontploffing (de)	жарылуу	dʒarıluu
schot (het)	атылуу	atıluu
een schot lossen	атуу	atuu
schieten (het)	атуу	atuu

mikken op (ww)	мээлөө	meeløø
aanleggen (een wapen ~)	мээлөө	meeløø
treffen (doelwit ~)	тийүү	tijyy

zinken (tot zinken brengen)	чөктүрүү	tʃøktyryy
kogelgat (het)	тешик	teʃik
zinken (gezonken zijn)	суу астына кетүү	suu astına ketyy

front (het)	майдан	majdan
evacuatie (de)	эвакуация	evakuatsija
evacueren (ww)	эвакуациялоо	evakuatsijaloo

loopgraaf (de)	окоп	okop
prikkeldraad (de)	тикендүү зым	tikendyy zım
verdedigingsobstakel (het)	тосмо	tosmo
wachttoren (de)	мунара	munara

hospitaal (het)	госпиталь	gospitalʲ
verwonden (ww)	жарадар кылуу	dʒaradar kıluu
wond (de)	жара	dʒara
gewonde (de)	жарадар	dʒaradar
gewond raken (ww)	жаракат алуу	dʒarakat aluu
ernstig (~e wond)	оор жаракат	oor dʒarakat

185. Oorlog. Militaire acties. Deel 2

krijgsgevangenschap (de)	туткун	tutkun
krijgsgevangen nemen	туткунга алуу	tutkunga aluu
krijgsgevangene zijn	туткунда болуу	tutkunda boluu
krijgsgevangen genomen worden	туткунга түшүү	tutkunga tyʃyy

concentratiekamp (het)	концлагерь	kontslagerʲ
krijgsgevangene (de)	туткун	tutkun
vluchten (ww)	качуу	katʃuu

verraden (ww)	кыянаттык кылуу	kıjanattık kıluu
verrader (de)	чыккынчы	tʃıkkıntʃı
verraad (het)	чыккынчылык	tʃıkkıntʃılık

fusilleren (executeren)	атып өлтүрүү	atıp øltyryy
executie (de)	атып өлтүрүү	atıp øltyryy

uitrusting (de)	аскер кийими	asker kijimi
schouderstuk (het)	погон	pogon
gasmasker (het)	противогаз	protivogaz

portofoon (de)	рация	ratsija
geheime code (de)	шифр	ʃifr

samenzwering (de)	жекеликте сактоо	ʤekelikte saktoo
wachtwoord (het)	сырсөз	sırsøz
mijn (landmijn)	мина	mina
ondermijnen (legden mijnen)	миналоо	minaloo
mijnenveld (het)	мина талаасы	mina talaası
luchtalarm (het)	аба айгайы	aba ajgajı
alarm (het)	айгай	ajgaj
signaal (het)	сигнал	signal
vuurpijl (de)	сигнал ракетасы	signal raketası
staf (generale ~)	штаб	ʃtab
verkenning (de)	чалгын	ʧalgın
toestand (de)	кырдаал	kırdaal
rapport (het)	рапорт	raport
hinderlaag (de)	буктурма	bukturma
versterking (de)	кошумча күч	koʃumʧa kyʧ
doel (bewegend ~)	бута	buta
proefterrein (het)	полигон	poligon
manoeuvres (mv.)	манервлер	manervler
paniek (de)	дүрбөлөң	dyrbøløŋ
verwoesting (de)	кыйроо	kıjroo
verwoestingen (mv.)	кыйроо	kıjroo
verwoesten (ww)	кыйратуу	kıjratuu
overleven (ww)	тирүү калуу	tiryy kaluu
ontwapenen (ww)	куралсыздандыруу	kuralsızdandıruu
behandelen (een pistool ~)	мамиле кылуу	mamile kıluu
Geeft acht!	Түз тур!	tyz tur!
Op de plaats rust!	Эркин!	erkin!
heldendaad (de)	эрдик	erdik
eed (de)	ант	ant
zweren (een eed doen)	ант берүү	ant beryy
decoratie (de)	сыйлык	sıjlık
onderscheiden	сыйлоо	sıjloo
(een ereteken geven)		
medaille (de)	медаль	medalʲ
orde (de)	орден	orden
overwinning (de)	жеңиш	ʤeŋiʃ
verlies (het)	жеңилүү	ʤeŋilyy
wapenstilstand (de)	жарашуу	ʤaraʃuu
wimpel (vaandel)	байрак	bajrak
roem (de)	даңк	daŋk
parade (de)	парад	parad
marcheren (ww)	маршта басуу	marʃta basuu

186. Wapens

wapens (mv.)	курал	kural
vuurwapens (mv.)	курал жарак	kural dʒarak
koude wapens (mv.)	атылбас курал	atılbas kural
chemische wapens (mv.)	химиялык курал	ximijalık kural
kern-, nucleair (bn)	ядерлүү	jaderlyy
kernwapens (mv.)	ядерлүү курал	jaderlyy kural
bom (de)	бомба	bomba
atoombom (de)	атом бомбасы	atom bombası
pistool (het)	тапанча	tapantʃa
geweer (het)	мылтык	mıltık
machinepistool (het)	автомат	avtomat
machinegeweer (het)	пулемёт	pulemʲot
loop (schietbuis)	мылтыктын оозу	mıltıktın oozu
loop (bijv. geweer met kortere ~)	ствол	stvol
kaliber (het)	калибр	kalibr
trekker (de)	курок	kurok
korrel (de)	кароолго алуу	karoolgo aluu
magazijn (het)	магазин	magazin
geweerkolf (de)	күндак	kyndak
granaat (handgranaat)	граната	granata
explosieven (mv.)	жарылуучу зат	dʒarıluutʃu zat
kogel (de)	ок	ok
patroon (de)	патрон	patron
lading (de)	дүрмөк	dyrmøk
ammunitie (de)	ок-дары	ok-darı
bommenwerper (de)	бомбалоочу	bombalootʃu
straaljager (de)	кыйраткыч учак	kıjratkıtʃ utʃak
helikopter (de)	вертолёт	vertolʲot
afweergeschut (het)	зенитка	zenitka
tank (de)	танк	tank
kanon (tank met een ~ van 76 mm)	замбирек	zambirek
artillerie (de)	артиллерия	artillerija
kanon (het)	замбирек	zambirek
aanleggen (een wapen ~)	мээлөө	meeløø
projectiel (het)	снаряд	snarʲad
mortiergranaat (de)	мина	mina
mortier (de)	миномёт	minomʲot
granaatscherf (de)	сыныктар	sınıktar
duikboot (de)	суу астында жүрүүчү кеме	suu astında dʒyryytʃy keme

| torpedo (de) | торпеда | torpeda |
| raket (de) | ракета | raketa |

laden (geweer, kanon)	октоо	oktoo
schieten (ww)	атуу	atuu
richten op (mikken)	мээлөө	meelөө
bajonet (de)	найза	najza

degen (de)	шпага	ʃpaga
sabel (de)	кылыч	kılıʧ
speer (de)	найза	najza
boog (de)	жаа	dʒaa
pijl (de)	жебе	dʒebe
musket (de)	мушкет	muʃket
kruisboog (de)	арбалет	arbalet

187. Oude mensen

primitief (bn)	алгачкы	algaʧkı
voorhistorisch (bn)	тарыхтан илгери	tarıxtan ilgeri
eeuwenoude (~ beschaving)	байыркы	bajırkı

Steentijd (de)	Таш доору	taʃ dooru
Bronstijd (de)	Коло доору	kolo dooru
IJstijd (de)	Муз доору	muz dooru

stam (de)	уруу	uruu
menseneter (de)	адам жегич	adam dʒegiʧ
jager (de)	аңчы	aŋʧı
jagen (ww)	аңчылык кылуу	aŋʧılık kıluu
mammoet (de)	мамонт	mamont

grot (de)	үңкүр	yŋkyr
vuur (het)	от	ot
kampvuur (het)	от	ot
rotstekening (de)	ташка чегерилген сүрөт	taʃka ʧegerilgen syrөt

werkinstrument (het)	эмгек куралы	emgek kuralı
speer (de)	найза	najza
stenen bijl (de)	таш балта	taʃ balta
oorlog voeren (ww)	согушуу	soguʃuu
temmen (bijv. wolf ~)	колго көндүрүү	kolgo köndyryy

idool (het)	бут	but
aanbidden (ww)	сыйынуу	sıjınuu
bijgeloof (het)	жок нерсеге ишенүү	dʒok nersege iʃenyy
ritueel (het)	ырым-жырым	ırım-dʒırım

evolutie (de)	эволюция	evolutsija
ontwikkeling (de)	өнүгүү	önygyy
verdwijning (de)	жок болуу	dʒok boluu
zich aanpassen (ww)	ыңгайыкташуу	ıŋajıktaʃuu
archeologie (de)	археология	arxeologija
archeoloog (de)	археолог	arxeolog

archeologisch (bn)	археологиялык	arχeologijalık
opgravingsplaats (de)	казуу жери	kazuu dʒeri
opgravingen (mv.)	казуу иштери	kazuu iʃteri
vondst (de)	табылга	tabılga
fragment (het)	фрагмент	fragment

188. Middeleeuwen

volk (het)	эл	el
volkeren (mv.)	элдер	elder
stam (de)	уруу	uruu
stammen (mv.)	уруулар	uruular

barbaren (mv.)	варварлар	varvarlar
Galliërs (mv.)	галлдар	galldar
Goten (mv.)	готтор	gottor
Slaven (mv.)	славяндар	slavʲandar
Vikings (mv.)	викингдер	vikingder

| Romeinen (mv.) | римдиктер | rimdikter |
| Romeins (bn) | римдик | rimdik |

Byzantijnen (mv.)	византиялыктар	vizantijalıktar
Byzantium (het)	Византия	vizantija
Byzantijns (bn)	византиялык	vizantijalık

keizer (bijv. Romeinse ~)	император	imperator
opperhoofd (het)	башчы	baʃtʃı
machtig (bn)	кудуреттүү	kudurettyy
koning (de)	король, падыша	korolʲ, padıʃa
heerser (de)	башкаруучу	baʃkaruutʃu

ridder (de)	рыцарь	rıtsarʲ
feodaal (de)	феодал	feodal
feodaal (bn)	феодалдуу	feodalduu
vazal (de)	вассал	vassal

hertog (de)	герцог	gertsog
graaf (de)	граф	graf
baron (de)	барон	baron
bisschop (de)	епископ	episkop

harnas (het)	курал жана соот-шайман	kural dʒana soot-ʃajman
schild (het)	калкан	kalkan
zwaard (het)	кылыч	kılıtʃ
vizier (het)	туулганын бет калканы	tuulganın bet kalkanı
maliënkolder (de)	зоот	zoot

| kruistocht (de) | крест астындагы черүү | krest astındagı tʃeryy |
| kruisvaarder (de) | черүүгө чыгуучу | tʃeryygø tʃıguutʃu |

gebied (bijv. bezette ~en)	аймак	ajmak
aanvallen (binnenvallen)	кол салуу	kol saluu
veroveren (ww)	ээ болуу	ee boluu

innemen (binnenvallen)	басып алуу	basıp aluu
bezetting (de)	тегеректеп курчоо	tegerektep kurtʃoo
belegerd (bn)	курчалган	kurtʃalgan
belegeren (ww)	курчоого алуу	kurtʃoogo aluu
inquisitie (de)	инквизиция	inkvizitsija
inquisiteur (de)	инквизитор	inkvizitor
foltering (de)	кыйноо	kıjnoo
wreed (bn)	ырайымсыз	ırajımsız
ketter (de)	еретик	eretik
ketterij (de)	ересь	eresʲ
zeevaart (de)	деңизде сүзүү	deŋizde syzyy
piraat (de)	деңиз каракчысы	deŋiz karaktʃısı
piraterij (de)	деңиз каракчылыгы	deŋiz karaktʃılıgı
enteren (het)	абордаж	abordadʒ
buit (de)	олжо	oldʒo
schatten (mv.)	казына	kazına
ontdekking (de)	ачылыш	atʃılıʃ
ontdekken (bijv. nieuw land)	таап ачуу	taap atʃuu
expeditie (de)	экспедиция	ekspeditsija
musketier (de)	мушкетёр	muʃketʲor
kardinaal (de)	кардинал	kardinal
heraldiek (de)	геральдика	geralʲdika
heraldisch (bn)	гералдык	geraldık

189. Leider. Baas. Autoriteiten

koning (de)	король, падыша	korolʲ, padıʃa
koningin (de)	ханыша	χanıʃa
koninklijk (bn)	падышалык	padıʃalık
koninkrijk (het)	падышалык	padıʃalık
prins (de)	канзаада	kanzaada
prinses (de)	ханбийке	χanbijke
president (de)	президент	prezident
vicepresident (de)	вице-президент	vitse-prezident
senator (de)	сенатор	senator
monarch (de)	монарх	monarχ
heerser (de)	башкаруучу	baʃkaruutʃu
dictator (de)	диктатор	diktator
tiran (de)	зулум	zulum
magnaat (de)	магнат	magnat
directeur (de)	директор	direktor
chef (de)	башчы	baʃtʃı
beheerder (de)	башкаруучу	baʃkaruutʃu
baas (de)	шеф	ʃef
eigenaar (de)	кожоюн	kodʒodʒün
leider (de)	алдыңкы катардагы	aldıŋkı katardagı

hoofd (bijv. ~ van de delegatie)	башчы	baʃʧı
autoriteiten (mv.)	бийликтер	bijlikter
superieuren (mv.)	башчылар	baʃʧılar

gouverneur (de)	губернатор	gubernator
consul (de)	консул	konsul
diplomaat (de)	дипломат	diplomat
burgemeester (de)	мэр	mer
sheriff (de)	шериф	ʃerif

keizer (bijv. Romeinse ~)	император	imperator
tsaar (de)	падыша	padıʃa
farao (de)	фараон	faraon
kan (de)	хан	χan

190. Weg. Weg. Routebeschrijving

| weg (de) | жол | ʤol |
| route (de kortste ~) | жол | ʤol |

autoweg (de)	шоссе	ʃosse
snelweg (de)	кан жол	kan ʤol
rijksweg (de)	улуттук жол	uluttuk ʤol

| hoofdweg (de) | негизги жол | negizgi ʤol |
| landweg (de) | кыштактар арасындагы жол | kıʃtaktar arasındagı ʤol |

| pad (het) | чыйыр жол | ʧıjır ʤol |
| paadje (het) | чыйыр жол | ʧıjır ʤol |

Waar?	Каерде?	kaerde?
Waarheen?	Каяка?	kajaka?
Waarvandaan?	Каяктан?	kajaktan?

| richting (de) | багыт | bagıt |
| aanwijzen (de weg ~) | көрсөтүү | kørsøtyy |

naar links (bw)	солго	solgo
naar rechts (bw)	оңго	oŋgo
roohtdoor (bw)	түз	tyz
terug (bijv. ~ keren)	артка	artka

bocht (de)	бурулуш	buruluʃ
afslaan (naar rechts ~)	бурулуу	buruluu
U-bocht maken (ww)	артка кайтуу	artka kajtuu

| zichtbaar worden (ww) | көрүнүп туруу | kørynyp turuu |
| verschijnen (in zicht komen) | көрүнүү | kørynyy |

stop (korte onderbreking)	токтоо	toktoo
zich verpozen (uitrusten)	эс алуу	es aluu
rust (de)	эс алуу	es aluu

verdwalen (de weg kwijt zijn)	адашып кетүү	adaʃıp ketyy
leiden naar ... (de weg)	...га алып баруу	...ga alıp baruu
bereiken (ergens aankomen)	...га чыгуу	...ga tʃıguu
deel (~ van de weg)	жолдун бир бөлүгү	dʒoldun bir bølygy
asfalt (het)	асфальт	asfalⁱt
trottoirband (de)	бордюр	bordɵr
greppel (de)	арык	arık
putdeksel (het)	люк	lɵk
vluchtstrook (de)	жол чети	dʒol tʃeti
kuil (de)	чуңкур	tʃuŋkur
gaan (te voet)	жөө басуу	dʒøø basuu
inhalen (voorbijgaan)	ашып кетүү	aʃıp ketyy
stap (de)	кадам	kadam
te voet (bw)	жөө	dʒøø
blokkeren (de weg ~)	тосуу	tosuu
slagboom (de)	шлагбаум	ʃlagbaum
doodlopende straat (de)	туюк көчө	tujɵk køtʃø

191. De wet overtreden. Criminelen. Deel 1

bandiet (de)	ууру-кески	uuru-keski
misdaad (de)	кылмыш	kılmıʃ
misdadiger (de)	кылмышкер	kılmıʃker
dief (de)	ууру	uuru
stelen (ww)	уурдоо	uurdoo
stelen (de)	уруулук	uruuluk
diefstal (de)	уурдоо	uurdoo
kidnappen (ww)	ала качуу	ala katʃuu
kidnapping (de)	ала качуу	ala katʃuu
kidnapper (de)	ала качуучу	ala katʃuutʃu
losgeld (het)	кутказуу акчасы	kutkazuu aktʃası
eisen losgeld (ww)	кутказуу акчага талап коюу	kutkazuu aktʃaga talap kojɵu
overvallen (ww)	тоноо	tonoo
overval (de)	тоноо	tonoo
overvaller (de)	тоноочу	tonootʃu
afpersen (ww)	опузалоо	opuzaloo
afperser (de)	опузалоочу	opuzalootʃu
afpersing (de)	опуза	opuza
vermoorden (ww)	өлтүрүү	øltyryy
moord (de)	өлтүрүү	øltyryy
moordenaar (de)	киши өлтүргүч	kiʃi øltyrgytʃ
schot (het)	атылуу	atıluu
een schot lossen	атуу	atuu

neerschieten (ww)	атып салуу	atıp saluu
schieten (ww)	атуу	atuu
schieten (het)	атышуу	atıʃuu
ongeluk (gevecht, enz.)	окуя	okuja
gevecht (het)	уруш	uruʃ
Help!	Жардамга!	dʒardamga!
slachtoffer (het)	жапа чеккен	dʒapa tʃekken
beschadigen (ww)	зыян келтирүү	zıjan keltiryy
schade (de)	залал	zalal
lijk (het)	өлүк	ølyk
zwaar (~ misdrijf)	оор	oor
aanvallen (ww)	кол салуу	kol saluu
slaan (iemand ~)	уруу	uruu
in elkaar slaan (toetakelen)	ур-токмокко алуу	ur-tokmokko aluu
ontnemen (beroven)	тартып алуу	tartıp aluu
steken (met een mes)	союп өлтүрүү	sojɯp øltyryy
verminken (ww)	майып кылуу	majıp kıluu
verwonden (ww)	жарадар кылуу	dʒaradar kıluu
chantage (de)	шантаж кылуу	ʃantadʒ kıluu
chanteren (ww)	шантаждоо	ʃantadʒdoo
chanteur (de)	шантажист	ʃantadʒist
afpersing (de)	рэкет	reket
afperser (de)	рэкетир	reketir
gangster (de)	гангстер	gangster
maffia (de)	мафия	mafija
kruimeldief (de)	чөнтөк ууру	tʃøntøk uuru
inbreker (de)	бузуп алуучу ууру	buzup aluutʃu uuru
smokkelen (het)	контрабанда	kontrabanda
smokkelaar (de)	контрабандачы	kontrabandatʃı
namaak (de)	окшотуп жасоо	okʃotup dʒasoo
namaken (ww)	жасалмалоо	dʒasalmaloo
namaak-, vals (bn)	жасалма	dʒasalma

192. De wet overtreden. Criminelen. Deel 2

verkrachting (de)	зордуктоо	zorduktoo
verkrachten (ww)	зордуктоо	zorduktoo
verkrachter (de)	зордукчул	zorduktʃul
maniak (de)	маньяк	manjak
prostituee (de)	сойку	sojku
prostitutie (de)	сойкучулук	sojkutʃuluk
pooier (de)	жак бакты	dʒak baktı
drugsverslaafde (de)	баңги	baŋgi
drugshandelaar (de)	баңгизат сатуучу	baŋgizat satuutʃu
opblazen (ww)	жардыруу	dʒardıruu

explosie (de)	жарылуу	dʒarıluu
in brand steken (ww)	өрттөө	ørttøø
brandstichter (de)	өрттөөчү	ørttøøʧy

terrorisme (het)	терроризм	terrorizm
terrorist (de)	террорист	terrorist
gijzelaar (de)	заложник	zalodʒnik

bedriegen (ww)	алдоо	aldoo
bedrog (het)	алдамчылык	aldamʧılık
oplichter (de)	алдамчы	aldamʧı

omkopen (ww)	сатып алуу	satıp aluu
omkoperij (de)	сатып алуу	satıp aluu
smeergeld (het)	пара	para

vergif (het)	уу	uu
vergiftigen (ww)	ууландыруу	uulandıruu
vergif innemen (ww)	уулан.уу	uulanuu

| zelfmoord (de) | жанын кыюу | dʒanın kıdʒuu |
| zelfmoordenaar (de) | жанын кыйгыч | dʒanın kıjgıʧ |

bedreigen (bijv. met een pistool)	коркутуу	korkutuu
bedreiging (de)	коркунуч	korkunuʧ
een aanslag plegen	кол салуу	kol saluu
aanslag (de)	кол салуу	kol saluu

| stelen (een auto) | айдап кетүү | ajdap ketyy |
| kapen (een vliegtuig) | ала качуу | ala kaʧuu |

| wraak (de) | кек | kek |
| wreken (ww) | өч алуу | øʧ aluu |

martelen (gevangenen)	кыйноо	kıjnoo
foltering (de)	кыйноо	kıjnoo
folteren (ww)	азапка салуу	azapka saluu

piraat (de)	деңиз каракчысы	deŋiz karakʧısı
straatschender (de)	бейбаш	bejbaʃ
gewapend (bn)	куралданган	kuraldangan
geweld (het)	зордук	zorduk
onwettig (strafbaar)	мыйзамдан тыш	mıjzamdan tıʃ

| spionage (de) | тыңчылык | tıŋʧılık |
| spioneren (ww) | тыңчылык кылуу | tıŋʧılık kıluu |

193. Politie. Wet. Deel 1

justitie (de)	адилеттүү сот	adilettyy sot
gerechtshof (het)	сот	sot
rechter (de)	сот	sot
jury (de)	сот калыстары	sot kalıstarı

juryrechtspraak (de)	калыстар соту	sot
berechten (ww)	сотко тартуу	sotko tartuu
advocaat (de)	жактоочу	dʒaktootʃu
beklaagde (de)	сот жообуна тартылган киши	sot dʒoobuna tartılgan kiʃi
beklaagdenbank (de)	соттуулар отуруучу орун	sottuular oturuutʃu orun
beschuldiging (de)	айыптоо	ajıptoo
beschuldigde (de)	айыпталуучу	ajıptaluutʃu
vonnis (het)	өкүм	økym
veroordelen (in een rechtszaak)	өкүм чыгаруу	økym tʃıgaruu
schuldige (de)	күнөөкөр	kynøøkør
straffen (ww)	жазалоо	dʒazaloo
bestraffing (de)	жаза	dʒaza
boete (de)	айып	ajıp
levenslange opsluiting (de)	өмүр бою	ømyr bojʉ
doodstraf (de)	өлүм жазасы	ølym dʒazası
elektrische stoel (de)	электр столу	elektr stolu
schavot (het)	дарга	darga
executeren (ww)	өлүм жазасын аткаруу	ølym dʒazasın atkaruu
executie (de)	өлүм жазасын аткаруу	ølym dʒazasın atkaruu
gevangenis (de)	түрмө	tyrmø
cel (de)	камера	kamera
konvooi (het)	конвой	konvoj
gevangenisbewaker (de)	түрмө сакчысы	tyrmø saktʃısı
gedetineerde (de)	камактагы адам	kamaktagı adam
handboeien (mv.)	кишен	kiʃen
handboeien omdoen	кишен кийгизүү	kiʃen kijgizyy
ontsnapping (de)	качуу	katʃuu
ontsnappen (ww)	качуу	katʃuu
verdwijnen (ww)	жоголуп кетүү	dʒogolup ketyy
vrijlaten (uit de gevangenis)	бошотуу	boʃotuu
amnestie (de)	амнистия	amnistija
politie (de)	полиция	politsija
politieagent (de)	полиция кызматкери	politsija kızmatkeri
politiebureau (het)	полиция бөлүмү	politsija bølymy
knuppel (de)	резина союлчасы	rezina sojultʃası
megafoon (de)	керней	kernej
patrouilleerwagen (de)	жол күзөт машинасы	dʒol kyzøt maʃinası
sirene (de)	сирена	sirena
de sirene aansteken	сирананы басуу	sirenanı basuu
geloei (het) van de sirene	сиренанын боздошу	sirenanın bozdoʃu
plaats delict (de)	кылмыш болгон жер	kılmıʃ bolgon dʒer
getuige (de)	күбө	kybø

vrijheid (de)	эркиндик	erkindik
handlanger (de)	шерик	ʃerik
ontvluchten (ww)	из жашыруу	iz dʒaʃıruu
spoor (het)	из	iz

194. Politie. Wet. Deel 2

opsporing (de)	издөө	izdøø
opsporen (ww)	… издөө	… izdøø
verdenking (de)	шек	ʃek
verdacht (bn)	шектүү	ʃektyy
aanhouden (stoppen)	токтотуу	toktotuu
tegenhouden (ww)	кармоо	karmoo

strafzaak (de)	иш	iʃ
onderzoek (het)	териштирүү	teriʃtiryy
detective (de)	аңдуучу	aŋduutʃu
onderzoeksrechter (de)	тергөөчү	tergøøtʃy
versie (de)	жоромол	dʒoromol

motief (het)	себеп	sebep
verhoor (het)	сурак	surak
ondervragen (door de politie)	суракка алуу	surakka aluu
ondervragen (omstanders ~)	сураштыруу	suraʃtıruu
controle (de)	текшерүү	tekʃeryy

razzia (de)	тегеректөө	tegerektøø
huiszoeking (de)	тинтүү	tintyy
achtervolging (de)	куу	kuu
achtervolgen (ww)	изине түшүү	izine tyʃyy
opsporen (ww)	изине түшүү	izine tyʃyy

arrest (het)	камак	kamak
arresteren (ww)	камакка алуу	kamakka aluu
vangen, aanhouden (een dief, enz.)	кармоо	karmoo
aanhouding (de)	колго түшүрүү	kolgo tyʃyryy

document (het)	документ	dokument
bewijs (het)	далил	dalil
bewijzen (ww)	далилдөө	dalildøø
voetspoor (het)	из	iz
vingerafdrukken (mv.)	манжанын изи	mandʒanın izi
bewijs (het)	далил	dalil

alibi (het)	алиби	alibi
onschuldig (bn)	бейкүнөө	bejkynøø
onrecht (het)	адилетсиздик	adiletsizdik
onrechtvaardig (bn)	адилетсиз	adiletsiz

crimineel (bn)	кылмыштуу	kılmıʃtuu
confisqueren (in beslag nemen)	тартып алуу	tartıp aluu
drug (de)	баңгизат	baŋgizat

wapen (het)	курал	kural
ontwapenen (ww)	куралсыздандыруу	kuralsızdandıruu
bevelen (ww)	буйрук берүү	bujruk beryy
verdwijnen (ww)	жоголуп кетүү	dʒogolup ketyy

wet (de)	мыйзам	mıjzam
wettelijk (bn)	мыйзамдуу	mıjzamduu
onwettelijk (bn)	мыйзамдан тыш	mıjzamdan tıʃ

| verantwoordelijkheid (de) | жоопкерчилик | dʒoopkertʃilik |
| verantwoordelijk (bn) | жоопкерчиликтүү | dʒoopkertʃiliktyy |

NATUUR

De Aarde. Deel 1

195. De kosmische ruimte

kosmos (de)	космос	kosmos
kosmisch (bn)	космос	kosmos
kosmische ruimte (de)	космос мейкиндиги	kosmos mejkindigi
wereld (de)	дүйнө	dyjnø
heelal (het)	аалам	aalam
sterrenstelsel (het)	галактика	galaktika
ster (de)	жылдыз	dʒıldız
sterrenbeeld (het)	жылдыздар	dʒıldızdar
planeet (de)	планета	planeta
satelliet (de)	жолдош	dʒoldoʃ
meteoriet (de)	метеорит	meteorit
komeet (de)	комета	kometa
asteroïde (de)	астероид	asteroid
baan (de)	орбита	orbita
draaien (om de zon, enz.)	айлануу	ajlanuu
atmosfeer (de)	атмосфера	atmosfera
Zon (de)	күн	kyn
zonnestelsel (het)	күн системасы	kyn sisteması
zonsverduistering (de)	күндүн тутулушу	kyndyn tutuluʃu
Aarde (de)	Жер	dʒer
Maan (de)	Ай	aj
Mars (de)	Марс	mars
Venus (de)	Венера	venera
Jupiter (de)	Юпитер	jupiter
Saturnus (de)	Сатурн	saturn
Mercurius (de)	Меркурий	merkurij
Uranus (de)	Уран	uran
Neptunus (de)	Нептун	neptun
Pluto (de)	Плутон	pluton
Melkweg (de)	Саманчынын жолу	samantʃının dʒolu
Grote Beer (de)	Чоң Жетиген	tʃoŋ dʒetigen
Poolster (de)	Полярдык Жылдыз	polʲardık dʒıldız
marsmannetje (het)	марсианин	marsianin
buitenaards wezen (het)	инопланетянин	inoplanetʲanin

| bovenaards (het) | келгин | kelgin |
| vliegende schotel (de) | учуучу табак | utʃuutʃu tabak |

ruimtevaartuig (het)	космос кемеси	kosmos kemesi
ruimtestation (het)	орбитадагы станция	orbitadagı stantsija
start (de)	старт	start

motor (de)	кыймылдаткыч	kıjmıldatkıtʃ
straalpijp (de)	сопло	soplo
brandstof (de)	күйүүчү май	kyjyytʃy may

cabine (de)	кабина	kabina
antenne (de)	антенна	antenna
patrijspoort (de)	иллюминатор	illɥminator
zonnebatterij (de)	күн батареясы	kyn batarejası
ruimtepak (het)	скафандр	skafandr

| gewichtloosheid (de) | салмаксыздык | salmaksızdık |
| zuurstof (de) | кислород | kislorod |

| koppeling (de) | жалгаштыруу | dʒalgaʃtıruu |
| koppeling maken | жалгаштыруу | dʒalgaʃtıruu |

observatorium (het)	обсерватория	observatorija
telescoop (de)	телескоп	teleskop
waarnemen (ww)	байкоо	bajkoo
exploreren (ww)	изилдөө	izildøø

196. De Aarde

Aarde (de)	Жер	dʒer
aardbol (de)	жер шары	dʒer ʃarı
planeet (de)	планета	planeta

atmosfeer (de)	атмосфера	atmosfera
aardrijkskunde (de)	география	geografija
natuur (de)	табийгат	tabijgat

wereldbol (de)	глобус	globus
kaart (de)	карта	karta
atlas (de)	атлас	atlas

| Europa (het) | Европа | evropa |
| Azië (het) | Азия | azija |

| Afrika (het) | Африка | afrika |
| Australië (het) | Австралия | avstralija |

Amerika (het)	Америка	amerika
Noord-Amerika (het)	Северная Америка	severnaja amerika
Zuid-Amerika (het)	Южная Америка	jɥdʒnaja amerika

| Antarctica (het) | Антарктида | antarktida |
| Arctis (de) | Арктика | arktika |

197. Windrichtingen

noorden (het)	түндүк	tyndyk
naar het noorden	түндүккө	tyndykkø
in het noorden	түндүктө	tyndyktø
noordelijk (bn)	түндүк	tyndyk
zuiden (het)	түштүк	tyʃtyk
naar het zuiden	түштүккө	tyʃtykkø
in het zuiden	түштүктө	tyʃtyktø
zuidelijk (bn)	түштүк	tyʃtyk
westen (het)	батыш	batıʃ
naar het westen	батышка	batıʃka
in het westen	батышта	batıʃta
westelijk (bn)	батыш	batıʃ
oosten (het)	чыгыш	tʃıgıʃ
naar het oosten	чыгышка	tʃıgıʃka
in het oosten	чыгышта	tʃıgıʃta
oostelijk (bn)	чыгыш	tʃıgıʃ

198. Zee. Oceaan

zee (de)	деңиз	deŋiz
oceaan (de)	мухит	muχit
golf (baai)	булуң	buluŋ
straat (de)	кысык	kısık
grond (vaste grond)	жер	dʒer
continent (het)	материк	materik
eiland (het)	арал	aral
schiereiland (het)	жарым арал	dʒarım aral
archipel (de)	архипелаг	arχipelag
baai, bocht (de)	булуң	buluŋ
haven (de)	гавань	gavanʲ
lagune (de)	лагуна	laguna
kaap (de)	тумшук	tumʃuk
atol (de)	атолл	atoll
rif (het)	риф	rif
koraal (het)	маржан	mardʒan
koraalrif (het)	маржан рифи	mardʒan rifi
diep (bn)	терең	tereŋ
diepte (de)	терендик	tereŋdik
diepzee (de)	түбү жок	tyby dʒok
trog (bijv. Marianentrog)	ойдуң	ojduŋ
stroming (de)	агым	agım
omspoelen (ww)	курчап туруу	kurtʃap turuu

| oever (de) | жээк | ʤeek |
| kust (de) | жээк | ʤeek |

vloed (de)	суунун көтөрүлүшү	suunun køtørylyʃy
eb (de)	суунун тартылуусу	suunun tartıluusu
ondiepte (ondiep water)	тайыздык	tajızdık
bodem (de)	суунун түбү	suunun tyby

golf (hoge ~)	толкун	tolkun
golfkam (de)	толкундун кыры	tolkundun kırı
schuim (het)	көбүк	købyk

storm (de)	бороон чапкын	boroon ʧapkın
orkaan (de)	бороон	boroon
tsunami (de)	цунами	ʦunami
windstilte (de)	штиль	ʃtilʲ
kalm (bijv. ~e zee)	тынч	tıntʃ

| pool (de) | уюл | ujʉl |
| polair (bn) | полярдык | polʲardık |

breedtegraad (de)	кеңдик	keŋdik
lengtegraad (de)	узундук	uzunduk
parallel (de)	параллель	parallelʲ
evenaar (de)	экватор	ekvator

hemel (de)	асман	asman
horizon (de)	горизонт	gorizont
lucht (de)	аба	aba

vuurtoren (de)	маяк	majak
duiken (ww)	сүңгүү	syŋgyy
zinken (ov. een boot)	чөгүп кетүү	ʧøgyp ketyy
schatten (mv.)	казына	kazına

199. Namen van zeeën en oceanen

Atlantische Oceaan (de)	Атлантика мухити	atlantika muχiti
Indische Oceaan (de)	Индия мухити	indija muχiti
Stille Oceaan (de)	Тынч мухити	tıntʃ muχiti
Noordelijke IJszee (de)	Түндүк Муз мухити	tyndyk muz muχili

Zwarte Zee (de)	Кара деңиз	kara deŋiz
Rode Zee (de)	Кызыл деңиз	kızıl deŋiz
Gele Zee (de)	Сары деңиз	sarı deŋiz
Witte Zee (de)	Ак деңиз	ak deŋiz

Kaspische Zee (de)	Каспий деңизи	kaspij deŋizi
Dode Zee (de)	Өлүк деңиз	ølyk deŋiz
Middellandse Zee (de)	Жер Ортолук деңиз	ʤer ortoluk deŋiz

Egeïsche Zee (de)	Эгей деңизи	egej deŋizi
Adriatische Zee (de)	Адриатика деңизи	adriatika deŋizi
Arabische Zee (de)	Аравия деңизи	aravija deŋizi

Japanse Zee (de)	Япон деңизи	japon deŋizi
Beringzee (de)	Беринг деңизи	bering deŋizi
Zuid-Chinese Zee (de)	Түштүк-Кытай деңизи	tyʃtyk-kıtaj deŋizi

Koraalzee (de)	Маржан деңизи	mardʒan deŋizi
Tasmanzee (de)	Тасман деңизи	tasman deŋizi
Caribische Zee (de)	Кариб деңизи	karib deŋizi

| Barentszzee (de) | Баренц деңизи | barents deŋizi |
| Karische Zee (de) | Карск деңизи | karsk deŋizi |

Noordzee (de)	Түндүк деңиз	tyndyk deŋiz
Baltische Zee (de)	Балтика деңизи	baltika deŋizi
Noorse Zee (de)	Норвегиялык деңизи	norvegijalık deŋizi

200. Bergen

berg (de)	тоо	too
bergketen (de)	тоо тизмеги	too tizmegi
gebergte (het)	тоо кыркалары	too kırkaları

bergtop (de)	чоку	tʃoku
bergpiek (de)	чоку	tʃoku
voet (ov. de berg)	тоо этеги	too etegi
helling (de)	эңкейиш	eŋkejiʃ

vulkaan (de)	вулкан	vulkan
actieve vulkaan (de)	күйүп жаткан	kyjyp dʒatkan
uitgedoofde vulkaan (de)	өчүп калган вулкан	øtʃyp kalgan vulkan

uitbarsting (de)	атырылып чыгуу	atırılıp tʃıguu
krater (de)	кратер	krater
magma (het)	магма	magma
lava (de)	лава	lava
gloeiend (~e lava)	кызыган	kızıgan

kloof (canyon)	каньон	kanʲon
bergkloof (de)	капчыгай	kaptʃıgaj
spleet (de)	жарака	dʒaraka
afgrond (de)	жар	dʒar

bergpas (de)	ашуу	aʃuu
plateau (het)	дөңсөө	døŋsøø
klip (de)	зоока	zooka
heuvel (de)	дөбө	døbø

gletsjer (de)	муз	muz
waterval (de)	шаркыратма	ʃarkıratma
geiser (de)	гейзер	gejzer
meer (het)	көл	køl

vlakte (de)	түздүк	tyzdyk
landschap (het)	теребел	terebel
echo (de)	жаңырык	dʒaŋırık

alpinist (de)	альпинист	al'pinist
bergbeklimmer (de)	скалолаз	skalolaz
trotseren (berg ~)	багындыруу	bagındıruu
beklimming (de)	тоонун чокусуна чыгуу	toonun tʃokusuna tʃıguu

201. Bergen namen

Alpen (de)	Альп тоолору	al'p tooloru
Mont Blanc (de)	Монблан	monblan
Pyreneeën (de)	Пиреней тоолору	pirenej tooloru

Karpaten (de)	Карпат тоолору	karpat tooloru
Oeralgebergte (het)	Урал тоолору	ural tooloru
Kaukasus (de)	Кавказ тоолору	kavkaz tooloru
Elbroes (de)	Эльбрус	el'brus

Altaj (de)	Алтай тоолору	altaj tooloru
Tiensjan (de)	Тянь-Шань	tjanʲ-ʃanʲ
Pamir (de)	Памир тоолору	pamir tooloru
Himalaya (de)	Гималай тоолору	gimalaj tooloru
Everest (de)	Эверест	everest

| Andes (de) | Анд тоолору | and tooloru |
| Kilimanjaro (de) | Килиманджаро | kilimandʒaro |

202. Rivieren

rivier (de)	дарыя	darıja
bron (~ van een rivier)	булак	bulak
riverbedding (de)	сай	saj
riverbekken (het)	бассейн	bassejn
uitmonden in ...	... кую́ю	... kujɐu

| zijrivier (de) | куйма | kujma |
| oever (de) | жээк | dʒeek |

stroming (de)	агым	agım
stroomafwaarts (bw)	агым боюнча	agım bojɐuntʃa
stroomopwaarts (hw)	агымга каршы	agımga karʃı

overstroming (de)	ташкын	taʃkın
overstroming (de)	суу ташкыны	suu taʃkını
buiten zijn oevers treden	дайранын ташышы	dajranın taʃıʃı
overstromen (ww)	суу каптоо	suu kaptoo

| zandbank (de) | тайыздык | tajızdık |
| stroomversnelling (de) | босого | bosogo |

dam (de)	тогоон	togoon
kanaal (het)	канал	kanal
spaarbekken (het)	суу сактагыч	suu saktagıtʃ
sluis (de)	шлюз	ʃlɐuz

waterlichaam (het)	көлмө	kølmø
moeras (het)	саз	saz
broek (het)	баткак	batkak
draaikolk (de)	айлампа	ajlampa
stroom (de)	суу	suu
drink- (abn)	ичилчү суу	itʃiltʃy suu
zoet (~ water)	тузсуз	tuzsuz
ijs (het)	муз	muz
bevriezen (rivier, enz.)	тоңуп калуу	toŋup kaluu

203. Namen van rivieren

Seine (de)	Сена	sena
Loire (de)	Луара	luara
Theems (de)	Темза	temza
Rijn (de)	Рейн	rejn
Donau (de)	Дунай	dunaj
Wolga (de)	Волга	volga
Don (de)	Дон	don
Lena (de)	Лена	lena
Gele Rivier (de)	Хуанхэ	χuanχe
Blauwe Rivier (de)	Янцзы	janʦzı
Mekong (de)	Меконг	mekong
Ganges (de)	Ганг	gang
Nijl (de)	Нил	nil
Kongo (de)	Конго	kongo
Okavango (de)	Окаванго	okavango
Zambezi (de)	Замбези	zambezi
Limpopo (de)	Лимпопо	limpopo
Mississippi (de)	Миссисипи	missisipi

204. Bos

bos (het)	токой	tokoj
bos- (abn)	токойлуу	tokojluu
oerwoud (dicht bos)	чытырман токой	tʃıtırman tokoj
bosje (klein bos)	токойчо	tokojtʃo
open plek (de)	аянт	ajant
struikgewas (het)	бадал	badal
struiken (mv.)	бадал	badal
paadje (het)	чыйыр жол	tʃıjır dʒol
ravijn (het)	жар	dʒar
boom (de)	дарак	darak

| blad (het) | жалбырак | dʒalbɯrak |
| gebladerte (het) | жалбырак | dʒalbɯrak |

vallende bladeren (mv.)	жалбырак түшүү мезгили	dʒalbɯrak tyʃyy mezgili
vallen (ov. de bladeren)	түшүү	tyʃyy
boomtop (de)	чоку	tʃoku

tak (de)	бутак	butak
ent (de)	бутак	butak
knop (de)	бүчүр	bytʃyr
naald (de)	ийне	ijne
dennenappel (de)	тобурчак	toburtʃak

boom holte (de)	көңдөй	køŋdøj
nest (het)	уя	uja
hol (het)	ийин	ijin

stam (de)	сеңгек	søŋgøk
wortel (bijv. boom~s)	тамыр	tamɯr
schors (de)	кыртыш	kɯrtɯʃ
mos (het)	мох	moχ

ontwortelen (een boom)	дүмүрүн казуу	dymyryn kazuu
kappen (een boom ~)	кыюу	kɯjʉu
ontbossen (ww)	токойду кыюу	tokojdu kɯjʉu
stronk (de)	дүмүр	dymyr

kampvuur (het)	от	ot
bosbrand (de)	өрт	ørt
blussen (ww)	өчүрүү	øtʃyryy

boswachter (de)	токойчу	tokojtʃu
bescherming (de)	өсүмдүктөрдү коргоо	øsymdyktørdy korgoo
beschermen (bijv. de natuur ~)	сактоо	saktoo
stroper (de)	браконьер	brakonjer
val (de)	капкан	kapkan

plukken (paddestoelen ~)	терүү	teryy
plukken (bessen ~)	терүү	teryy
verdwalen (de weg kwijt zijn)	адашып кетүү	adaʃɯp ketyy

205. Natuurlijke hulpbronnen

natuurlijke rijkdommen (mv.)	жаратылыш байлыктары	dʒaratɯlɯʃ bajlɯktarɯ
delfstoffen (mv.)	пайдалуу кендер	pajdaluu kender
lagen (mv.)	кен	ken
veld (bijv. olie~)	кендүү жер	kendyy dʒer

winnen (uit erts ~)	казуу	kazuu
winning (de)	казуу	kazuu
erts (het)	кен	ken
mijn (bijv. kolenmijn)	шахта	ʃaχta
mijnschacht (de)	шахта	ʃaχta

mijnwerker (de)	кенчи	kentʃi
gas (het)	газ	gaz
gasleiding (de)	газопровод	gazoprovod

olie (aardolie)	мунайзат	munajzat
olieleiding (de)	мунайзар түтүгү	munajzar tytygy
oliebron (de)	мунайзат скважинасы	munajzat skvadʒinası
boortoren (de)	мунайзат мунарасы	munajzat munarası
tanker (de)	танкер	tanker

zand (het)	кум	kum
kalksteen (de)	акиташ	akitaʃ
grind (het)	шагыл	ʃagıl
veen (het)	торф	torf
klei (de)	ылай	ılaj
steenkool (de)	көмүр	kømyr

ijzer (het)	темир	temir
goud (het)	алтын	altın
zilver (het)	күмүш	kymyʃ
nikkel (het)	никель	nikelʲ
koper (het)	жез	dʒez

zink (het)	цинк	tsınk
mangaan (het)	марганец	marganets
kwik (het)	сымап	sımap
lood (het)	коргошун	korgoʃun

mineraal (het)	минерал	mineral
kristal (het)	кристалл	kristall
marmer (het)	мрамор	mramor
uraan (het)	уран	uran

De Aarde. Deel 2

206. Weer

weer (het)	аба-ырайы	aba-ırajı
weersvoorspelling (de)	аба-ырайы боюнча маалымат	aba-ırajı bojuntʃa maalımat
temperatuur (de)	температура	temperatura
thermometer (de)	термометр	termometr
barometer (de)	барометр	barometr
vochtig (bn)	нымдуу	nımduu
vochtigheid (de)	ным	nım
hitte (de)	ысык	ısık
heet (bn)	кыйын ысык	kıjın ısık
het is heet	ысык	ısık
het is warm	жылуу	dʒıluu
warm (bn)	жылуу	dʒıluu
het is koud	суук	suuk
koud (bn)	суук	suuk
zon (de)	күн	kyn
schijnen (de zon)	күн тийүү	kyn tijyy
zonnig (~e dag)	күн ачык	kyn atʃık
opgaan (ov. de zon)	чыгуу	tʃıguu
ondergaan (ww)	батуу	batuu
wolk (de)	булут	bulut
bewolkt (bn)	булуттуу	buluttuu
regenwolk (de)	булут	bulut
somber (bn)	күн бүркөк	kyn byrkøk
regen (de)	жамгыр	dʒamgır
het regent	жамгыр жаап жатат	dʒamgır dʒaap dʒatat
regenachtig (bn)	жаандуу	dʒaanduu
motregenen (ww)	дыбыратуу	dıbıratuu
plensbui (de)	нөшөрлөгөн жаан	nøʃørløgøn dʒaan
stortbui (de)	нөшөр	nøʃør
hard (bn)	катуу	katuu
plas (de)	көлчүк	køltʃyk
nat worden (ww)	суу болуу	suu boluu
mist (de)	туман	tuman
mistig (bn)	тумандуу	tumanduu
sneeuw (de)	кар	kar
het sneeuwt	кар жаап жатат	kar dʒaap dʒatat

207. Zwaar weer. Natuurrampen

noodweer (storm)	чагылгандуу жаан	ʧagılganduu ʤaan
bliksem (de)	чагылган	ʧagılgan
flitsen (ww)	жарк этүү	ʤark etyy
donder (de)	күн күркүрөө	kyn kyrkyrøø
donderen (ww)	күн күркүрөө	kyn kyrkyrøø
het dondert	күн күркүрөп жатат	kyn kyrkyrøp ʤatat
hagel (de)	мөндүр	møndyr
het hagelt	мөндүр түшүп жатат	møndyr tyʃyp ʤatat
overstromen (ww)	суу каптоо	suu kaptoo
overstroming (de)	ташкын	taʃkın
aardbeving (de)	жер титирөө	ʤer titirøø
aardschok (de)	жердин силкиниши	ʤerdin silkiniʃi
epicentrum (het)	эпицентр	epiʦentr
uitbarsting (de)	атырылып чыгуу	atırılıp ʧıguu
lava (de)	лава	lava
wervelwind (de)	куюн	kujʉn
windhoos (de)	торнадо	tornado
tyfoon (de)	тайфун	tajfun
orkaan (de)	бороон	boroon
storm (de)	бороон чапкын	boroon ʧapkın
tsunami (de)	цунами	ʦunami
cycloon (de)	циклон	ʦıklon
onweer (het)	жаан-чачындуу күн	ʤaan-ʧaʧınduu kyn
brand (de)	өрт	ørt
ramp (de)	кыйроо	kıjroo
meteoriet (de)	метеорит	meteorit
lawine (de)	көчкү	køʧky
sneeuwverschuiving (de)	кар көчкүсү	kar køʧkysy
sneeuwjacht (de)	кар бороону	kar boroonu
sneeuwstorm (de)	бурганак	burganak

208. Geluiden. Geluiden

stilte (de)	жымжырттык	ʤımʤırttık
geluid (het)	добуш	dobuʃ
lawaai (het)	ызы-чуу	ızı-ʧuu
lawaai maken (ww)	чуулдоо	ʧuuldoo
lawaaierig (bn)	дуулдаган	duuldagan
luid (~ spreken)	катуу	katuu
luid (bijv. ~e stem)	катуу	katuu
aanhoudend (voortdurend)	үзгүлтүксүз	yzgyltyksyz

schreeuw (de)	кыйкырык	kıjkırık
schreeuwen (ww)	кыйкыруу	kıjkıruu
gefluister (het)	шыбыр	ʃıbır
fluisteren (ww)	шыбырап айтуу	ʃıbırap ajtuu
geblaf (het)	үрүү	yryy
blaffen (ww)	үрүү	yryy
gekreun (het)	онтоо	ontoo
kreunen (ww)	онтоо	ontoo
hoest (de)	жөтөл	dʒøtøl
hoesten (ww)	жөтөлүү	dʒøtølyy
gefluit (het)	ышкырык	ıʃkırık
fluiten (op het fluitje blazen)	ышкыруу	ıʃkıruu
geklop (het)	такылдатуу	takıldatuu
kloppen (aan een deur)	такылдатуу	takıldatuu
kraken (hout, ijs)	чыртылдоо	tʃırtıldoo
gekraak (het)	чыртылдоо	tʃırtıldoo
sirene (de)	сирена	sirena
fluit (stoom ~)	гудок	gudok
fluiten (schip, trein)	гудок чалуу	gudok tʃaluu
toeter (de)	сигнал	signal
toeteren (ww)	сигнал басуу	signal basuu

209. Winter

winter (de)	кыш	kıʃ
winter- (abn)	кышкы	kıʃkı
in de winter (bw)	кышында	kıʃında
sneeuw (de)	кар	kar
het sneeuwt	кар жаап жатат	kar dʒaap dʒatat
sneeuwval (de)	кар жаашы	kar dʒaaʃı
sneeuwhoop (de)	күрткү	kyrtky
sneeuwvlok (de)	кар учкуну	kar utʃkunu
sneeuwbal (de)	томолоктолгон кар	tomoloktolgon kar
sneeuwman (de)	кар адам	kar adam
ijspegel (de)	тоңгон муз	toŋgon muz
december (de)	декабрь	dekabrʲ
januari (de)	январь	janvarʲ
februari (de)	февраль	fevralʲ
vorst (de)	аяз	ajaz
vries- (abn)	аяздуу	ajazduu
onder nul (bw)	нольдон төмөн	nolʲdon tømøn
eerste vorst (de)	үшүк	yʃyk
rijp (de)	кыроо	kıroo
koude (de)	суук	suuk

189

het is koud	суук	suuk
bontjas (de)	тон	ton
wanten (mv.)	мээлей	meelej

ziek worden (ww)	ооруп калуу	oorup kaluu
verkoudheid (de)	суук тийүү	suuk tijyy
verkouden raken (ww)	суук тийгизип алуу	suuk tijgizip aluu

ijs (het)	муз	muz
ijzel (de)	кара тоңголок	kara toŋgolok
bevriezen (rivier, enz.)	тоңуп калуу	toŋup kaluu
ijsschol (de)	муздун чоң сыныгы	muzdun ʧoŋ sınıgı

ski's (mv.)	чаңгы	ʧaŋgı
skiër (de)	чаңычы	ʧaŋıʧı
skiën (ww)	чаңгы тебүү	ʧaŋgı tebyy
schaatsen (ww)	коньки тебүү	konʲki tebyy

Fauna

210. Zoogdieren. Roofdieren

roofdier (het)	жырткыч	dʒɪrtkɪtʃ
tijger (de)	жолборс	dʒolbors
leeuw (de)	арстан	arstan
wolf (de)	карышкыр	karıʃkır
vos (de)	түлкү	tylky
jaguar (de)	ягуар	jaguar
luipaard (de)	леопард	leopard
jachtluipaard (de)	гепард	gepard
panter (de)	пантера	pantera
poema (de)	пума	puma
sneeuwluipaard (de)	илбирс	ilbirs
lynx (de)	сүлөөсүн	syløøsyn
coyote (de)	койот	kojot
jakhals (de)	чөө	tʃøø
hyena (de)	гиена	giena

211. Wilde dieren

dier (het)	жаныбар	dʒanıbar
beest (het)	жапайы жаныбар	dʒapajı dʒanıbar
eekhoorn (de)	тыйын чычкан	tıjın tʃɪtʃkan
egel (de)	кирпичечен	kirpitʃetʃen
haas (de)	коен	koen
konijn (het)	коен	koen
das (de)	кашкулак	kaʃkulak
wasbeer (de)	енот	enot
hamster (de)	хомяк	χomʲak
marmot (de)	суур	suur
mol (de)	момолой	momoloj
muis (de)	чычкан	tʃɪtʃkan
rat (de)	келемиш	kelemiʃ
vleermuis (de)	жарганат	dʒarganat
hermelijn (de)	арс чычкан	ars tʃɪtʃkan
sabeldier (het)	киш	kiʃ
marter (de)	суусар	suusar
wezel (de)	ласка	laska
nerts (de)	норка	norka

| bever (de) | кемчет | kemtʃet |
| otter (de) | кундуз | kunduz |

paard (het)	жылкы	dʒɪlkɪ
eland (de)	багыш	bagɪʃ
hert (het)	бугу	bugu
kameel (de)	төө	tøø

bizon (de)	бизон	bizon
wisent (de)	зубр	zubr
buffel (de)	буйвол	bujvol

zebra (de)	зебра	zebra
antilope (de)	антилопа	antilopa
ree (de)	элик	elik
damhert (het)	лань	lanʲ
gems (de)	жейрен	dʒejren
everzwijn (het)	каман	kaman

walvis (de)	кит	kit
rob (de)	тюлень	tʉlenʲ
walrus (de)	морж	mordʒ
zeebeer (de)	деңиз мышыгы	deŋiz mɪʃɪgɪ
dolfijn (de)	дельфин	delʲfin

beer (de)	аюу	ajʉu
ijsbeer (de)	ак аюу	ak ajʉu
panda (de)	панда	panda

aap (de)	маймыл	majmɪl
chimpansee (de)	шимпанзе	ʃimpanze
orang-oetan (de)	орангутанг	orangutang
gorilla (de)	горилла	gorilla
makaak (de)	макака	makaka
gibbon (de)	гиббон	gibbon

olifant (de)	пил	pil
neushoorn (de)	керик	kerik
giraffe (de)	жираф	dʒiraf
nijlpaard (het)	бегемот	begemot

| kangoeroe (de) | кенгуру | kenguru |
| koala (de) | коала | koala |

mangoest (de)	мангуст	mangust
chinchilla (de)	шиншилла	ʃinʃilla
stinkdier (het)	скунс	skuns
stekelvarken (het)	чүткөр	tʃʉtkør

212. Huisdieren

poes (de)	ургаачы мышык	urgaatʃɪ mɪʃɪk
kater (de)	эркек мышык	erkek mɪʃɪk
hond (de)	ит	it

paard (het)	жылкы	dʒılkı
hengst (de)	айгыр	ajgır
merrie (de)	бээ	bee

koe (de)	уй	uj
bul, stier (de)	бука	buka
os (de)	өгүз	øgyz

schaap (het)	кой	koj
ram (de)	кочкор	kotʃkor
geit (de)	эчки	etʃki
bok (de)	теке	teke

| ezel (de) | эшек | eʃek |
| muilezel (de) | качыр | katʃır |

varken (het)	чочко	tʃotʃko
biggetje (het)	торопой	toropoj
konijn (het)	коен	koen

| kip (de) | тоок | took |
| haan (de) | короз | koroz |

eend (de)	өрдөк	ørdøk
woerd (de)	эркек өрдөк	erkek ørdøk
gans (de)	каз	kaz

| kalkoen haan (de) | күрп | kyrp |
| kalkoen (de) | ургаачы күрп | urgaatʃı kyrp |

huisdieren (mv.)	үй жаныбарлары	yj dʒanıbarları
tam (bijv. hamster)	колго үйрөтүлгөн	kolgo yjrøtylgøn
temmen (tam maken)	колго үйрөтүү	kolgo yjrøtyy
fokken (bijv. paarden ~)	өстүрүү	østyryy

boerderij (de)	ферма	ferma
gevogelte (het)	үй канаттулары	yj kanattuları
rundvee (het)	мал	mal
kudde (de)	бада	bada

paardenstal (de)	аткана	atkana
zwijnenstal (de)	чочкокана	tʃotʃkokana
koeienstal (de)	уйкана	ujkana
konijnenhok (het)	коенкана	koenkana
kippenhok (het)	тоокана	tookana

213. Honden. Hondenrassen

hond (de)	ит	it
herdershond (de)	овчарка	ovtʃarka
Duitse herdershond (de)	немис овчаркасы	nemis ovtʃarkası
poedel (de)	пудель	pudelʲ
teckel (de)	такса	taksa
buldog (de)	бульдог	bulʲdog

boxer (de)	боксёр	boksʲor
mastiff (de)	мастиф	mastif
rottweiler (de)	ротвейлер	rotvejler
doberman (de)	доберман	doberman

basset (de)	бассет	basset
bobtail (de)	бобтейл	bobtejl
dalmatiër (de)	далматинец	dalmatinets
cockerspaniël (de)	кокер-спаниэль	koker-spanielʲ

| Newfoundlander (de) | ньюфаундленд | njufaundlend |
| sint-bernard (de) | сенбернар | senbernar |

husky (de)	хаски	χaski
chowchow (de)	чау-чау	ʧau-ʧau
spits (de)	шпиц	ʃpits
mopshond (de)	мопс	mops

214. Dierengeluiden

geblaf (het)	үрүү	yryy
blaffen (ww)	үрүү	yryy
miauwen (ww)	миёлоо	mijoloo
spinnen (katten)	мырылдоо	mirildoo

loeien (ov. een koe)	маароо	maaroo
brullen (stier)	өкүрүү	økyryy
grommen (ov. de honden)	ырылдоо	irildoo

gehuil (het)	уулуу	uuluu
huilen (wolf, enz.)	уулуу	uuluu
janken (ov. een hond)	кыңшылоо	kiŋʃiloo

mekkeren (schapen)	маароо	maaroo
knorren (varkens)	коркулдоо	korkuldoo
gillen (bijv. varken)	чаңыруу	ʧaŋiruu

kwaken (kikvorsen)	чардоо	ʧardoo
zoemen (hommel, enz.)	зыңылдоо	ziŋildoo
tjirpen (sprinkhanen)	чырылдоо	ʧirildoo

215. Jonge dieren

jong (het)	жаныбарлардын баласы	dʒanibarlardin balasi
poesje (het)	мышыктын баласы	miʃiktin balasi
muisje (het)	чычкандын баласы	ʧiʧkandin balasi
puppy (de)	күчүк	kyʧyk

jonge haas (de)	бөжөк	bødʒøk
konijntje (het)	бөжөк	bødʒøk
wolfje (het)	бөлтүрүк	bøltyryk
vosje (het)	түлкү баласы	tylky balasi

beertje (het)	мамалак	mamalak
leeuwenjong (het)	арстан баласы	arstan balası
tijgertje (het)	жолборс баласы	dʒolbors balası
olifantenjong (het)	пилдин баласы	pildin balası
biggetje (het)	торопой	toropoj
kalf (het)	музоо	muzoo
geitje (het)	улак	ulak
lam (het)	козу	kozu
reekalf (het)	бугунун музоосу	bugunun muzoosu
jonge kameel (de)	бото	boto
slangenjong (het)	жылан баласы	dʒılan balası
kikkertje (het)	бака баласы	baka balası
vogeltje (het)	балапан	balapan
kuiken (het)	балапан	balapan
eendje (het)	өрдөктүн баласы	ørdøktyn balası

216. Vogels

vogel (de)	куш	kuʃ
duif (de)	көгүчкөн	køgytʃkøn
mus (de)	таранчы	tarantʃı
koolmees (de)	синица	sinitsa
ekster (de)	сагызган	sagızgan
raaf (de)	кузгун	kuzgun
kraai (de)	карга	karga
kauw (de)	таан	taan
roek (de)	чаркарга	tʃarkarga
eend (de)	өрдөк	ørdøk
gans (de)	каз	kaz
fazant (de)	кыргоол	kırgool
arend (de)	бүркүт	byrkyt
havik (de)	ителги	itelgi
valk (de)	шумкар	ʃumkar
gier (de)	жору	dʒoru
condor (de)	кондор	kondor
zwaan (de)	аккуу	akkuu
kraanvogel (de)	турна	turna
ooievaar (de)	илегилек	ilegilek
papegaai (de)	тотукуш	totukuʃ
kolibrie (de)	колибри	kolibri
pauw (de)	тоос	toos
struisvogel (de)	төө куш	tøø kuʃ
reiger (de)	көк кытан	køk kıtan
flamingo (de)	фламинго	flamingo
pelikaan (de)	биргазан	birgazan

| nachtegaal (de) | булбул | bulbul |
| zwaluw (de) | чабалекей | ʧabalekej |

lijster (de)	таркылдак	tarkıldak
zanglijster (de)	сайрагыч таркылдак	sajragıʧ tarkıldak
merel (de)	кара таңдай таркылдак	kara taŋdaj tarkıldak

gierzwaluw (de)	кардыгач	kardıgaʧ
leeuwerik (de)	торгой	torgoj
kwartel (de)	бөдөнө	bødønø

specht (de)	тоңкулдак	toŋkuldak
koekoek (de)	күкүк	kykyk
uil (de)	мыкый үкү	mıkıj yky
oehoe (de)	үкү	yky
auerhoen (het)	керең кур	kereŋ kur
korhoen (het)	кара кур	kara kur
patrijs (de)	кекилик	kekilik

spreeuw (de)	чыйырчык	ʧıjırʧık
kanarie (de)	канарейка	kanarejka
hazelhoen (het)	токой чили	tokoj ʧili
vink (de)	зяблик	zʲablik
goudvink (de)	снегирь	snegirʲ

meeuw (de)	ак чардак	ak ʧardak
albatros (de)	альбатрос	alʲbatros
pinguïn (de)	пингвин	pingvin

217. Vogels. Zingen en geluiden

fluiten, zingen (ww)	сайроо	sajroo
schreeuwen (dieren, vogels)	кыйкыруу	kıjkıruu
kraaien (ov. een haan)	"күкирикү" деп кыйкыруу	kykiriky' dep kıjkıruu
kukeleku	күкирикү	kykiriky

klokken (hen)	какылдоо	kakıldoo
krassen (kraai)	каркылдоо	karkıldoo
kwaken (eend)	бакылдоо	bakıldoo
piepen (kuiken)	чыйылдоо	ʧıjıldoo
tjilpen (bijv. een mus)	чырылдоо	ʧırıldoo

218. Vis. Zeedieren

brasem (de)	лещ	leʃʧ
karper (de)	карп	karp
baars (de)	окунь	okunʲ
meerval (de)	жаян	dʒajan
snoek (de)	чортон	ʧorton

| zalm (de) | лосось | lososʲ |
| steur (de) | осётр | osʲotr |

| haring (de) | сельдь | sel'd^j |

haring (de)	сельдь	sel'dʲ
atlantische zalm (de)	сёмга	sʲomga
makreel (de)	скумбрия	skumbrija
platvis (de)	камбала	kambala

snoekbaars (de)	судак	sudak
kabeljauw (de)	треска	treska
tonijn (de)	тунец	tunets
forel (de)	форель	forelʲ

paling (de)	угорь	ugorʲ
sidderrog (de)	скат	skat
murene (de)	мурена	murena
piranha (de)	пиранья	piranja

haai (de)	акула	akula
dolfijn (de)	дельфин	delʲfin
walvis (de)	кит	kit

krab (de)	краб	krab
kwal (de)	медуза	meduza
octopus (de)	сегиз бут	segiz but

zeester (de)	деңиз жылдызы	deŋiz dʒıldızı
zee-egel (de)	деңиз кирписи	deŋiz kirpisi
zeepaardje (het)	деңиз тайы	deŋiz tajı

oester (de)	устрица	ustritsa
garnaal (de)	креветка	krevetka
kreeft (de)	омар	omar
langoest (de)	лангуст	langust

219. Amfibieën. Reptielen

| slang (de) | жылан | dʒılan |
| giftig (slang) | уулуу | uuluu |

adder (de)	кара чаар жылан	kara tʃaar dʒılan
cobra (de)	кобра	kobra
python (de)	питон	piton
boa (de)	удав	udav

ringslang (de)	сары жылан	sarı dʒılan
ratelslang (de)	шакылдак жылан	ʃakıldak dʒılan
anaconda (de)	анаконда	anakonda

hagedis (de)	кескелдирик	keskeldirik
leguaan (de)	игуана	iguana
varaan (de)	эчкемер	etʃkemer
salamander (de)	саламандра	salamandra
kameleon (de)	хамелеон	xameleon
schorpioen (de)	чаян	tʃajan
schildpad (de)	ташбака	taʃbaka
kikker (de)	бака	baka

| pad (de) | курбака | kurbaka |
| krokodil (de) | крокодил | krokodil |

220. Insecten

insect (het)	курт-кумурска	kurt-kumurska
vlinder (de)	көпөлөк	køpøløk
mier (de)	кумурска	kumurska
vlieg (de)	чымын	ʧïmïn
mug (de)	чиркей	ʧirkej
kever (de)	коңуз	koŋuz

wesp (de)	аары	aarı
bij (de)	бал аары	bal aarı
hommel (de)	жапан аары	dʒapan aarı
horzel (de)	көгөөн	køgøøn

| spin (de) | жөргөмүш | dʒørgømyʃ |
| spinnenweb (het) | желе | dʒele |

libel (de)	ийнелик	ijnelik
sprinkhaan (de)	чегиртке	ʧegirtke
nachtvlinder (de)	көпөлөк	køpøløk

kakkerlak (de)	таракан	tarakan
teek (de)	кене	kene
vlo (de)	бүргө	byrgø
kriebelmug (de)	майда чымын	majda ʧïmïn

treksprinkhaan (de)	чегиртке	ʧegirtke
slak (de)	улул	ylyl
krekel (de)	кара чегиртке	kara ʧegirtke
glimworm (de)	жалтырак коңуз	dʒaltırak koŋuz
lieveheersbeestje (het)	айланкөчөк	ajlankøʧøk
meikever (de)	саратан коңуз	saratan koŋuz

bloedzuiger (de)	сүлүк	sylyk
rups (de)	каз таман	kaz taman
aardworm (de)	жер курту	dʒer kurtu
larve (de)	курт	kurt

221. Dieren. Lichaamsdelen

snavel (de)	тумшук	tumʃuk
vleugels (mv.)	канаттар	kanattar
poot (ov. een vogel)	чеңгел	ʧeŋgel
verenkleed (het)	куштун жүнү	kuʃtun dʒyny
veer (de)	канат	kanat
kuifje (het)	көкүлчө	køkylʧø

| kieuwen (mv.) | бакалоор | bakaloor |
| kuit, dril (de) | балык уругу | balık urugu |

larve (de)	курт	kurt
vin (de)	сүзгүч	syzgytʃ
schubben (mv.)	кабырчык	kabırtʃık

slagtand (de)	азуу тиш	azuu tiʃ
poot (bijv. ~ van een kat)	таман	taman
muil (de)	тумшук	tumʃuk
bek (mond van dieren)	ооз	ooz
staart (de)	куйрук	kujruk
snorharen (mv.)	мурут	murut

| hoef (de) | туяк | tujak |
| hoorn (de) | мүйүз | myjyz |

schild (schildpad, enz.)	калканч	kalkantʃ
schelp (de)	үлүл кабыгы	ylyl kabıgı
eierschaal (de)	кабык	kabık

| vacht (de) | жүн | dʒyn |
| huid (de) | тери | teri |

222. Acties van de dieren

| vliegen (ww) | учуу | utʃuu |
| cirkelen (vogel) | айлануу | ajlanuu |

| wegvliegen (ww) | учуп кетүү | utʃup ketyy |
| klapwieken (ww) | канаттарын кагуу | kanattarın kaguu |

| pikken (vogels) | чукуу | tʃukuu |
| broeden (de eend zit te ~) | жумуртка басуу | dʒumurtka basuu |

| uitbroeden (ww) | жумурткадан чыгуу | dʒumurtkadan tʃıguu |
| een nest bouwen | уя токуу | uja tokuu |

kruipen (ww)	сойлоо	sojloo
steken (bij)	чагуу	tʃaguu
bijten (de hond, enz.)	каап алуу	kaap aluu

snuffelen (ov. de dieren)	жыттоо	dʒıttoo
blaffen (ww)	үрүү	yryy
sissen (slang)	ышкыруу	ıʃkıruu

| doen schrikken (ww) | коркутуу | korkutuu |
| aanvallen (ww) | тап берүү | tap beryy |

knagen (ww)	кемирүү	kemiryy
schrammen (ww)	тытуу	tıtuu
zich verbergen (ww)	жашынуу	dʒaʃınuu

spelen (ww)	ойноо	ojnoo
jagen (ww)	аңчылык кылуу	aŋtʃılık kıluu
winterslapen	чээнге кирүү	tʃeenge kiryy
uitsterven (dinosauriërs, enz.)	кырылуу	kırıluu

223. Dieren. Leefomgevingen

leefgebied (het)	жашоо чөйрөсү	ʤaʃoo ʧøjrøsy
migratie (de)	миграция	migraʦija
berg (de)	тоо	too
rif (het)	риф	rif
klip (de)	зоока	zooka
bos (het)	токой	tokoj
jungle (de)	джунгли	ʤungli
savanne (de)	саванна	savanna
toendra (de)	тундра	tundra
steppe (de)	талаа	talaa
woestijn (de)	чөл	ʧøl
oase (de)	оазис	oazis
zee (de)	деңиз	deŋiz
meer (het)	көл	køl
oceaan (de)	мухит	muχit
moeras (het)	саз	saz
zoetwater- (abn)	тузсуз суулу көл	tuzsuz suulu køl
vijver (de)	жасалма көлмө	ʤasalma kølmø
rivier (de)	дарыя	darıja
berenhol (het)	ийин	ijin
nest (het)	уя	uja
boom holte (de)	көңдөй	køŋdøj
hol (het)	ийин	ijin
mierenhoop (de)	кумурска уюгу	kumurska ujʉgu

224. Dierverzorging

dierentuin (de)	зоопарк	zoopark
natuurreservaat (het)	корук	koruk
fokkerij (de)	питомник	pitomnik
openluchtkooi (de)	вольер	voljer
kooi (de)	капас	kapas
hondenhok (het)	иттин кепеси	ittin kepesi
duiventil (de)	кептеркана	kepterkana
aquarium (het)	аквариум	akvarium
dolfinarium (het)	дельфинарий	delʲfinarij
fokken (bijv. honden ~)	багуу	baguu
nakomelingen (mv.)	тукум	tukum
temmen (tam maken)	колго үйрөтүү	kolgo yjrɒtyy
dresseren (ww)	үйрөтүү	yjrøtyy
voeding (de)	жем, чөп	ʤem, ʧøp
voederen (ww)	жем берүү	ʤem beryy

dierenwinkel (de)	зоодүкөн	zoodykøn
muilkorf (de)	тумшук кап	tumʃuk kap
halsband (de)	ит каргысы	it kargısı
naam (ov. een dier)	лакап ат	lakap at
stamboom (honden met ~)	мал теги	mal tegi

225. Dieren. Diversen

meute (wolven)	үйүр	yjyr
zwerm (vogels)	топ	top
school (vissen)	топ	top
kudde (wilde paarden)	үйүр	yjyr

mannetje (het)	эркек	erkek
vrouwtje (het)	ургаачы	urgaatʃı

hongerig (bn)	ачка	atʃka
wild (bn)	жапайы	dʒapajı
gevaarlijk (bn)	коркунучтуу	korkunutʃtuu

226. Paarden

paard (het)	жылкы	dʒılkı
ras (het)	тукум	tukum

veulen (het)	кулун	kulun
merrie (de)	бээ	bee

mustang (de)	мустанг	mustang
pony (de)	пони	poni
koudbloed (de)	жүк ташуучу ат	dʒyk taʃuutʃu at

manen (mv.)	жал	dʒal
staart (de)	куйрук	kujruk

hoef (de)	туяк	tujak
hoefijzer (het)	така	taka
beslaan (ww)	такалоо	takaloo
paardensmid (de)	темирчи	temırtʃi

zadel (het)	ээр	eer
stijgbeugel (de)	үзөнгү	yzøngy
breidel (de)	жүгөн	dʒygøn
leidsels (mv.)	тизгин	tizgin
zweep (de)	камчы	kamtʃı

ruiter (de)	чабандес	tʃabandes
zadelen (ww)	ээр токуу	eer tokuu
een paard bestijgen	ээрге отуруу	eerge oturuu

galop (de)	текирең-таскак	tekireŋ-taskak
galopperen (ww)	таскактатуу	taskaktatuu

draf (de)	таскак	taskak
in draf (bw)	таскактап	taskaktap
draven (ww)	таскактатуу	taskaktatuu
renpaard (het)	күлүк ат	kylyk at
paardenrace (de)	ат чабыш	at ʧabıʃ
paardenstal (de)	аткана	atkana
voederen (ww)	жем берүү	dʒem beryy
hooi (het)	чөп	ʧøp
water geven (ww)	сугаруу	sugaruu
wassen (paard ~)	тазалоо	tazaloo
paardenkar (de)	араба	araba
grazen (gras eten)	оттоо	ottoo
hinniken (ww)	кишенөө	kiʃenøø
een trap geven	тээп жиберүү	teep dʒiberyy

Flora

227. Bomen

boom (de)	дарак	darak
loof- (abn)	жалбырактуу	dʒalbıraktuu
dennen- (abn)	ийне жалбырактуулар	ijne dʒalbıraktuular
groenblijvend (bn)	дайым жашыл	dajım dʒaʃıl
appelboom (de)	алма бак	alma bak
perenboom (de)	алмурут бак	almurut bak
zoete kers (de)	гилас	gilas
zure kers (de)	алча	altʃa
pruimelaar (de)	кара өрүк	kara øryk
berk (de)	ак кайың	ak kajıŋ
eik (de)	эмен	emen
linde (de)	жөкө дарак	dʒøkø darak
esp (de)	бай терек	baj terek
esdoorn (de)	клён	klʲon
spar (de)	кара карагай	kara karagaj
den (de)	карагай	karagaj
lariks (de)	лиственница	listvennitsa
zilverspar (de)	пихта	piχta
ceder (de)	кедр	kedr
populier (de)	терек	terek
lijsterbes (de)	четин	tʃetin
wilg (de)	мажүрүм тал	madʒyrym tal
els (de)	ольха	olʲχa
beuk (de)	бук	buk
iep (de)	кара жыгач	kara dʒıgatʃ
es (de)	ясень	jasenʲ
kastanje (de)	каштан	kaʃtan
magnolia (de)	магнолия	magnolija
palm (de)	пальма	palʲma
cipres (de)	кипарис	kiparis
mangrove (de)	мангро дарагы	mangro daragı
baobab (apenbroodboom)	баобаб	baobab
eucalyptus (de)	эвкалипт	evkalipt
mammoetboom (de)	секвойя	sekvoja

228. Heesters

struik (de)	бадал	badal
heester (de)	бадал	badal

| wijnstok (de) | жүзүм | dʒyzym |
| wijngaard (de) | жүзүмдүк | dʒyzymdyk |

frambozenstruik (de)	дан куурай	dan kuuraj
zwarte bes (de)	кара карагат	kara karagat
rode bessenstruik (de)	кызыл карагат	kızıl karagat
kruisbessenstruik (de)	крыжовник	krıdʒovnik

acacia (de)	акация	akatsija
zuurbes (de)	бөрү карагат	børy karagat
jasmijn (de)	жасмин	dʒasmin

jeneverbes (de)	кара арча	kara artʃa
rozenstruik (de)	роза бадалы	roza badalı
hondsroos (de)	ит мурун	it murun

229. Champignons

paddenstoel (de)	козу карын	kozu karın
eetbare paddenstoel (de)	желе турган козу карын	dʒele turgan kozu karın
giftige paddenstoel (de)	уулуу козу карын	uuluu kozu karın
hoed (de)	козу карындын телпеги	kozu karındın telpegi
steel (de)	аякчасы	ajaktʃası

eekhoorntjesbrood (het)	ак козу карын	ak kozu karın
rosse populierboleet (de)	подосиновик	podosinovik
berkenboleet (de)	подберёзовик	podberʲozovik
cantharel (de)	лисичка	lisitʃka
russula (de)	сыроежка	sıroedʒka

morielje (de)	сморчок	smortʃok
vliegenzwam (de)	мухомор	muχomor
groene knolamaniet (de)	поганка	poganka

230. Vruchten. Bessen

| vrucht (de) | мөмө-жемиш | mømø-dʒemiʃ |
| vruchten (mv.) | мөмө-жемиш | mømø-dʒemiʃ |

appel (de)	алма	alma
peer (de)	алмурут	almurut
pruim (de)	кара өрүк	kara øryk

aardbei (de)	кулпунай	kulpunaj
zure kers (de)	алча	altʃa
zoete kers (de)	гилас	gilas
druif (de)	жүзүм	dʒyzym

framboos (de)	дан куурай	dan kuuraj
zwarte bes (de)	кара карагат	kara karagat
rode bes (de)	кызыл карагат	kızıl karagat
kruisbes (de)	крыжовник	krıdʒovnik

veenbes (de)	клюква	klukva
sinaasappel (de)	апельсин	apelʲsin
mandarijn (de)	мандарин	mandarin
ananas (de)	ананас	ananas
banaan (de)	банан	banan
dadel (de)	курма	kurma

citroen (de)	лимон	limon
abrikoos (de)	өрүк	øryk
perzik (de)	шабдаалы	ʃabdaalɨ
kiwi (de)	киви	kivi
grapefruit (de)	грейпфрут	grejpfrut

bes (de)	жер жемиш	dʒer dʒemiʃ
bessen (mv.)	жер жемиштер	dʒer dʒemiʃter
vossenbes (de)	брусника	brusnika
bosaardbei (de)	кызылгат	kɨzɨlgat
blauwe bosbes (de)	кара моюл	kara mojul

231. Bloemen. Planten

| bloem (de) | гүл | gyl |
| boeket (het) | десте | deste |

roos (de)	роза	roza
tulp (de)	жоогазын	dʒoogazɨn
anjer (de)	гвоздика	gvozdika
gladiool (de)	гладиолус	gladiolus

korenbloem (de)	ботокөз	botokøz
klokje (het)	коңгуроо гүл	koŋguroo gyl
paardenbloem (de)	каакым-кукум	kaakɨm-kukum
kamille (de)	ромашка	romaʃka

aloë (de)	алоэ	aloe
cactus (de)	кактус	kaktus
ficus (de)	фикус	fikus

lelie (de)	лилия	lilija
geranium (de)	герань	geranʲ
hyacint (de)	гиацинт	giatsint

mimosa (de)	мимоза	mimoza
narcis (de)	нарцисс	nartsiss
Oost-Indische kers (de)	настурция	nasturtsija

orchidee (de)	орхидея	orχideja
pioenroos (de)	пион	pion
viooltje (het)	бинапша	binapʃa

driekleurig viooltje (het)	алагүл	alagyl
vergeet-mij-nietje (het)	незабудка	nezabudka
madeliefje (het)	маргаритка	margaritka
papaver (de)	кызгалдак	kɨzgaldak

| hennep (de) | наша | naʃa |
| munt (de) | жалбыз | dʒalbız |

| lelietje-van-dalen (het) | ландыш | landıʃ |
| sneeuwklokje (het) | байчечекей | bajtʃetʃekej |

brandnetel (de)	чалкан	tʃalkan
veldzuring (de)	ат кулак	at kulak
waterlelie (de)	чөмүч баш	tʃømytʃ baʃ
varen (de)	папоротник	paporotnik
korstmos (het)	лишайник	liʃajnik

oranjerie (de)	күнөскана	kynøskana
gazon (het)	газон	gazon
bloemperk (het)	клумба	klumba

plant (de)	өсүмдүк	øsymdyk
gras (het)	чөп	tʃøp
grasspriet (de)	бир тал чөп	bir tal tʃøp

blad (het)	жалбырак	dʒalbırak
bloemblad (het)	гүлдүн желекчеси	gyldyn dʒelektʃesi
stengel (de)	сабак	sabak
knol (de)	жемиш тамыр	dʒemiʃ tamır

| scheut (de) | өсмө | øsmø |
| doorn (de) | тикен | tiken |

bloeien (ww)	гүлдөө	gyldøø
verwelken (ww)	соолуу	sooluu
geur (de)	жыт	dʒıt
snijden (bijv. bloemen ~)	кесүү	kesyy
plukken (bloemen ~)	үзүү	yzyy

232. Granen, graankorrels

graan (het)	дан	dan
graangewassen (mv.)	дан эгиндери	dan eginderi
aar (de)	машак	maʃak

tarwe (de)	буудай	buudaj
rogge (de)	кара буудай	kara buudaj
haver (de)	сулу	sulu
gierst (de)	таруу	taruu
gerst (de)	арпа	arpa
maïs (de)	жүгөрү	dʒygøry
rijst (de)	күрүч	kyrytʃ
boekweit (de)	гречиха	gretʃixa

erwt (de)	нокот	nokot
nierboon (de)	төө буурчак	tøø buurtʃak
soja (de)	соя	soja
linze (de)	жасмык	dʒasmık
bonen (mv.)	буурчак	buurtʃak

233. Groenten. Groene groenten

groenten (mv.)	жашылча	ʤaʃɪltʃa
verse kruiden (mv.)	көк чөп	køk tʃøp
tomaat (de)	помидор	pomidor
augurk (de)	бадыраӊ	badɪraŋ
wortel (de)	сабиз	sabiz
aardappel (de)	картошка	kartoʃka
ui (de)	пияз	pijaz
knoflook (de)	сарымсак	sarɪmsak
kool (de)	капуста	kapusta
bloemkool (de)	гүлдүү капуста	gyldyy kapusta
spruitkool (de)	брюссель капустасы	brʉsselʲ kapustasɪ
broccoli (de)	брокколи капустасы	brokkoli kapustasɪ
rode biet (de)	кызылча	kɪzɪltʃa
aubergine (de)	баклажан	baklaʤan
courgette (de)	кабачок	kabatʃok
pompoen (de)	ашкабак	aʃkabak
knolraap (de)	шалгам	ʃalgam
peterselie (de)	петрушка	petruʃka
dille (de)	укроп	ukrop
sla (de)	салат	salat
selderij (de)	сельдерей	selʲderej
asperge (de)	спаржа	sparʤa
spinazie (de)	шпинат	ʃpinat
erwt (de)	нокот	nokot
bonen (mv.)	буурчак	buurtʃak
maïs (de)	жүгөрү	ʤygøry
nierboon (de)	төө буурчак	tøø buurtʃak
peper (de)	калемпир	kalempir
radijs (de)	шалгам	ʃalgam
artisjok (de)	артишок	artiʃok

REGIONALE AARDRIJKSKUNDE

Landen. Nationaliteiten

234. West-Europa

Europa (het)	Европа	evropa
Europese Unie (de)	Европа Биримдиги	evropa birimdigi
Europeaan (de)	европалык	evropalık
Europees (bn)	европалык	evropalık
Oostenrijk (het)	Австрия	avstrija
Oostenrijker (de)	австриялык	avstrijalık
Oostenrijkse (de)	австриялык аял	avstrijalık ajal
Oostenrijks (bn)	австриялык	avstrijalık
Groot-Brittannië (het)	Улуу Британия	uluu britanija
Engeland (het)	Англия	anglija
Engelsman (de)	англичан	anglitʃan
Engelse (de)	англичан аял	anglitʃan ajal
Engels (bn)	англиялык	anglijalık
België (het)	Бельгия	belʲgija
Belg (de)	бельгиялык	belʲgijalık
Belgische (de)	бельгиялык аял	belʲgijalık ajal
Belgisch (bn)	бельгиялык	belʲgijalık
Duitsland (het)	Германия	germanija
Duitser (de)	немис	nemis
Duitse (de)	немис аял	nemis ajal
Duits (bn)	Германиялык	germanijalık
Nederland (het)	Нидерланддар	niderlanddar
Holland (het)	Голландия	gollandija
Nederlander (de)	голландиялык	gollandijalık
Nederlandse (de)	голландиялык аял	gollandijalık ajal
Nederlands (bn)	голландиялык	gollandijalık
Griekenland (het)	Греция	gretsija
Griek (de)	грек	grek
Griekse (de)	грек аял	grek ajal
Grieks (bn)	грециялык	gretsijalık
Denemarken (het)	Дания	danija
Deen (de)	даниялык	danijalık
Deense (de)	даниялык аял	danijalık ajal
Deens (bn)	даниялык	danijalık
Ierland (het)	Ирландия	irlandija
Ier (de)	ирландиялык	irlandijalık

Ierse (de)	ирланд аял	irland ajal
Iers (bn)	ирландиялык	irlandijalık
IJsland (het)	Исландия	islandija
IJslander (de)	исландиялык	islandijalık
IJslandse (de)	исланд аял	island ajal
IJslands (bn)	исландиялык	islandijalık
Spanje (het)	Испания	ispanija
Spanjaard (de)	испаниялык	ispanijalık
Spaanse (de)	испан аял	ispan ajal
Spaans (bn)	испаниялык	ispanijalık
Italië (het)	Италия	italija
Italiaan (de)	итальялык	italjalık
Italiaanse (de)	итальялык аял	italjalık ajal
Italiaans (bn)	итальялык	italjalık
Cyprus (het)	Кипр	kipr
Cyprioot (de)	кипрлик	kiprlik
Cypriotische (de)	кипрлик аял	kiprlik ajal
Cypriotisch (bn)	кипрлик	kiprlik
Malta (het)	Мальта	malʲta
Maltees (de)	мальталык	malʲtalık
Maltese (de)	мальталык аял	malʲtalık ajal
Maltees (bn)	мальталык	malʲtalık
Noorwegen (het)	Норвегия	norvegija
Noor (de)	норвегиялык	norvegijalık
Noorse (de)	норвегиялык аял	norvegijalık ajal
Noors (bn)	норвегиялык	norvegijalık
Portugal (het)	Португалия	portugalija
Portugees (de)	португал	portugal
Portugese (de)	португал аял	portugal ajal
Portugees (bn)	португалиялык	portugalijalık
Finland (het)	Финляндия	finlʲandija
Fin (de)	финн	finn
Finse (de)	финн аял	finn ajal
Fins (bn)	финляндиялык	finlʲandijalık
Frankrijk (het)	Франция	frantsija
Fransman (de)	француз	frantsuz
Française (de)	француз аял	frantsuz ajal
Frans (bn)	француз	frantsuz
Zweden (het)	Швеция	ʃvetsija
Zweed (de)	швед	ʃved
Zweedse (de)	швед аял	ʃved ajal
Zweeds (bn)	швед	ʃved
Zwitserland (het)	Швейцария	ʃvejtsarija
Zwitser (de)	швейцариялык	ʃvejtsarijalık
Zwitserse (de)	швейцар аял	ʃvejtsar ajal

Zwitsers (bn)	швейцариялык	ʃvejtsarijalık
Schotland (het)	Шотландия	ʃotlandija
Schot (de)	шотландиялык	ʃotlandijalık
Schotse (de)	шотланд аял	ʃotland ajal
Schots (bn)	шотландиялык	ʃotlandijalık

Vaticaanstad (de)	Ватикан	vatikan
Liechtenstein (het)	Лихтенштейн	liχtenʃtejn
Luxemburg (het)	Люксембург	lüksemburg
Monaco (het)	Монако	monako

235. Centraal- en Oost-Europa

Albanië (het)	Албания	albanija
Albanees (de)	албан	alban
Albanese (de)	албаниялык аял	albanijalık ajal
Albanees (bn)	албаниялык	albanijalık

Bulgarije (het)	Болгария	bolgarija
Bulgaar (de)	болгар	bolgar
Bulgaarse (de)	болгар аял	bolgar ajal
Bulgaars (bn)	болгар	bolgar

Hongarije (het)	Венгрия	vengrija
Hongaar (de)	венгр	vengr
Hongaarse (de)	венгр аял	vengr ajal
Hongaars (bn)	венгр	vengr

Letland (het)	Латвия	latvija
Let (de)	латыш	latıʃ
Letse (de)	латыш аял	latıʃ ajal
Lets (bn)	латвиялык	latvijalık

Litouwen (het)	Литва	litva
Litouwer (de)	литвалык	litvalık
Litouwse (de)	литвалык аял	litvalık ajal
Litouws (bn)	литвалык	litvalık

Polen (het)	Польша	polʲʃa
Pool (de)	поляк	polʲak
Poolse (de)	поляк аял	polʲak ajal
Pools (bn)	польшалык	polʲʃalık

Roemenië (het)	Румыния	rumınija
Roemeen (de)	румын	rumın
Roemeense (de)	румын аял	rumın ajal
Roemeens (bn)	румын	rumın

Servië (het)	Сербия	serbija
Serviër (de)	серб	serb
Servische (de)	серб аял	serb ajal
Servisch (bn)	сербиялык	serbijalık
Slowakije (het)	Словакия	slovakija
Slowaak (de)	словак	slovak

| Slowaakse (de) | словак аял | slovak ajal |
| Slowaakse (bn) | словакиялык | slovakijalık |

Kroatië (het)	Хорватия	χorvatija
Kroaat (de)	хорват	χorvat
Kroatische (de)	хорват аял	χorvat ajal
Kroatisch (bn)	хорватиялык	χorvatijalık

Tsjechië (het)	Чехия	ʧeχija
Tsjech (de)	чех	ʧeχ
Tsjechische (de)	чех аял	ʧeχ ajal
Tsjechisch (bn)	чех	ʧeχ

Estland (het)	Эстония	estonija
Est (de)	эстон	eston
Estse (de)	эстон аял	eston ajal
Ests (bn)	эстониялык	estonijalık

Bosnië en Herzegovina (het)	Босния жана	bosnija dʒana
Macedonië (het)	Македония	makedonija
Slovenië (het)	Словения	slovenija
Montenegro (het)	Черногория	ʧernogorija

236. Voormalige USSR landen

Azerbeidzjan (het)	Азербайжан	azerbajdʒan
Azerbeidzjaan (de)	азербайжан	azerbajdʒan
Azerbeidjaanse (de)	азербайжан аял	azerbajdʒan ajal
Azerbeidjaans (bn)	азербайжан	azerbajdʒan

Armenië (het)	Армения	armenija
Armeen (de)	армян	armʲan
Armeense (de)	армян аял	armʲan ajal
Armeens (bn)	армениялык	armenijalık

Wit-Rusland (het)	Беларусь	belarusʲ
Wit-Rus (de)	белорус	belorus
Wit-Russische (de)	белорус аял	belorus ajal
Wit-Russisch (bn)	белорус	belorus

Georgië (het)	Грузия	gruzija
Georgiër (de)	грузин	gruzin
Georgische (de)	грузин аял	gruzin ajal
Georgisch (bn)	грузин	gruzin

Kazakstan (het)	Казакстан	kazakstan
Kazak (de)	казак	kazak
Kazakse (de)	казак аял	kazak ajal
Kazakse (bn)	казак	kazak

Kirgizië (het)	Кыргызстан	kırgızstan
Kirgiziër (de)	кыргыз	kırgız
Kirgizische (de)	кыргыз аял	kırgız ajal
Kirgizische (bn)	кыргыз	kırgız

Moldavië (het)	Молдова	moldova
Moldaviër (de)	молдаван	moldavan
Moldavische (de)	молдаван аял	moldavan ajal
Moldavisch (bn)	молдовалык	moldovalık
Rusland (het)	Россия	rossija
Rus (de)	орус	orus
Russin (de)	орус аял	orus ajal
Russisch (bn)	орус	orus
Tadzjikistan (het)	Тажикистан	tadʒikistan
Tadzjiek (de)	тажик	tadʒik
Tadzjiekse (de)	тажик аял	tadʒik ajal
Tadzjieks (bn)	тажик	tadʒik
Turkmenistan (het)	Туркмения	turkmenija
Turkmeen (de)	түркмөн	tyrkmøn
Turkmeense (de)	түркмөн аял	tyrkmøn ajal
Turkmeens (bn)	түркмөн	tyrkmøn
Oezbekistan (het)	Өзбекистан	øzbekistan
Oezbeek (de)	өзбек	øzbek
Oezbeekse (de)	өзбек аял	øzbek ajal
Oezbeeks (bn)	өзбек	øzbek
Oekraïne (het)	Украина	ukraina
Oekraïner (de)	украин	ukrain
Oekraïense (de)	украин аял	ukrain ajal
Oekraïens (bn)	украиналык	ukrainalık

237. Azië

Azië (het)	Азия	azija
Aziatisch (bn)	азиаттык	aziattık
Vietnam (het)	Вьетнам	vjetnam
Vietnamees (de)	вьетнамдык	vjetnamdık
Vietnamese (de)	вьетнам аял	vjetnam ajal
Vietnamees (bn)	вьетнамдык	vjetnamdık
India (het)	Индия	indija
Indiër (de)	индиялык	indijalık
Indische (de)	индиялык аял	indijalık ajal
Indisch (bn)	индиялык	indijalık
Israël (het)	Израиль	izrailⁱ
Israëliër (de)	израильдик	izrailⁱdik
Israëlische (de)	израильдик аял	izrailⁱdik ajal
Israëlisch (bn)	израильдик	izrailⁱdik
Jood (etniciteit)	еврей	evrej
Jodin (de)	еврей аял	evrej ajal
Joods (bn)	еврей	evrej
China (het)	Кытай	kıtaj

Chinees (de)	кытай	kıtaj
Chinese (de)	кытай аял	kıtaj ajal
Chinees (bn)	кытай	kıtaj
Koreaan (de)	кореялык	korejalık
Koreaanse (de)	кореялык аял	korejalık ajal
Koreaans (bn)	кореялык	korejalık
Libanon (het)	Ливан	livan
Libanees (de)	ливан	livan
Libanese (de)	ливан аял	livan ajal
Libanees (bn)	ливандык	livandık
Mongolië (het)	Монголия	mongolija
Mongool (de)	монгол	mongol
Mongoolse (de)	монгол аял	mongol ajal
Mongools (bn)	монгол	mongol
Maleisië (het)	Малазия	malazija
Maleisiër (de)	малазиялык	malazijalık
Maleisische (de)	малазиялык аял	malazijalık ajal
Maleisisch (bn)	малазиялык	malazijalık
Pakistan (het)	Пакистан	pakistan
Pakistaan (de)	пакистандык	pakistandık
Pakistaanse (de)	пакистан аял	pakistan ajal
Pakistaans (bn)	пакистан	pakistan
Saoedi-Arabië (het)	Сауд Аравиясы	saud aravijası
Arabier (de)	араб	arab
Arabische (de)	араб аял	arab ajal
Arabisch (bn)	араб	arab
Thailand (het)	Таиланд	tailand
Thai (de)	таиландык	tailandık
Thaise (de)	таиландык аял	tailandık ajal
Thai (bn)	таиланд	tailand
Taiwan (het)	Тайвань	tajvanʲ
Taiwanees (de)	тайвандык	tajvandık
Taiwanese (de)	тайвандык аял	tajvandık ajal
Taiwanees (hn)	тайван	tajvan
Turkije (het)	Түркия	tyrkija
Turk (de)	түрк	tyrk
Turkse (de)	түрк аял	tyrk ajal
Turks (bn)	түрк	tyrk
Japan (het)	Япония	japonija
Japanner (de)	япондук	japonduk
Japanse (de)	япондук аял	japonduk ajal
Japans (bn)	япондук	japonduk
Afghanistan (het)	Ооганстан	ooganstan
Bangladesh (het)	Бангладеш	bangladeʃ
Indonesië (het)	Индонезия	indonezija

Jordanië (het)	Иордания	iordanija
Irak (het)	Ирак	irak
Iran (het)	Иран	iran
Cambodja (het)	Камбожа	kambodʒa
Koeweit (het)	Кувейт	kuvejt

Laos (het)	Лаос	laos
Myanmar (het)	Мьянма	mjanma
Nepal (het)	Непал	nepal
Verenigde Arabische Emiraten	Бириккен Араб Эмираттары	birikken arab emirattarı

Syrië (het)	Сирия	sirija
Palestijnse autonomie (de)	Палестина	palestina
Zuid-Korea (het)	Түштүк Корея	tyʃtyk koreja
Noord-Korea (het)	Түндүк Корея	tundyk koreja

238. Noord-Amerika

Verenigde Staten van Amerika	Америка Кошмо Штаттары	amerika koʃmo ʃtattarı
Amerikaan (de)	америкалык	amerikalık
Amerikaanse (de)	америкалык аял	amerikalık ajal
Amerikaans (bn)	америкалык	amerikalık

Canada (het)	Канада	kanada
Canadees (de)	канадалык	kanadalık
Canadese (de)	канадалык аял	kanadalık ajal
Canadees (bn)	канадалык	kanadalık

Mexico (het)	Мексика	meksika
Mexicaan (de)	мексикалык	meksikalık
Mexicaanse (de)	мексикалык аял	meksikalık ajal
Mexicaans (bn)	мексикалык	meksikalık

239. Midden- en Zuid-Amerika

Argentinië (het)	Аргентина	argentina
Argentijn (de)	арген[tinалык	argentinalık
Argentijnse (de)	аргентиналык аял	argentinalık ajal
Argentijns (bn)	аргентиналык	argentinalık

Brazilië (het)	Бразилия	brazilija
Braziliaan (de)	бразилиялык	brazilijalık
Braziliaanse (de)	бразилиялык аял	brazilijalık ajal
Braziliaans (bn)	бразилиялык	brazilijalık

Colombia (het)	Колумбия	kolumbija
Colombiaan (de)	колумбиялык	kolumbijalık
Colombiaanse (de)	колумбиялык аял	kolumbijalık ajal
Colombiaans (bn)	колумбиялык	kolumbijalık
Cuba (het)	Куба	kuba

Cubaan (de)	кубалык	kubalık
Cubaanse (de)	кубалык аял	kubalık ajal
Cubaans (bn)	кубалык	kubalık

Chili (het)	Чили	tʃili
Chileen (de)	чилилик	tʃililik
Chileense (de)	чилилик аял	tʃililik ajal
Chileens (bn)	чилилик	tʃililik

Bolivia (het)	Боливия	bolivija
Venezuela (het)	Венесуэла	venesuela
Paraguay (het)	Парагвай	paragvaj
Peru (het)	Перу	peru
Suriname (het)	Суринам	surinam
Uruguay (het)	Уругвай	urugvaj
Ecuador (het)	Эквадор	ekvador

Bahama's (mv.)	Багам аралдары	bagam araldarı
Haïti (het)	Гаити	gaiti
Dominicaanse Republiek (de)	Доминикан Республикасы	dominikan respublikası
Panama (het)	Панама	panama
Jamaica (het)	Ямайка	jamajka

240. Afrika

Egypte (het)	Египет	egipet
Egyptenaar (de)	египтик мырза	egiptik mırza
Egyptische (de)	египтик аял	egiptik ajal
Egyptisch (bn)	египеттик	egipettik

Marokko (het)	Марокко	marokko
Marokkaan (de)	марокколук	marokkoluk
Marokkaanse (de)	марокколук аял	marokkoluk ajal
Marokkaans (bn)	марокколук	marokkoluk

Tunesië (het)	Тунис	tunis
Tunesiër (de)	тунистик	tunistik
Tunesische (de)	тунистик аял	tunistik ajal
Tunesisch (bn)	тунистик	tunistik

Ghana (het)	Гана	gana
Zanzibar (het)	Занзибар	zanzibar
Kenia (het)	Кения	kenija
Libië (het)	Ливия	livija
Madagaskar (het)	Мадагаскар	madagaskar

Namibië (het)	Намибия	namibija
Senegal (het)	Сенегал	senegal
Tanzania (het)	Танзания	tanzanija
Zuid-Afrika (het)	ТАР	tar

Afrikaan (de)	африкалык	afrikalık
Afrikaanse (de)	африкалык аял	afrikalık ajal
Afrikaans (bn)	африкалык	afrikalık

241. Australië. Oceanië

Australië (het)	Австралия	avstralija
Australiër (de)	австралиялык	avstralijalık
Australische (de)	австралиялык аял	avstralijalık ajal
Australisch (bn)	австралиялык	avstralijalık
Nieuw-Zeeland (het)	Жаңы Зеландия	dʒaŋı zelandija
Nieuw-Zeelander (de)	жаңы зеландиялык	dʒaŋı zelandijalık
Nieuw-Zeelandse (de)	жаңы зеландиялык аял	dʒaŋı zelandijalık ajal
Nieuw-Zeelands (bn)	жаңы зеландиялык	dʒaŋı zelandijalık
Tasmanië (het)	Тасмания	tasmanija
Frans-Polynesië	Француз Полинезиясы	frantsuz polinezijası

242. Steden

Amsterdam	Амстердам	amsterdam
Ankara	Анкара	ankara
Athene	Афина	afina
Bagdad	Багдад	bagdad
Bangkok	Бангкок	bangkok
Barcelona	Барселона	barselona
Beiroet	Бейрут	bejrut
Berlijn	Берлин	berlin
Boedapest	Будапешт	budapeʃt
Boekarest	Бухарест	buxarest
Bombay, Mumbai	Бомбей	bombej
Bonn	Бонн	bonn
Bordeaux	Бордо	bordo
Bratislava	Братислава	bratislava
Brussel	Брюссель	brusselʲ
Caïro	Каир	kair
Calcutta	Калькутта	kalʲkutta
Chicago	Чикаго	tʃikago
Dar Es Salaam	Дар-эс-Салам	dar-es-salam
Delhi	Дели	deli
Den Haag	Гаага	gaaga
Dubai	Дубай	dubaj
Dublin	Дублин	dublin
Düsseldorf	Дюссельдорф	dusselʲdorf
Florence	Флоренция	florentsija
Frankfort	Франкфурт	frankfurt
Genève	Женева	dʒeneva
Hamburg	Гамбург	gamburg
Hanoi	Ханой	xanoj
Havana	Гавана	gavana
Helsinki	Хельсинки	xelʲsinki

Hiroshima	Хиросима	χirosima
Hongkong	Гонконг	gonkong
Istanbul	Стамбул	stambul
Jeruzalem	Иерусалим	ierusalim
Kiev	Киев	kiev

Kopenhagen	Копенгаген	kopengagen
Kuala Lumpur	Куала-Лумпур	kuala-lumpur
Lissabon	Лиссабон	lissabon
Londen	Лондон	london
Los Angeles	Лос-Анджелес	los-andʒeles

Lyon	Лион	lion
Madrid	Мадрид	madrid
Marseille	Марсель	marselʲ
Mexico-Stad	Мехико	meχiko
Miami	Майями	majami

Montreal	Монреаль	monrealʲ
Moskou	Москва	moskva
München	Мюнхен	mʉnχen
Nairobi	Найроби	najrobi
Napels	Неаполь	neapolʲ

New York	Нью-Йорк	njʉ-jork
Nice	Ницца	nitstsa
Oslo	Осло	oslo
Ottawa	Оттава	ottava
Parijs	Париж	paridʒ

Peking	Пекин	pekin
Praag	Прага	praga
Rio de Janeiro	Рио-де-Жанейро	rio-de-dʒanejro
Rome	Рим	rim
Seoel	Сеул	seul
Singapore	Сингапур	singapur

Sint-Petersburg	Санкт-Петербург	sankt-peterburg
Sjanghai	Шанхай	ʃanχaj
Stockholm	Стокгольм	stokgolʲm
Sydney	Сидней	sidnej
Taipei	Тайпей	tajpej
Tokio	Токио	tokio

Toronto	Торонто	toronto
Venetië	Венеция	venetsija
Warschau	Варшава	varʃava
Washington	Вашингтон	waʃington
Wenen	Вена	vena

243. Politiek. Overheid. Deel 1

| politiek (de) | саясат | sajasat |
| politiek (bn) | саясий | sajasij |

politicus (de)	саясатчы	sajasattʃı
staat (land)	мамлекет	mamleket
burger (de)	жаран	dʒaran
staatsburgerschap (het)	жарандык	dʒarandık

nationaal wapen (het)	улуттук герб	uluttuk gerb
volkslied (het)	мамлекеттик гимн	mamlekettik gimn

regering (de)	өкмөт	økmøt
staatshoofd (het)	мамлекет башчысы	mamleket baʃtʃısı
parlement (het)	парламент	parlament
partij (de)	партия	partija

kapitalisme (het)	капитализм	kapitalizm
kapitalistisch (bn)	капиталистик	kapitalistik

socialisme (het)	социализм	sotsializm
socialistisch (bn)	социалистик	sotsialistik

communisme (het)	коммунизм	kommunizm
communistisch (bn)	коммунистик	kommunistik
communist (de)	коммунист	kommunist

democratie (de)	демократия	demokratija
democraat (de)	демократ	demokrat
democratisch (bn)	демократиялык	demokratijalık
democratische partij (de)	демократиялык партия	demokratijalık partija

liberaal (de)	либерал	liberal
liberaal (bn)	либералдык	liberaldık

conservator (de)	консерватор	konservator
conservatief (bn)	консервативдик	konservativdik

republiek (de)	республика	respublika
republikein (de)	республикачы	respublikatʃı
Republikeinse Partij (de)	республикалык	respublikalık

verkiezing (de)	шайлоо	ʃajloo
kiezen (ww)	шайлоо	ʃajloo
kiezer (de)	шайлоочу	ʃajlootʃu
verkiezingscampagne (de)	шайлоо кампаниясы	ʃajloo kampanijası

stemming (de)	добуш	dobuʃ
stemmen (ww)	добуш берүү	dobuʃ beryy
stemrecht (het)	добуш берүү укугу	dobuʃ beryy ukugu

kandidaat (de)	талапкер	talapker
zich kandideren	талапкерлигин көрсөтүү	talapkerligin kørsøtyy
campagne (de)	кампания	kampanija

oppositie- (abn)	оппозициялык	oppozitsijalık
oppositie (de)	оппозиция	oppozitsija

bezoek (het)	визит	vizit
officieel bezoek (het)	расмий визит	rasmij vizit

internationaal (bn)	эл аралык	el aralık
onderhandelingen (mv.)	сүйлөшүүлөр	syjløʃyylør
onderhandelen (ww)	сүйлөшүүлөр жүргүзүү	syjløʃyylør ʤyrgyzyy

244. Politiek. Overheid. Deel 2

maatschappij (de)	коом	koom
grondwet (de)	конституция	konstituʦija
macht (politieke ~)	бийлик	bijlik
corruptie (de)	коррупция	korrupʦija

| wet (de) | мыйзам | mıjzam |
| wettelijk (bn) | мыйзамдуу | mıjzamduu |

| rechtvaardigheid (de) | адилеттик | adilettik |
| rechtvaardig (bn) | адилеттүү | adilettyy |

comité (het)	комитет	komitet
wetsvoorstel (het)	мыйзам долбоору	mıjzam dolbooru
begroting (de)	бюджет	bʉʤet
beleid (het)	саясат	sajasat
hervorming (de)	реформа	reforma
radicaal (bn)	радикалдуу	radikalduu

macht (vermogen)	күч	kytʃ
machtig (bn)	кудуреттүү	kudurettyy
aanhanger (de)	жактоочу	ʤaktooʧu
invloed (de)	таасир	taasir

regime (het)	түзүм	tyzym
conflict (het)	чыр-чатак	tʃır-tʃatak
samenzwering (de)	заговор	zagovor
provocatie (de)	айгак аракети	ajgak araketi

omverwerpen (ww)	кулатуу	kulatuu
omverwerping (de)	кулатуу	kulatuu
revolutie (de)	ыңкылап	ıŋkılap

| staatsgreep (de) | төңкөрүш | tøŋkøryʃ |
| militaire coup (de) | аскердик төңкөрүш | askerdik tøŋkøryʃ |

crisis (de)	каатчылык	kaatʧılık
economische recessie (de)	экономикалык төмөндөө	ekonomikalık tømøndøø
betoger (de)	демонстрант	demonstrant
betoging (de)	демонстрация	demonstraʦija
krijgswet (de)	согуш абалында	soguʃ abalında
militaire basis (de)	аскер базасы	asker bazası

| stabiliteit (de) | туруктуулук | turuktuuluk |
| stabiel (bn) | туруктуу | turuktuu |

uitbuiting (de)	эзүү	ezyy
uitbuiten (ww)	эзүү	ezyy
racisme (het)	расизм	rasizm

racist (de)	расист	rasist
fascisme (het)	фашизм	faʃizm
fascist (de)	фашист	faʃist

245. Landen. Diversen

vreemdeling (de)	чет өлкөлүк	ʧet ølkølyk
buitenlands (bn)	чет өлкөлүк	ʧet ølkølyk
in het buitenland (bw)	чет өлкөдө	ʧet ølkødø

emigrant (de)	эмигрант	emigrant
emigratie (de)	эмиграция	emigratsija
emigreren (ww)	башка өлкөгө көчүү	baʃka ølkøgø køʧyy

Westen (het)	Батыш	batıʃ
Oosten (het)	Чыгыш	ʧıgıʃ
Verre Oosten (het)	Алыскы Чыгыш	alıskı ʧıgıʃ
beschaving (de)	цивилизация	tsıvilizatsija
mensheid (de)	адамзат	adamzat
wereld (de)	аалам	aalam
vrede (de)	тынчтык	tınʧtık
wereld- (abn)	дүйнөлүк	dyjnølyk

vaderland (het)	мекен	meken
volk (het)	эл	el
bevolking (de)	калк	kalk
mensen (mv.)	адамдар	adamdar
natie (de)	улут	ulut
generatie (de)	муун	muun
gebied (bijv. bezette ~en)	аймак	ajmak
regio, streek (de)	регион	region
deelstaat (de)	штат	ʃtat

traditie (de)	салт	salt
gewoonte (de)	үрп-адат	yrp-adat
ecologie (de)	экология	ekologija

Indiaan (de)	индеец	indeets
zigeuner (de)	цыган	tsıgan
zigeunerin (de)	цыган аял	tsıgan ajal
zigeuner- (abn)	цыгандык	tsıgandık

rijk (het)	империя	imperija
kolonie (de)	колония	kolonija
slavernij (de)	кулчулук	kulʧuluk
invasie (de)	басып келүү	basıp kelyy
hongersnood (de)	ачарчылык	aʧarʧılık

246. Grote religieuze groepen. Bekentenissen

| religie (de) | дин | din |
| religieus (bn) | диний | dinij |

geloof (het)	диний ишеним	dinij iʃenim
geloven (ww)	ишенүү	iʃenyy
gelovige (de)	динчил	dintʃil
atheïsme (het)	атеизм	ateizm
atheïst (de)	атеист	ateist
christendom (het)	Христианчылык	χristiantʃılık
christen (de)	христиан	χristian
christelijk (bn)	христиандык	χristiandık
katholicisme (het)	Католицизм	katolitsizm
katholiek (de)	католик	katolik
katholiek (bn)	католиктер	katolikter
protestantisme (het)	Протестантизм	protestantizm
Protestante Kerk (de)	Протестанттык чиркөө	protestanttık tʃirkøø
protestant (de)	протестанттар	protestanttar
orthodoxie (de)	Православие	pravoslavie
Orthodoxe Kerk (de)	Православдык чиркөө	pravoslavdık tʃirkøø
orthodox	православдык	pravoslavdık
presbyterianisme (het)	Пресвитерианчылык	presviteriantʃılık
Presbyteriaanse Kerk (de)	Пресвитериандык чиркөө	presviteriandık tʃirkøø
presbyteriaan (de)	пресвитериандык	presviteriandık
lutheranisme (het)	Лютерандык чиркөө	lʉterandık tʃirkøø
lutheraan (de)	лютерандык	lʉterandık
baptisme (het)	Баптизм	baptizm
baptist (de)	баптист	baptist
Anglicaanse Kerk (de)	Англикан чиркөөсү	anglikan tʃirkøøsy
anglicaan (de)	англикан	anglikan
mormonisme (het)	Мормондук	mormonduk
mormoon (dc)	мормон	mormon
Jodendom (het)	Иудаизм	iudaizm
jood (aanhanger van het Jodendom)	иудей	iudej
boeddhisme (het)	Буддизм	buddızm
boeddhist (de)	буддист	buddist
hindoeïsme (het)	Индуизм	induizm
hindoe (de)	индуист	induist
islam (de)	Ислам	islam
islamiet (de)	мусулман	musulman
islamitisch (bn)	мусулмандык	musulmandık
sjiisme (het)	Шиизм	ʃiizm
sjiiet (de)	шиит	ʃiit
soennisme (het)	Суннизм	sunnizm
soenniet (de)	суннит	sunnit

247. Religies. Priesters

priester (de)	поп	pop
paus (de)	Рим Папасы	rim papası
monnik (de)	кечил	ketʃil
non (de)	кечил аял	ketʃil ajal
pastoor (de)	пастор	pastor
abt (de)	аббат	abbat
vicaris (de)	викарий	vikarij
bisschop (de)	епископ	episkop
kardinaal (de)	кардинал	kardinal
predikant (de)	диний үгүттөөчү	dinij ygyttøøtʃy
preek (de)	үгүт	ygyt
kerkgangers (mv.)	чиркөө коомунун мүчөлөрү	tʃirkøø koomunun mytʃøløry
gelovige (de)	динчил	dintʃil
atheïst (de)	атеист	ateist

248. Geloof. Christendom. Islam

Adam	Адам ата	adam ata
Eva	Обо эне	obo ene
God (de)	Кудай	kudaj
Heer (de)	Алла талаа	alla talaa
Almachtige (de)	Кудуреттүү	kudurettyy
zonde (de)	күнөө	kynøø
zondigen (ww)	күнөө кылуу	kynøø kıluu
zondaar (de)	күнөөкөр	kynøøkør
zondares (de)	күнөөкөр аял	kynøøkør ajal
hel (de)	тозок	tozok
paradijs (het)	бейиш	bejiʃ
Jezus	Иса	isa
Jezus Christus	Иса Пайгамбар	isa pajgambar
Heilige Geest (de)	Ыйык Рух	ijik ruχ
Verlosser (de)	Куткаруучу	kutkaruutʃu
Maagd Maria (de)	Бүбү Мариям	byby marijam
duivel (de)	Шайтан	ʃajtan
duivels (bn)	шайтан	ʃajtan
Satan	Шайтан	ʃajtan
satanisch (bn)	шайтандык	ʃajtandık
engel (de)	периште	periʃte
beschermengel (de)	сактагыч периште	saktagıtʃ periʃte

engelachtig (bn)	периште	periʃte
apostel (de)	апостол	apostol
aartsengel (de)	архангель	arχangelⁱ
antichrist (de)	антихрист	antiχrist

Kerk (de)	Чиркөө	tʃirkøø
bijbel (de)	библия	biblija
bijbels (bn)	библиялык	biblijalık

Oude Testament (het)	Эзелки осуят	ezelki osujat
Nieuwe Testament (het)	Жаңы осуят	dʒaŋı osujat
evangelie (het)	Евангелие	evangelie
Heilige Schrift (de)	Ыйык	ijık
Hemel, Hemelrijk (de)	Жаннат	dʒannat

gebod (het)	парз	parz
profeet (de)	пайгамбар	pajgambar
profetie (de)	пайгамбар сөзу	pajgambar søzy

Allah	Аллах	allaχ
Mohammed	Мухаммед	muχammed
Koran (de)	Куран	kuran

moskee (de)	мечит	metʃit
moellah (de)	мулла	mulla
gebed (het)	дуба	duba
bidden (ww)	дуба кылуу	duba kıluu

pelgrimstocht (de)	зыярат	zıjarat
pelgrim (de)	зыяратчы	zıjarattʃı
Mekka	Мекке	mekke

kerk (de)	чиркөө	tʃirkøø
tempel (de)	ибадаткана	ibadatkana
kathedraal (de)	чоң чиркөө	tʃoŋ tʃirkøø
gotisch (bn)	готикалуу	gotikaluu
synagoge (de)	синагога	sinagoga
moskee (de)	мечит	metʃit

kapel (de)	кичинекей чиркөө	kitʃinekej tʃirkøø
abdij (de)	аббаттык	abbattık
klooster (het)	монастырь	monastırⁱ

klok (de)	коңгуроо	koŋguroo
klokkentoren (de)	коңгуроо мунарасы	koŋguroo munarası
luiden (klokken)	коңгуроо кагуу	koŋguroo kaguu

kruis (het)	крест	krest
koepel (de)	купол	kupol
icoon (de)	икона	ikona

ziel (de)	жан	dʒan
lot, noodlot (het)	тагдыр	tagdır
kwaad (het)	жамандык	dʒamandık
goed (het)	жакшылык	dʒakʃılık
vampier (de)	кан соргуч	kan sorgutʃ

heks (de)	жез тумшук	ʤez tumʃuk
demoon (de)	шайтан	ʃajtan
geest (de)	арбак	arbak

| verzoeningsleer (de) | күнөөнү жуу | kynøøny ʤuu |
| vrijkopen (ww) | күнөөнү жуу | kynøøny ʤuu |

mis (de)	ибадат	ibadat
de mis opdragen	ибадат кылуу	ibadat kıluu
biecht (de)	сыр төгүү	sır tøgyy
biechten (ww)	сыр төгүү	sır tøgyy

heilige (de)	ыйык	ıjık
heilig (bn)	ыйык	ıjık
wijwater (het)	ыйык суу	ıjık suu

ritueel (het)	диний ырым-жырым	dinij ırım-ʤırım
ritueel (bn)	диний ырым-жырым	dinij ırım-ʤırım
offerande (de)	курмандык	kurmandık

bijgeloof (het)	ырым-жырым	ırım-ʤırım
bijgelovig (bn)	ырымчыл	ırımʧıl
hiernamaals (het)	тиги дүйнө	tigi dyjnø
eeuwige leven (het)	түбөлүк жашоо	tybølyk ʤaʃoo

DIVERSEN

249. Diverse nuttige woorden

achtergrond (de)	фон	fon
balans (de)	теңдем	teŋdem
basis (de)	түп	typ
begin (het)	башталыш	baʃtalıʃ
beurt (wie is aan de ~?)	кезек	kezek
categorie (de)	категория	kategorija
comfortabel (~ bed, enz.)	ыңгайлуу	ıŋgajluu
compensatie (de)	ордун толтуруу	ordun tolturuu
deel (gedeelte)	бөлүгү	bølygy
deeltje (het)	бөлүкчө	bølyktʃø
ding (object, voorwerp)	буюм	bujɯm
dringend (bn, urgent)	шашылыш	ʃaʃılıʃ
dringend (bw, met spoed)	шашылыш	ʃaʃılıʃ
effect (het)	таасир	taasir
eigenschap (kwaliteit)	касиет	kasiet
einde (het)	бүтүү	bytyy
element (het)	элемент	element
feit (het)	далил	dalil
fout (de)	ката	kata
geheim (het)	сыр	sır
graad (mate)	даража	daradʒa
groei (ontwikkeling)	өсүү	øsyy
hindernis (de)	тоскоолдук	toskoolduk
hinderpaal (de)	тоскоолдук	toskoolduk
hulp (de)	жардам	dʒardam
ideaal (het)	идеал	ideal
inspanning (de)	күч аракет	kytʃ araket
keuze (een grote ~)	тандоо	tandoo
labyrint (het)	лабиринт	labirint
manier (de)	ыкма	ıkma
moment (het)	учур	utʃur
nut (bruikbaarheid)	пайда	pajda
onderscheid (het)	айырма	ajırma
ontwikkeling (de)	өнүгүү	ønygyy
oplossing (de)	чечүү	tʃetʃyy
origineel (het)	түпнуска	typnuska
pauze (de)	тыныгуу	tınıguu
positie (de)	позиция	pozitsija
principe (het)	усул	usul

probleem (het)	кейгей	køjgøj
proces (het)	жараян	dʒarajan
reactie (de)	реакция	reaktsija

reden (om ~ van)	себеп	sebep
risico (het)	тобокел	tobokel
samenvallen (het)	дал келгендик	dal kelgendik
serie (de)	катар	katar

situatie (de)	кырдаал	kırdaal
soort (bijv. ~ sport)	түр	tyr
standaard (bn)	стандарттуу	standarttuu
standaard (de)	стандарт	standart
stijl (de)	стиль	stilʲ

stop (korte onderbreking)	токтотуу	toktotuu
systeem (het)	тутум	tutum
tabel (bijv. ~ van Mendelejev)	жадыбал	dʒadıbal
tempo (langzaam ~)	темп	temp
term (medische ~en)	атоо	atoo

type (soort)	түр	tyr
variant (de)	вариант	variant
veelvuldig (bn)	бат-бат	bat-bat
vergelijking (de)	салыштырма	salıʃtırma
voorbeeld (het goede ~)	мисал	misal

voortgang (de)	енүгүү	ønygyy
voorwerp (ding)	объект	obʰjekt
vorm (uiterlijke ~)	тариз	tariz
waarheid (de)	чындык	tʃındık
zone (de)	алкак	alkak

250. Beperkende bijwoorden. Bijvoeglijke naamwoorden. Deel 1

accuraat (uurwerk, enz.)	тыкан	tıkan
achter- (abn)	арткы	artkı
additioneel (bn)	кошумча	koʃumtʃa
anders (bn)	ар кандай	ar kandaj

arm (bijv. ~e landen)	кедей	kedej
begrijpelijk (bn)	түшүнүктүү	tyʃynyktyy
belangrijk (bn)	маанилүү	maanilyy
belangrijkst (bn)	эң маанилүү	eŋ maanilyy

beleefd (bn)	сылык	sılık
beperkt (bn)	чектелген	tʃektelgen
betekenisvol (bn)	маанилүү	maanilyy
bijziend (bn)	алыстан көрө албоо	alıstan kørø alboo
binnen- (abn)	ички	itʃki

bitter (bn)	ачуу	atʃuu
blind (bn)	сокур	sokur
breed (een ~e straat)	кең	keŋ

| breekbaar (porselein, glas) | морт | mort |
| buiten- (abn) | тышкы | tıʃkı |

buitenlands (bn)	чет өлкөлүк	tʃet ølkølyk
burgerlijk (bn)	жарандык	dʒarandık
centraal (bn)	борбордук	borborduk
dankbaar (bn)	ыраазы	ıraazı
dicht (~e mist)	коюу	kojɥu

dicht (bijv. ~e mist)	коюу	kojɥu
dicht (in de ruimte)	жакын	dʒakın
dicht (bn)	жакынкы	dʒakınkı
dichtstbijzijnd (bn)	эң жакынкы	eŋ dʒakınkı

diepvries (~product)	тоңдурулган	toŋdurulgan
dik (bijv. muur)	калың	kalıŋ
dof (~ licht)	күңүрт	kyŋyrt
dom (dwaas)	акылсыз	akılsız

donker (bijv. ~e kamer)	караңгы	karaŋgı
dood (bn)	өлүк	ølyk
doorzichtig (bn)	тунук	tunuk
droevig (~ blik)	кайгылуу	kajgıluu
droog (bn)	кургак	kurgak

dun (persoon)	арык	arık
duur (bn)	кымбат	kımbat
eender (bn)	окшош	okʃoʃ
eenvoudig (bn)	женил	dʒenil
eenvoudig (bn)	жөнөкөй	dʒønøkøj

eeuwenoude (~ beschaving)	байыркы	bajırkı
enorm (bn)	зор	zor
geboorte- (stad, land)	өз	øz
gebruind (bn)	күнгө күйгөн	kyngø kyjgøn

gelijkend (bn)	окшош	okʃoʃ
gelukkig (bn)	бактылуу	baktıluu
gesloten (bn)	жабык	dʒabık
getaand (bn)	кара тору	kara toru

gevaarlijk (bn)	коркунучтуу	korkunutʃtuu
gewoon (bn)	жөнөкөй	dʒønøkøj
gezamenlijk (~ besluit)	бирге	birge
glad (~ oppervlak)	жылма	dʒılma
glad (~ oppervlak)	тегиз	tegiz

goed (bn)	жакшы	dʒakʃı
goedkoop (bn)	арзан	arzan
gratis (bn)	акысыз	akısız
groot (bn)	чоң	tʃoŋ

hard (niet zacht)	катуу	katuu
heel (volledig)	бүтүн	bytyn
heet (bn)	ысык	ısık
hongerig (bn)	ачка	atʃka

hoofd- (abn)	негизги	negizgi
hoogste (bn)	жогорку	dʒogorku
huidig (courant)	учурда	utʃurda
jong (bn)	жаш	dʒaʃ

juist, correct (bn)	туура	tuura
kalm (bn)	тынч	tıntʃ
kinder- (abn)	балдар	baldar
klein (bn)	кичине	kitʃine
koel (~ weer)	салкын	salkın

kort (kortstondig)	кыска мөөнөттүү	kıska møønøttyy
kort (niet lang)	кыска	kıska
koud (~ water, weer)	муздак, суук	muzdak, suuk
kunstmatig (bn)	жасалма	dʒasalma

laatst (bn)	акыркы	akırkı
lang (een ~ verhaal)	узак	uzak
langdurig (bn)	узак	uzak
lastig (~ probleem)	кыйын	kıjın

leeg (glas, kamer)	бош	boʃ
lekker (bn)	даамдуу	daamduu
licht (kleur)	ачык	atʃık
licht (niet veel weegt)	жеңил	dʒeŋil

linker (bn)	сол	sol
luid (bijv. ~e stem)	катуу	katuu
mager (bn)	арык	arık
mat (bijv. ~ verf)	жалтырабаган	dʒaltırabagan
moe (bn)	чарчаңкы	tʃartʃaŋkı

moeilijk (~ besluit)	оор	oor
mogelijk (bn)	мүмкүн	mymkyn
mooi (bn)	сулуу	suluu
mysterieus (bn)	сырдуу	sırduu

naburig (bn)	коңшу	konʃu
nalatig (bn)	шалаакы	ʃalaakı
nat (~te kleding)	суу	suu
nerveus (bn)	тынчы кеткен	tıntʃı ketken
niet groot (bn)	анчейин эмес	antʃejin emes

niet moeilijk (bn)	анчейин оор эмес	antʃejin oor emes
nieuw (bn)	жаңы	dʒaŋı
nodig (bn)	керектүү	kerektyy
normaal (bn)	кадимки	kadimki

251. Beperkende bijwoorden. Bijvoeglijke naamwoorden. Deel 2

onbegrijpelijk (bn)	түшүнүксүз	tyʃynyksyz
onbelangrijk (bn)	арзыбаган	arzıbagan
onbeweeglijk (bn)	кыймылсыз	kıjmılsız
onbewolkt (bn)	булутсуз	bulutsuz

228

ondergronds (geheim)	жашыруун	dʒaʃiruun
ondiep (bn)	тайыз	tajiz
onduidelijk (bn)	ачык эмес	atʃik emes
onervaren (bn)	тажрыйбасыз	tadʒrijbasiz
onmogelijk (bn)	мүмкүн эмес	mymkyn emes
onontbeerlijk (bn)	керектүү	kerektyy
onophoudelijk (bn)	үзгүлтүксүз	yzgyltyksyz
ontkennend (bn)	терс	ters
open (bn)	ачык	atʃik
openbaar (bn)	коомдук	koomduk
origineel (ongewoon)	бөтөнчө	bøtøntʃø
oud (~ huis)	эски	eski
overdreven (bn)	ашыкча	aʃiktʃa
passend (bn)	жарактуу	dʒaraktuu
permanent (bn)	туруктуу	turuktuu
persoonlijk (bn)	жекелик	dʒekelik
plat (bijv. ~ scherm)	жалпак	dʒalpak
prachtig (~ paleis, enz.)	укмуштай	ukmuʃtaj
precies (bn)	так	tak
prettig (bn)	жагымдуу	dʒagimduu
privé (bn)	жеке	dʒeke
punctueel (bn)	так	tak
rauw (niet gekookt)	чийки	tʃijki
recht (weg, straat)	түз	tyz
rechter (bn)	оң	oŋ
rijp (fruit)	бышкан	biʃkan
riskant (bn)	тобокелдүү	tobokeldyy
ruim (een ~ huis)	кең	keŋ
rustig (bn)	тынч	tintʃ
scherp (bijv. ~ mes)	курч	kurtʃ
schoon (niet vies)	таза	taza
slecht (bn)	жаман	dʒaman
slim (verstandig)	акылдуу	akilduu
smal (~le weg)	кууш	kuuʃ
snel (vlug)	тез	tez
somber (bn)	караңгы	karaŋgi
speciaal (bn)	атайын	atajin
sterk (bn)	күчтүү	kytʃtyy
stevig (bn)	бекем	bekem
straatarm (bn)	кедей	kedej
strak (schoenen, enz.)	тар	tar
teder (liefderijk)	назик	nazik
tegenovergesteld (bn)	карама-каршы	karama-karʃi
tevreden (bn)	курсант	kursant
tevreden (klant, enz.)	ыраазы	iraazi
treurig (bn)	муңдуу	munduu
tweedehands (bn)	мурдагы	murdagi
uitstekend (hn)	мыкты	mikti

uitstekend (bn)	сонун	sonun
uniek (bn)	окшоштугу жок	okʃoʃtugu dʒok
veilig (niet gevaarlijk)	коопсуз	koopsuz
ver (in de ruimte)	алыс	alıs

verenigbaar (bn)	сыйышкыч	sıjıʃkıtʃ
vermoeiend (bn)	чарчатуучу	tʃartʃatuutʃu
verplicht (bn)	милдеттүү	mildettyy
vers (~ brood)	жаңы	dʒaŋı
verschillende (bn)	түрлүү	tyrlyy

verst (meest afgelegen)	алыс	alıs
vettig (voedsel)	майлуу	majluu
vijandig (bn)	кастык	kastık
vloeibaar (bn)	суюк	sujʉk
vochtig (bn)	нымдуу	nımduu
vol (helemaal gevuld)	толо	tolo

volgend (~ jaar)	кийинки	kijinki
vorig (bn)	өтүп кеткен	øtyp ketken
voornaamste (bn)	негизги	negizgi
vorig (~ jaar)	мурунку	murunku
vorig (bijv. ~e baas)	мурунку	murunku

vriendelijk (aardig)	сүйкүмдүү	syjkymdyy
vriendelijk (goedhartig)	боорукер	booruker
vrij (bn)	эркин	erkin
vrolijk (bn)	куунак	kuunak
vruchtbaar (~ land)	түшүмдүү	tyʃymdyy

vuil (niet schoon)	кир	kir
waarschijnlijk (bn)	ыктымал	ıktımal
warm (bn)	жылуу	dʒıluu
wettelijk (bn)	мыйзамдуу	mıjzamduu
zacht (bijv. ~ kussen)	жумшак	dʒumʃak

zacht (bn)	акырын	akırın
zeldzaam (bn)	сейрек	sejrek
ziek (bn)	оорулуу	ooruluu
zoet (~ water)	тузсуз	tuzsuz
zoet (bn)	таттуу	tattuu

zonnig (~e dag)	күн ачык	kyn atʃık
zorgzaam (bn)	камкор	kamkor
zout (de soep is ~)	туздуу	tuzduu
zuur (smaak)	кычкыл	kıtʃkıl
zwaar (~ voorwerp)	оор	oor

DE 500 BELANGRIJKSTE WERKWOORDEN

252. Werkwoorden A-C

aaien (bijv. een konijn ~)	сылоо	sıloo
aanbevelen (ww)	сунуштоо	sunuʃtoo
aandringen (ww)	көшөрүү	køʃøryy
aankomen (ov. de treinen)	келүү	kelyy
aanleggen (bijv. bij de pier)	келип токтоо	kelip toktoo
aanraken (met de hand)	тийүү	tijyy
aansteken (kampvuur, enz.)	от жагуу	ot dʒaguu
aanstellen (in functie plaatsen)	дайындоо	dajındoo
aanvallen (mil.)	кол салуу	kol saluu
aanvoelen (gevaar ~)	сезүү	sezyy
aanvoeren (leiden)	баш болуу	baʃ boluu
aanwijzen (de weg ~)	көрсөтүү	kørsøtyy
aanzetten (computer, enz.)	жүргүзүү	dʒyrgyzyy
ademen (ww)	дем алуу	dem aluu
adverteren (ww)	жарнамалоо	dʒarnamaloo
adviseren (ww)	кеңеш берүү	keŋeʃ beryy
afdalen (on.ww.)	ылдый түшүү	ıldıj tyʃyy
afgunstig zijn (ww)	көрө албоо	kørø alboo
afhakken (ww)	чаап таштоо	tʃaap taʃtoo
afhangen van …	… көзүн кароо	… køzyn karoo
afluisteren (ww)	аңдып тыңшоо	aŋdıp tıŋʃoo
afnemen (verwijderen)	алып таштоо	alıp taʃtoo
afrukken (ww)	үзүп алуу	yzyp aluu
afslaan (naar rechts ~)	бурулуу	buruluu
afsnijden (ww)	косип апуу	kesip aluu
afzeggen (ww)	жокко чыгаруу	dʒokku tʃıgaruu
amputeren (ww)	кесип таштоо	kesip taʃtoo
amuseren (ww)	көңүл көтөрүү	køŋyl køtøryy
antwoorden (ww)	жооп берүү	dʒoop beryy
applaudisseren (ww)	кол чабуу	kol tʃabuu
aspireren (iets willen worden)	умтулуу	umtuluu
assisteren (ww)	жардам берүү	dʒardam beryy
bang zijn (ww)	коркуу	korkuu
barsten (plafond, enz.)	жарака кетүү	dʒaraka ketyy
bedienen (in restaurant)	тейлөө	tejløø
bedreigen (bijv. met een pistool)	коркутуу	korkutuu

bedriegen (ww)	алдоо	aldoo
beduiden (betekenen)	билдирүү	bildiryy
bedwingen (ww)	кармап туруу	karmap turuu
beëindigen (ww)	бүтүрүү	bytyryy

begeleiden (vergezellen)	жолдоо	dʒoldoo
begieten (water geven)	сугаруу	sugaruu
beginnen (ww)	баштоo	baʃtoo
begrijpen (ww)	түшүнүү	tyʃynyy
behandelen (patiënt, ziekte)	дарылоо	darıloo

beheren (managen)	башкаруу	baʃkaruu
beïnvloeden (ww)	таасир этүү	taasir etyy
bekennen (misdadiger)	моюнга алуу	mojʉnga aluu
beledigen (met scheldwoorden)	кордоо	kordoo

beledigen (ww)	көңүлгө тийүү	køŋylgø tijyy
beloven (ww)	убада берүү	ubada beryy
beperken (de uitgaven ~)	чектөө	tʃektøø
bereiken (doel ~, enz.)	жетүү	dʒetyy

bereiken (plaats van bestemming ~)	жетүү	dʒetyy
beschermen (bijv. de natuur ~)	коргоо	korgoo
beschuldigen (ww)	айыптоо	ajıptoo
beslissen (~ iets te doen)	чечүү	tʃetʃyy

besmet worden (met …)	жуктуруп алуу	dʒukturup aluu
besmetten (ziekte overbrengen)	жуктуруу	dʒukturuu
bespreken (spreken over)	талкуулоо	talkuuloo
bestaan (een ~ voeren)	жашоо	dʒaʃoo

bestellen (eten ~)	буйрутма кылуу	bujrutma kıluu
bestraffen (een stout kind ~)	жазалоо	dʒazaloo
betalen (ww)	төлөө	tøløø
betekenen (beduiden)	маанини билдирүү	maanini bildiryy

betreuren (ww)	өкүнүү	økynyy
bevallen (prettig vinden)	жактыруу	dʒaktıruu
bevelen (mil.)	буйрук кылуу	bujruk kıluu
bevredigen (ww)	жактыруу	dʒaktıruu

bevrijden (stad, enz.)	бошотуу	boʃotuu
bewaren (oude brieven, enz.)	сактоо	saktoo
bewaren (vrede, leven)	сактоо	saktoo
bewijzen (ww)	далилдөө	dalildøø

bewonderen (ww)	суктануу	suktanuu
bezitten (ww)	ээ болуу	ee boluu
bezorgd zijn (ww)	сарсанаа болуу	sarsanaa boluu
bezorgd zijn (ww)	толкундануу	tolkundanuu
bidden (praten met God)	дуба кылуу	duba kıluu
bijvoegen (ww)	кошуу	koʃuu

binden (ww)	байлоо	bajloo
binnengaan (een kamer ~)	кирүү	kiryy
blazen (ww)	үйлөө	yjløø
blozen (zich schamen)	кызаруу	kızaruu
blussen (brand ~)	өчүрүү	øʧyryy
boos maken (ww)	ачуусун келтирүү	aʧuusun keltiryy
boos zijn (ww)	ачуулануу	aʧuulanuu
breken	үзүлүү	yzylyy
(on.ww., van een touw)		
breken (speelgoed, enz.)	сындыруу	sındıruu
brengen (iets ergens ~)	алып келүү	alıp kelyy
charmeren (ww)	өзүнө тартуу	øzynø tartuu
citeren (ww)	сөзүн келтирүү	søzyn keltiryy
compenseren (ww)	ордун толтуруу	ordun tolturuu
compliceren (ww)	татаалдантуу	tataaldantuu
componeren (muziek ~)	чыгаруу	ʧıgaruu
compromitteren (ww)	беделин түшүрүү	bedelin tyʃyryy
concurreren (ww)	атаандашуу	ataandaʃuu
controleren (ww)	көзөмөлдөө	køzømøldøø
coöpereren (samenwerken)	кызматташуу	kızmattaʃuu
coördineren (ww)	ыңтайга келтирүү	ıŋtajga keltiryy
corrigeren (fouten ~)	түзөтүү	tyzøtyy
creëren (ww)	жаратуу	dʒaratuu

253. Werkwoorden D-K

danken (ww)	ыраазычылык билдирүү	ıraazıʧılık bildiryy
de was doen	кир жуу	kir dʒuu
de weg wijzen	багыттоо	bagıttoo
deelnemen (ww)	катышуу	katıʃuu
delen (wisk.)	бөлүү	bølyy
denken (ww)	ойлонуу	ojlonuu
doden (ww)	өлтүрүү	øltyryy
doen (ww)	жасоо	dʒasoo
dresseren (ww)	үйрөтүү	yjrøtyy
drinken (ww)	ичүү	iʧyy
drogen (klederen, haar)	кургатуу	kurgatuu
dromen (in de slaap)	түш көрүү	tyʃ køryy
dromen (over vakantie ~)	кыялдануу	kijaldanuu
duiken (ww)	сүңгүү	syŋgyy
durven (ww)	батынып баруу	batınıp baruu
duwen (ww)	түртүү	tyrtyy
een auto besturen	айдоо	ajdoo
een bad geven	сууга түшүрүү	suuga tyʃyryy
een bad nemen	жуунуу	dʒuunuu
een conclusie trekken	тыянак чыгаруу	tıjanak ʧıgaruu

foto's maken	сүрөткө тартуу	syrøtkø tartuu
eisen (met klem vragen)	талап кылуу	talap kıluu
erkennen (schuld)	моюнга алуу	mojunga aluu
erven (ww)	мураска ээ болуу	muraska ee boluu
eten (ww)	тамактануу	tamaktanuu
excuseren (vergeven)	кечирүү	ketʃiryy
existeren (bestaan)	чыгуу	tʃıguu
feliciteren (ww)	куттуктоо	kuttuktoo
gaan (te voet)	басуу	basuu
gaan slapen	уйкуга кетүү	ujkuga ketyy
gaan zitten (ww)	отуруу	oturuu
gaan zwemmen	сууга түшүү	suuga tyʃyy
garanderen (garantie geven)	кепилдик берүү	kepildik beryy
gebruiken (bijv. een potlood ~)	пайдалануу	pajdalanuu
gebruiken (woord, uitdrukking)	пайдалануу	pajdalanuu
geconserveerd zijn (ww)	сакталуу	saktaluu
gedateerd zijn (ww)	күн боюнча	kyn bojuntʃa
gehoorzamen (ww)	баш ийүү	baʃ ijyy
gelijken (op elkaar lijken)	окшош болуу	okʃoʃ boluu
geloven (vinden)	ишенүү	iʃenyy
genoeg zijn (ww)	жетиштүү болуу	dʒetiʃtyy boluu
geven (ww)	берүү	beryy
gieten (in een beker ~)	куюу	kujuu
glimlachen (ww)	жылмаюу	dʒılmadʒuu
glimmen (glanzen)	жаркырап туруу	dʒarkırap turuu
gluren (ww)	шыкалоо	ʃıkaloo
goed raden (ww)	жандырмагын табуу	dʒandırmagın tabuu
gooien (een steen, enz.)	ыргытуу	ırgıtuu
grappen maken (ww)	тамашалоо	tamaʃaloo
graven (tunnel, enz.)	казуу	kazuu
haasten (iemand ~)	шаштыруу	ʃaʃtıruu
hebben (ww)	бар болуу	bar boluu
helpen (hulp geven)	жардам берүү	dʒardam beryy
herhalen (opnieuw zeggen)	кайталоо	kajtaloo
herinneren (ww)	унутпоо	unutpoo
herinneren aan … (afspraak, opdracht)	… эстетүү	… estetyy
herkennen (identificeren)	таануу	taanuu
herstellen (repareren)	оңдоо	oŋdoo
het haar kammen	тарануу	taranuu
hopen (ww)	үмүттөнүү	ymyttønyy
horen (waarnemen met het oor)	угуу	uguu
houden van (muziek, enz.)	сүйүү	syjyy
huilen (wenen)	ыйлоо	ıjloo
huiveren (ww)	селт этүү	selt etyy

huren (een boot ~)	жалдап алуу	dʒaldap aluu
huren (huis, kamer)	батирге алуу	batirge aluu
huren (personeel)	жалдоо	dʒaldoo
imiteren (ww)	тууроо	tuuroo

importeren (ww)	импорттоо	importtoo
inenten (vaccineren)	эмдөө	emdøø
informeren (informatie geven)	маалымат берүү	maalımat beryy
informeren naar ... (navraag doen)	билүү	bilyy
inlassen (invoegen)	коюу	kojʉu

inpakken (in papier)	ороо	oroo
inspireren (ww)	шыктандыруу	ʃıktandıruu
instemmen (akkoord gaan)	макул болуу	makul boluu
interesseren (ww)	кызыктыруу	kızıktıruu

irriteren (ww)	кыжырын келтирүү	kıdʒırın keltiryy
isoleren (ww)	бөлүп коюу	bølyp kojʉu
jagen (ww)	аңчылык кылуу	aŋtʃılık kıluu
kalmeren (kalm maken)	тынчтандыруу	tıntʃtandıruu

kennen (kennis hebben van iemand)	таануу	taanuu
kennismaken (met ...)	таанышуу	taanıʃuu
kiezen (ww)	тандоо	tandoo
kijken (ww)	көрүү	køryy

klaarmaken (een plan ~)	даярдоо	dajardoo
klaarmaken (het eten ~)	даярдоо	dajardoo
klagen (ww)	арызгануу	arızdanuu
kloppen (aan een deur)	такылдатуу	takıldatuu

kopen (ww)	сатып алуу	satıp aluu
kopieën maken	көбөйтүү	købøjtyy
kosten (ww)	туруу	turuu
kunnen (ww)	жасай алуу	dʒasaj aluu
kweken (planten ~)	өстүрүү	østyɪyy

254. Werkwoorden L-R

lachen (ww)	күлүү	kylyy
laden (geweer, kanon)	октоо	oktoo
laden (vrachtwagen)	жүктөө	dʒyktøø
laten vallen (ww)	түшүрүп алуу	tyʃyryp aluu

lenen (geld ~)	карызга акча алуу	karızga aktʃa aluu
leren (lesgeven)	окутуу	okutuu
leven (bijv. in Frankrijk ~)	жашоо	dʒaʃoo
lezen (een boek ~)	окуу	okuu

lid worden (ww)	кошулуу	koʃuluu
liefhebben (ww)	сүйүү	syjyy
liegen (ww)	калп айтуу	kalp ajtuu

liggen (op de tafel ~)	жатуу	dӡatuu
liggen (persoon)	жатуу	dӡatuu
lijden (pijn voelen)	кайгыруу	kajgıruu
losbinden (ww)	чечип алуу	tʃetʃip aluu
luisteren (ww)	угуу	uguu
lunchen (ww)	түштөнүү	tyʃtønyy
markeren (op de kaart, enz.)	белгилөө	belgiløø
melden (nieuws ~)	билдирүү	bildiryy
memoriseren (ww)	эстеп калуу	estep kaluu
mengen (ww)	аралаштыруу	aralaʃtıruu
mikken op (ww)	мээлөө	meeløø
minachten (ww)	киши катарына албоо	kiʃi katarına alboo
moeten (ww)	тийиш	tijiʃ
morsen (koffie, enz.)	төгүп алуу	tøgyp aluu
naderen (dichterbij komen)	жакындоо	dӡakındoo
neerlaten (ww)	түшүрүү	tyʃyryy
nemen (ww)	алуу	aluu
nodig zijn (ww)	керек болуу	kerek boluu
noemen (ww)	атоо	atoo
noteren (opschrijven)	белгилөө	belgiløø
omhelzen (ww)	кучакташуу	kutʃaktaʃuu
omkeren (steen, voorwerp)	оодаруу	oodaruu
onderhandelen (ww)	сүйлөшүүлөр жүргүзүү	syjløʃyylør dӡyrgyzyy
ondernemen (ww)	чара көрүү	tʃara køryy
onderschatten (ww)	баалабоо	baalaboo
onderscheiden (een ereteken geven)	сыйлоо	sıjloo
onderstrepen (ww)	баса белгилөө	basa belgiløø
ondertekenen (ww)	кол коюу	kol kojʉu
onderwijzen (ww)	үйрөтүү	yjrøtyy
onderzoeken (alle feiten, enz.)	карап чыгуу	karap tʃıguu
bezorgd maken	көңүлүн бөлүү	køŋylyn bølyy
onmisbaar zijn (ww)	зарыл болуу	zarıl boluu
ontbijten (ww)	эртең менен тамактануу	erteŋ menen tamaktanuu
ontdekken (bijv. nieuw land)	таап ачуу	taap atʃuu
ontkennen (ww)	тануу, төгүндөө	tanuu, tøgyndøø
ontlopen (gevaar, taak)	качуу	katʃuu
ontnemen (ww)	ажыратуу	adӡıratuu
ontwerpen (machine, enz.)	түзүлүшүн берүү	tyzylyʃyn beryy
oorlog voeren (ww)	согушуу	soguʃuu
op orde brengen	иретке келтирүү	iretke keltiryy
opbergen (in de kast, enz.)	катып коюу	katıp kojʉu
opduiken (ov. een duikboot)	калкып чыгуу	kalkıp tʃıguu
openen (ww)	ачуу	atʃuu
ophangen (bijv. gordijnen ~)	илүү	ilyy

ophouden (ww)	токтотуу	toktotuu
oplossen (een probleem ~)	чечүү	tʃetʃyy
opmerken (zien)	байкоо	bajkoo

opmerken (zien)	байкоо	bajkoo
opscheppen (ww)	мактануу	maktanuu
opschrijven (op een lijst)	жазып коюу	dʒazıp kodʒɵu
opschrijven (ww)	кагазга түшүрүү	kagazga tyʃyryy

opstaan (uit je bed)	туруу	turuu
opstarten (project, enz.)	жандыруу	dʒandıruu
opstijgen (vliegtuig)	учуп чыгуу	utʃup tʃıguu
optreden (resoluut ~)	аракет кылуу	araket kıluu

organiseren (concert, feest)	уюштуруу	ujɵʃturuu
overdoen (ww)	кайра жасатуу	kajra dʒasatuu
overheersen (dominant zijn)	үстөмдүк кылуу	ystømdyk kıluu
overschatten (ww)	ашыра баалоо	aʃıra baaloo

overtuigd worden (ww)	катуу ишенген	katuu iʃengen
overtuigen (ww)	ишендирүү	iʃendiryy
passen (jurk, broek)	ылайык келүү	ılajık kelyy
passeren (~ mooie dorpjes, enz.)	өтүп кетүү	øtup ketyy

peinzen (lang nadenken)	ойлонуу	ojlonuu
penetreren (ww)	жылжып кирүү	dʒıldʒıp kiryy
plaatsen (ww)	коюу	kojɵu
plaatsen (zetten)	жайгаштыруу	dʒajgaʃtıruu

plannen (ww)	пландаштыруу	plandaʃtıruu
plezier hebben (ww)	көңүл ачуу	køŋyl atʃuu
plukken (bloemen ~)	үзүү	yzyy
prefereren (verkiezen)	артык көрүү	artık køryy

proberen (trachten)	аракет кылуу	araket kıluu
proberen (trachten)	аракет кылуу	araket kıluu
protesteren (ww)	нааразычылык билдирүү	naarazıtʃılık bildiryy
provoceren (uitdagen)	көкүтүү	køkytyy

raadplegen (dokter, enz.)	кеңешүү	keŋeʃyy
rapporteren (ww)	билдирүү	bildiryy
redden (ww)	куткаруу	kutkaruu
regelen (conflict)	чечүү	tʃetʃyy

reinigen (schoonmaken)	тазалоо	tazaloo
rekenen op ...	... ишенүү	... iʃenyy
rennen (ww)	чуркоо	tʃurkoo
reserveren (een hotelkamer ~)	камдык буйрутмалоо	kamdık bujrutmaloo

rijden (per auto, enz.)	жүрүү	dʒyryy
rillen (ov. de kou)	калтыроо	kaltıroo
riskeren (ww)	тобокелге салуу	tobokelge saluu
roepen (met je stem)	чакыруу	tʃakıruu
roepen (om hulp)	чакыруу	tʃakıruu

ruiken (bepaalde geur verspreiden)	жыттануу	dʒıttanuu
ruiken (rozen)	жыттоо	dʒıttoo
rusten (verpozen)	эс алуу	es aluu

255. Verbs S-V

samenstellen, maken (een lijst ~)	түзүү	tyzyy
schieten (ww)	атуу	atuu
schoonmaken (bijv. schoenen ~)	тазалоо	tazaloo
schoonmaken (ww)	жыйнаштыруу	dʒıjnaʃtıruu
schrammen (ww)	тытуу	tıtuu
schreeuwen (ww)	кыйкыруу	kıjkıruu
schrijven (ww)	жазуу	dʒazuu
schudden (ww)	силкилдетүү	silkildetyy
selecteren (ww)	ылгоо	ılgoo
simplificeren (ww)	жөнөкөйлөтүү	dʒønøkøjløtyy
slaan (een hond ~)	уруу	uruu
sluiten (ww)	жабуу	dʒabuu
smeken (bijv. om hulp ~)	өтүнүү	øtynyy
souperen (ww)	кечки тамакты ичүү	ketʃki tamaktı itʃyy
spelen (bijv. filmacteur)	ойноо	ojnoo
spelen (kinderen, enz.)	ойноо	ojnoo
spreken met ...	... менен сүйлөшүү	... menen syjløʃyy
spuwen (ww)	түкүрүү	tykyryy
stelen (ww)	уурдоо	uurdoo
stemmen (verkiezing)	добуш берүү	dobuʃ beryy
steunen (een goed doel, enz.)	колдоо	koldoo
stoppen (pauzeren)	токтоо	toktoo
storen (lastigvallen)	тынчын алуу	tıntʃın aluu
strijden (tegen een vijand)	согушуу	soguʃuu
strijden (ww)	согушуу	soguʃuu
strijken (met een strijkbout)	үтүктөө	ytyktøø
studeren (bijv. wiskunde ~)	окуу	okuu
sturen (zenden)	жөнөтүү	dʒønøtyy
tellen (bijv. geld ~)	эсептөө	eseptøø
terugkeren (ww)	кайтып келүү	kajtıp kelyy
terugsturen (ww)	артка жөнөтүү	artka dʒønøtyy
toebehoren aan ...	таандык болуу	taandık boluu
toegeven (zwichten)	жол берүү	dʒol beryy
toenemen (on. ww)	көбөйүү	købøjyy
toespreken (zich tot iemand richten)	кайрылуу	kajrıluu

| toestaan (goedkeuren) | уруксат берүү | uruksat beryy |
| toestaan (ww) | уруксат берүү | uruksat beryy |

toewijden (boek, enz.)	арноо	arnoo
tonen (uitstallen, laten zien)	көрсөтүү	kørsøtyy
trainen (ww)	машыктыруу	maʃıktıruu
transformeren (ww)	башка түргө айлантуу	baʃka tyrgø ajlantuu

trekken (touw)	тартуу	tartuu
trouwen (ww)	аял алуу	ajal aluu
tussenbeide komen (ww)	кийлигишүү	kijligiʃyy
twijfelen (onzeker zijn)	күмөн саноо	kymøn sanoo

uitdelen (pamfletten ~)	таркатуу	tarkatuu
uitdoen (licht)	өчүрүү	øtʃyryy
uitdrukken (opinie, gevoel)	сөз менен айтып берүү	søz menen ajtıp beryy
uitgaan (om te dineren, enz.)	чыгуу	tʃıguu
uitlachen (bespotten)	шылдыңдоо	ʃıldıŋdoo

uitnodigen (ww)	чакыруу	tʃakıruu
uitrusten (ww)	жабдуу	dʒabduu
uitsluiten (wegsturen)	чыгаруу	tʃıgaruu
uitspreken (ww)	айтуу	ajtuu

uittorenen (boven …)	көтөрүлүү	køtørylyy
uitvaren tegen (ww)	урушуу	uruʃuu
uitvinden (machine, enz.)	ойлоп табуу	ojlop tabuu
uitwissen (ww)	өчүрүү	øtʃyryy

vangen (ww)	кармоо	karmoo
vastbinden aan …	байлоо	bajloo
vechten (ww)	мушташуу	muʃtaʃuu
veranderen (bijv. mening ~)	өзгөртүү	øzgørtyy

verbaasd zijn (ww)	таң калуу	taŋ kaluu
verbazen (verwonderon)	таң калтыруу	taŋ kaltıruu
verbergen (ww)	жашыруу	dʒaʃıruu
verbieden (ww)	тыюу салуу	tijuu saluu

verblinden (andere chauffeurs)	көздү уялтуу	køzdy ujaltuu
verbouwereerd zijn (ww)	башы маң болуу	baʃı maŋ boluu
verbranden (bijv. papieren ~)	күйгүзүү	kyjgyzyy
verdedigen (je land ~)	коргоо	korgoo

verdenken (ww)	күмөн саноо	kymøn sanoo
verdienen (een complimentje, enz.)	акылуу болуу	akıluu boluu
verdragen (tandpijn, enz.)	чыдоо	tʃıdoo
verdrinken (in het water omkomen)	чөгүү	tʃøgyy

verdubbelen (ww)	эки эселөө	eki eseløø
verdwijnen (ww)	жоголуп кетүү	dʒogolup ketyy
verenigen (ww)	бириктирүү	biriktiryy
vergelijken (ww)	салыштыруу	salıʃtıruu

vergeten (achterlaten)	калтыруу	kaltıruu
vergeten (ww)	унутуу	unutuu
vergeven (ww)	кечирүү	ketʃiryy
vergroten (groter maken)	чоңойтуу	tʃoŋojtuu
verklaren (uitleggen)	түшүндүрүү	tyʃyndyryy
verklaren (volhouden)	сөзүнө туруу	søzynø turuu
verklikken (ww)	чагым кылуу	tʃagım kıluu
verkopen (per stuk ~)	сатуу	satuu
verlaten (echtgenoot, enz.)	таштап кетүү	taʃtap ketyy
verlichten (gebouw, straat)	жарык кылуу	dʒarık kıluu
verlichten (gemakkelijker maken)	жеңилдентүү	dʒeŋildentyy
verliefd worden (ww)	сүйүп калуу	syjyp kaluu
verliezen (bagage, enz.)	жоготуу	dʒogotuu
vermelden (praten over)	айтып өтүү	ajtıp øtyy
vermenigvuldigen (wisk.)	көбөйтүү	købøjtyy
verminderen (ww)	кичирейтүү	kitʃirejtyy
vermoeid raken (ww)	чарчоо	tʃartʃoo
vermoeien (ww)	чарчатуу	tʃartʃatuu

256. Verbs V-Z

vernietigen (documenten, enz.)	жок кылуу	dʒok kıluu
veronderstellen (ww)	божомолдоо	bodʒomoldoo
verontwaardigd zijn (ww)	нааразы болуу	naarazı boluu
veroordelen (in een rechtszaak)	өкүм чыгаруу	økym tʃıgaruu
veroorzaken ... (oorzaak zijn van ...)	... себеп болуу	... sebep boluu
verplaatsen (ww)	ордунан жылдыруу	ordunan dʒıldıruu
verpletteren (een insect, enz.)	тебелөө	tebeløø
verplichten (ww)	мажбурлоо	madʒburloo
verschijnen (bijv. boek)	жарык көрүү	dʒarık køryy
verschijnen (in zicht komen)	көрүнүү	kørynyy
verschillen (~ van iets anders)	айырмалануу	ajırmalanuu
versieren (decoreren)	кооздоо	koozdoo
verspreiden (pamfletten, enz.)	таратуу	taratuu
verspreiden (reuk, enz.)	таратуу	taratuu
versterken (positie ~)	чыңдоо	tʃındoo
verstommen (ww)	унчукпоо	untʃukpoo
vertalen (ww)	котөруу	kotoruu
vertellen (verhaal ~)	айтып берүү	ajtıp beryy
vertrekken (bijv. naar Mexico ~)	кетүү	ketyy

vertrouwen (ww)	ишенүү	iʃenyy
vervolgen (ww)	улантуу	ulantuu
verwachten (ww)	күтүү	kytyy

verwarmen (ww)	ысытуу	ısıtuu
verwarren (met elkaar ~)	адаштыруу	adaʃtıruu
verwelkomen (ww)	саламдашуу	salamdaʃuu
verwezenlijken (ww)	ишке ашыруу	iʃke aʃıruu

verwijderen (een obstakel)	жок кылуу	dʒok kıluu
verwijderen (een vlek ~)	кетирүү	ketiryy
verwijten (ww)	жемелөө	dʒemeløø
verwisselen (ww)	өзгөртүү	øzgørtyy
verzoeken (ww)	суроо	suroo

verzuimen (school, enz.)	калтыруу	kaltıruu
vies worden (ww)	булгап алуу	bulgap aluu
vinden (denken)	ойлоо	ojloo
vinden (ww)	таап алуу	taap aluu

vissen (ww)	балык улоо	balık uloo
vleien (ww)	жасакерденүү	dʒasakerdenyy
vliegen (vogel, vliegtuig)	учуу	utʃuu
voederen	тамак берүү	tamak beryy
(een dier voer geven)		

volgen (ww)	... ээрчүү	... eertʃyy
voorstellen (introduceren)	тааныштыруу	taanıʃtıruu
voorstellen (Mag ik jullie ~)	тааныштыруу	taanıʃtıruu
voorstellen (ww)	сунуштоо	sunuʃtoo

voorzien (verwachten)	алдын ала билүү	aldın ala bilyy
vorderen (vooruitgaan)	илгерилөө	ilgeriløø
vormen (samenstellen)	түзүү	tyzyy
vullen (glas, fles)	толтуруу	tolturuu

waarnemen (ww)	байкоо	bajkoo
waarschuwen (ww)	эскертүү	eskertyy
wachten (ww)	күтүү	kytyy
wassen (ww)	жуу	dʒuu

weerspreken (ww)	каршы болуу	karʃı boluu
wegdraaien (ww)	жүз буруу	dʒyz buruu
wegdragen (ww)	алып кетүү	alıp ketyy
wegen (gewicht hebben)	... салмакта болуу	... salmakta bolu

wegjagen (ww)	кубалап салуу	kubalap saluu
weglaten (woord, zin)	калтырып кетүү	kaltırıp ketyy
wegvaren	жөнөө	dʒønøø
(uit de haven vertrekken)		
weigeren (iemand ~)	баш тартуу	baʃ tartuu

wekken (ww)	ойготуу	ojgotuu
wensen (ww)	каалоо	kaaloo
werken (ww)	иштөө	iʃtøø
weten (ww)	билүү	bilyy

willen (verlangen)	каалоо	kaaloo
wisselen (omruilen, iets ~)	алмашуу	almaʃuu
worden (bijv. oud ~)	болуу	boluu
worstelen (sport)	күрөшүү	kyrøʃyy
wreken (ww)	өч алуу	øtʃ aluu
zaaien (zaad strooien)	себүү	sebyy
zeggen (ww)	айтуу	ajtuu
zich baseerd op	негиз кылуу	negiz kıluu
zich bevrijden van … (afhelpen)	… кутулуу	… kutuluu
zich concentreren (ww)	оюн топтоо	ojʉn toptoo
zich ergeren (ww)	кыжырлануу	kıdʒırlanuu
zich gedragen (ww)	алып жүрүү	alıp dʒyryy
zich haasten (ww)	шашуу	ʃaʃuu
zich herinneren (ww)	эстөө	estøø
zich herstellen (ww)	сакаюу	sakajʉu
zich indenken (ww)	элестетүү	elestetyy
zich interesseren voor …	… кызыгуу	… kızıguu
zich scheren (ww)	кырынуу	kırınuu
zich trainen (ww)	машыгуу	maʃıguu
zich verdedigen (ww)	коргонуу	korgonuu
zich vergissen (ww)	ката кетирүү	kata ketiryy
zich verontschuldigen	кечирим суроо	ketʃirim suroo
zich verspreiden (meel, suiker, enz.)	чачылуу	tʃatʃıluu
zich vervelen (ww)	зеригүү	zerigyy
zijn (ww)	болуу	boluu
zinspelen (ww)	кыйытып айтуу	kıjıtıp aytuu
zitten (ww)	отуруу	oturuu
zoeken (ww)	… издөө	… izdøø
zondigen (ww)	күнөө кылуу	kynøø kıluu
zuchten (ww)	дем алуу	dem aluu
zwaaien (met de hand)	жаңсоо	dʒaŋsoo
zwemmen (ww)	сүзүү	syzyy
zwijgen (ww)	унчукпоо	untʃukpoo

www.ingramcontent.com/pod-product-compliance
Lightning Source LLC
Chambersburg PA
CBHW071324090426
42738CB00012B/2781